SESI-SP editora

CONSELHO EDITORIAL
PAULO SKAF (PRESIDENTE)
WALTER VICIONI GONÇALVES
DÉBORA CYPRIANO BOTELHO
NEUSA MARIANI

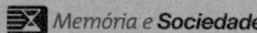 *Memória e* **Sociedade**

EDITOR
RODRIGO DE FARIA E SILVA

EDITORA ASSISTENTE
JULIANA FARIAS

PRODUÇÃO GRÁFICA
PAULA LORETO

CAPA E PROJETO GRÁFICO
RAQUEL MATSUSHITA

DIAGRAMAÇÃO
ENTRELINHA DESIGN

REVISÃO
LUCIANA MOREIRA

© CLAUDIO DE MOURA CASTRO, 2012

Castro, Cláudio de Moura.
   Aventuras de um velho pesquisador irrequieto /
Cláudio de Moura Castro. São Paulo : SESI-SP editora, 2012.
   212 p.
   ISBN 978-85-65025-82-9
1. Turismo de aventura 2. Relato de viagem I. Título
                                                        CDD –910.41

Índices para catálogo sistemático:
1. Turismo de aventura : Relato de viagem
Bibliotecárias responsáveis: Elisângela Soares CRB 8/6565
                                 Josilma Gonçalves Amato CRB 8/8122

SESI-SP EDITORA
Avenida Paulista, 1313, 4º andar, 01311 923, São Paulo - SP
F. 11 3146.7308 editora@sesisenaisp.org.br

PREFÁCIO

O grande público conhece bem o colunista Claudio de Moura Castro por seu texto saboroso e por seu espírito crítico, às vezes mordaz, mensalmente presente na revista Veja. O público acadêmico o admira como especialista em educação — titulado por universidades norte-americanas de primeira linha, como Yale e Vanderbilt — pela profundidade e originalidade de seus estudos na área. Os gestores das instituições de educação não prescindem de sua opinião na avaliação de práticas e projetos, consultor competente que é, com longas experiências no Banco Mundial e no Banco Interamericano de Desenvolvimento (BID), hoje no comando do Conselho Consultivo da Faculdade Pitágoras.

Entretanto, são poucos os que conhecem o lado esportista do professor, aficionado pelo turismo de aventura. É essa faceta desconhecida que apresentamos ao leitor neste livro.

São memórias de viagens, todas realizadas com o foco na aventura. E quando falamos "aventura", não pensemos em atividades lúdicas para senhores aposentados. Já na casa dos setenta, Claudio de Moura Castro relata, *en passant*, episódios recentes, como quando alugou uma motocicleta para conhecer a zona rural da Tailândia, sozinho e sem falar a língua local. Hoje ele pode remar um caiaque no Alasca e, amanhã, mergulhar em Key West. E na bagagem do conferencista de eventos sobre educação, sempre cabe um parapente, caso apareça a oportunidade eventual de um belo voo. Foi assim durante um congresso no Marrocos.

A narrativa deste livro se inicia com a descrição de passeios de caiaque na Dalmácia, litoral croata, seguida de uma experiência tibetana na Índia, a 3.500m de altitude, visitando mosteiros budistas e monumentos religiosos chamados de *gompas*.

Mas o que mais chama a atenção neste volume de memórias é a paixão do autor pelas longas caminhadas na montanha. Percorrendo trilhas desertas, em localidades desprezadas pelo turismo de massa, auxiliado por seus bastões de caminhada e carregando na mochila uma muda de roupa e provisões para uma refeição no meio da jornada, Moura Castro nos leva a recantos inusitados, muitos deles testemunhas de episódios perdidos na antiguidade ou no período medieval.

Claudio de Moura Castro fez o circuito do Mont Blanc em seis dias, caminhando na companhia de outros turistas aventureiros, com paradas em abrigos de montanha para os pernoites. Nas trilhas dos Pirineus, emocionou-se ao divisar, do alto de uma passagem para uma geleira, ao mesmo tempo, França e Espanha; os campos verdes do lado francês e, do lado oposto, a paisagem árida das encostas espanholas.

Não pense o leitor, entretanto, que o texto se dedica à descrição tediosa de acidentes geográficos e técnicas esportivas. O mundo revelado nestas memórias de viagem não dispensa referências históricas e culturais de cada região e é pleno de paisagens deslumbrantes e personagens pitorescas.

É por nos apresentar a essa perfeita harmonia entre vida intelectual e prática esportiva que é oportuna a publicação deste livro pela SESI-SP Editora. Esta narrativa é a comprovação prática da filosofia que norteia as ações educacionais do SESI-SP. As aventuras aqui descritas confirmam que a soma do conhecimento intelectual com as práticas esportivas e com o desenvolvimento das habilidades manuais forma cidadãos. Neste caso, um cidadão do mundo. É com grande satisfação, portanto, que recomendo a leitura destas "Aventuras de um pesquisador irrequieto".

PAULO SKAF
Presidente da Federação das Indústrias do Estado de São Paulo – FIESP e do SESI-SP

SUMÁRIO

Parte I

13   CAPÍTULO 1   Aventura na pesquisa e pesquisa na aventura

Parte II

49   CAPÍTULO 2   Cadê os dálmatas da Dalmácia?

75   CAPÍTULO 3   Como conhecer o Tibete viajando para a Índia?

101   CAPÍTULO 4   Arrodeando o Mont Blanc a pé

127   CAPÍTULO 5   A descoberta dos Pirineus

159   CAPÍTULO 6   Dez dias na Trilha dos Cátaros e mais um perdido nos espinhos

Parte III

191   CAPÍTULO 7   Turismo de aventura no Brasil: a longa trilha do aprendizado

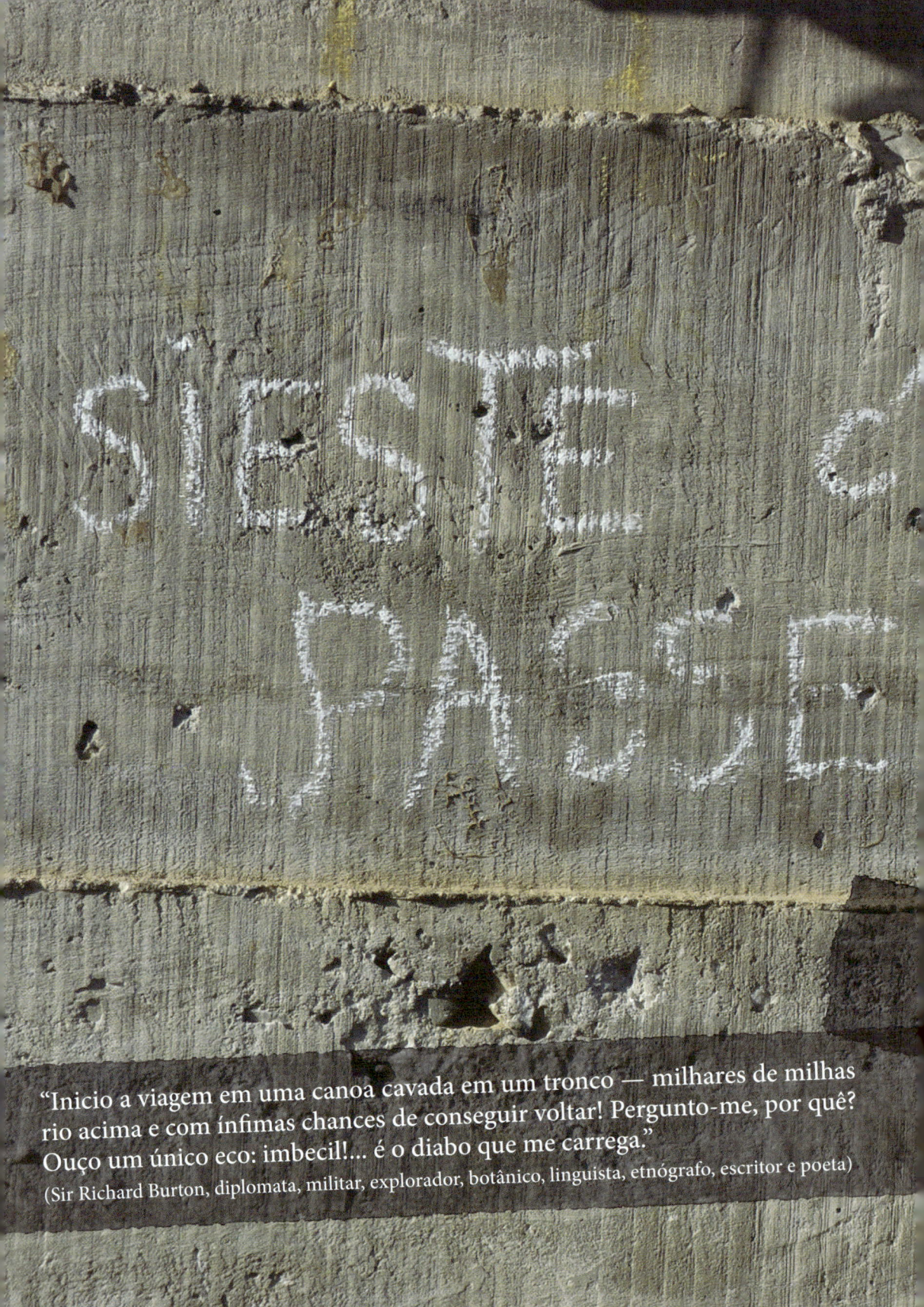

"Inicio a viagem em uma canoa cavada em um tronco — milhares de milhas rio acima e com ínfimas chances de conseguir voltar! Pergunto-me, por quê? Ouço um único eco: imbecil!... é o diabo que me carrega."
(Sir Richard Burton, diplomata, militar, explorador, botânico, linguista, etnógrafo, escritor e poeta)

Parte I

"A pesquisa é um combate, com uma sucessão de períodos improdutivos e avanços rápidos, algumas vezes espetaculares. É preciso audácia para se ver livre das inibições que freiam o progresso do pensamento."
(Laurent Schwartz, matemático francês)

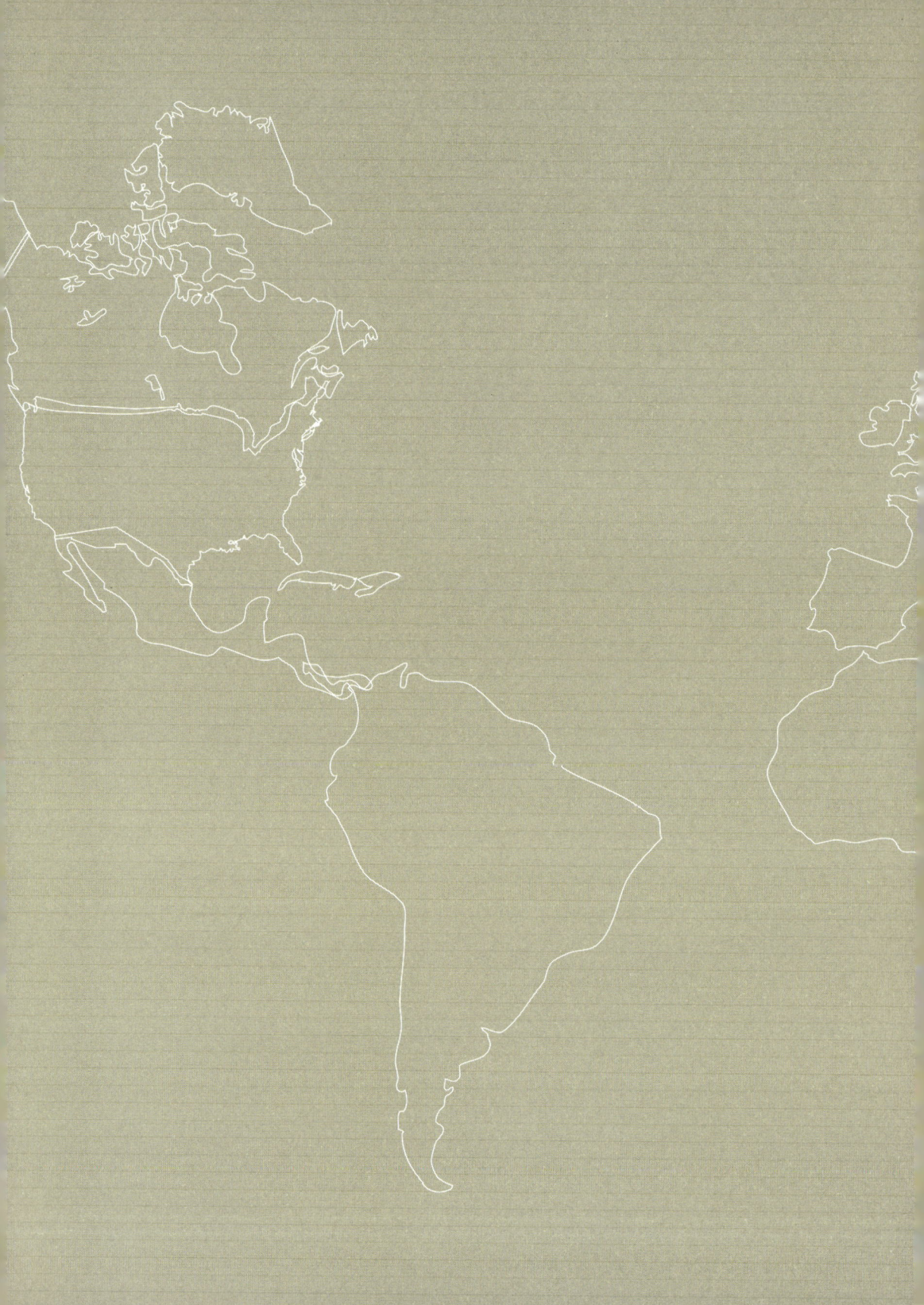

CAPÍTULO 1

Aventura na pesquisa e pesquisa na aventura

Aventura e pesquisa: poderia haver atividades mais opostas? A aventura nos traz imagens de alucinados subindo montanhas impossíveis ou imbecis tentando varar mares bravios, em barquinhos precários. A pesquisa evoca aventais brancos, laboratórios imaculados e pesquisadores ensimesmados, observando bichinhos ou elucubrando ideias rarefeitas.

Mas os dois estereótipos, além de bobos ou infantis, são totalmente errados.

Aventura é desafiar a natureza, é apostar que conseguiremos vencê-la, chegando ao topo do morro ou ao fundo da caverna. Arriscamos o pescoço ao decolar de parapente em um dia de vento forte. Vivemos as emoções da vitória e pagamos o preço do fracasso.

Pesquisa também é desafiar a natureza, é apostar que ela se comportará do jeito que antecipamos, em vez de nos pregar peças. A pesquisa é uma modalidade de aventura que se desenrola, predominantemente, em nosso intelecto. É aventura, porque envolve o risco de não dar em nada, de ser um caminho estéril. E como bem sabem os verdadeiros cientistas, também inclui emoções.

A aventura da pesquisa é desvendar uma natureza que pode ser bem comportada ou caprichosa, o que não sabemos por antecipação. Pode abrir-se para nós, generosamente, entregando-nos seus segredos e seus favores. Ou pode ser malvada, pregando peças ou recusando-se a se comportar como gostaríamos. Está sempre ameaçando nosso conforto e bem-estar intelectual. Pode também deixar arranhões em nosso currículo. Mas, se acertamos, é uma vitória tão retumbante quanto sobreviver a uma tempestade em mar bravio.

O que oferece mais riscos, a aventura ou a pesquisa? No fundo, é uma pergunta sem resposta, pela imprecisão das palavras. No limite, há aventuras de pouquíssimos riscos — como caminhar em um parque nacional bem demarcado. Em contraste, na pesquisa podemos arriscar nossa carreira abraçando uma tese arriscada — seja pelo perigo de fracassar, seja porque é politicamente delicada. Galileu correu esse risco ao defender a ideia herética de que a Terra não era o centro do universo. Por pouco não foi queimado vivo. Mas Giordano Bruno, por defender ideias semelhantes, acabou seus dias em uma fogueira. Ou seja, a tese de que há riscos na ciência está mais do que confirmada.

Esta primeira parte é uma exploração intensamente pessoal dessas ideias. Ou seja, é toda escrita na primeira pessoa do singular.

Sofro de duas enfermidades incuráveis. Ao que parece, tenho um gene bizarro, associado a uma tendência invencível para atividades de certo risco. Pesquisas recentes sugerem que o espírito de exploração é maior em organismos cujos mecanismos de controle da dopamina são deficientes. Indivíduos com menor capacidade de regular tais secreções têm grande tendência a buscar experiências novas.

Deve ser o meu caso. Desde pequeno, esse gene danadinho me empurra para uma sequência sem fim de diabruras. Quando tinha por volta de 5 anos e viajava pelas estradas do Brasil de então, torcia para que o carro da família atolasse ou quebrasse. Não mudei tanto assim, desde então. Esse gene sobrevive, azucrinando minha vida, até depois dos 70 anos.

A segunda moléstia adquiri ao longo da vida, por conta do vírus da pesquisa. Aos 16 anos, fazendo o curso de radiotécnico por correspondência (no Instituto Monitor), meu sonho era ser pesquisador do Bell Laboratories, então o maior do mundo em eletrônica.

Fui muitas vezes guindado para atividades administrativas, mas após certo tempo vi que não era bem isso de que gostava. Em contraste, me acompanha pela vida o fascínio pela pesquisa. Meu currículo — ou, melhor dito, a folha corrida das consequências desse vírus — demonstra que gasto um tempo escandalosamente amplo escarafunchando problemas nas minhas áreas de interesse e escrevendo sobre tais assuntos.

Na verdade, não posso reclamar, pois ainda que o vício gerado por ambas as enfermidades não me deixe em paz, isso não me desagrada em absoluto e resultou em uma vida plena e intensa.

Mas, ao mergulhar, ora em uma linha, ora em outra, começo a descobrir que não são patologias excessivamente diferenciadas. De fato, as doenças têm pontos comuns. Pelo que imagino, acho que vêm do mesmo desarranjo.

A boa pesquisa contém uma dimensão de aventura. Pode ser a aventura do desconhecido, como explorar as terras ignotas da nossa ignorância. Diante de uma encruzilhada conceitual, é como decidir, em uma caminhada, qual é o caminho certo e qual me levará a uma enrascada das boas.

Mas não é só isso. Mesmo na pesquisa, há aventuras no mundo físico. Fazer pesquisa requer olhar, xeretar, bisbilhotar e, até mesmo, arriscar-se nesse processo. Há aventura embutida na busca de uma resposta, quando para isso é necessário embrenhar-se em desvãos perigosos do mundo real. Há o caso clássico do psiquiatra que se fez internar como louco em um hospício para entender melhor as doenças mentais. Mais próximo dos meus universos está o caso de Simone Adolphine Weil, uma escritora que viveu dois anos como operária da Renault para entender o cotidiano de uma fábrica. Sua "aventura" rendeu o ensaio "Experience de la vie d'usine". No limite, há os casos dos antropólogos devorados por canibais.

As aventuras, por sua vez, também têm o seu lado de pesquisa. Antes de enfiar-me pelos matos, pelos rios encachoeirados ou de alçar voo, preciso entender a ciência do que estou prestes a fazer. Para ler uma corredeira, antes de me jogar nela com o caiaque, é preciso ler os livros que explicam a hidrodinâmica do rio, diante de pedras e obstáculos. Em frente à igreja barroca ou gótica, não quero ser o ignorante proverbial contemplando a catedral de São Pedro. A viagem ganha envergadura quando entendemos por que há uma influência militar na igreja do Chico de Baixo, em Ouro Preto. Ou por que a Capela de Nossa Senhora do Ó, em Sabará, tem "chinoiseries".

Mas durante a viagem, porém, é sempre boa ideia tentar entender o que está à nossa frente. De improviso, visitei a escola que apareceu em uma curva da estrada, na Tailândia. Conversei com um monge budista, nos altos do Himalaia, e dele ouvi coisas interessantes das quais jamais esquecerei. Após encontrar uma cobra de cores bizarras, fui pesquisar, até descobrir que era uma caninana. Uma viagem plenamente manejada é como um curso bem feito, aprende-se muito, ao mesmo tempo que se desfruta do que aparece pelo caminho.

Há muitos elementos comuns entre aventura e pesquisa. Há a imaginação necessária, há a estética, há a necessidade de improvisar, há a bagagem de conhecimentos técnicos requeridos, há o esforço continuado, diante dos desafios e do peso da tarefa. Finalmente, há o sucesso. Mas o que torna o sucesso mais atraente é o perigo de não dar certo. Ou seja, há riscos, pois, pela natureza comum de ambas as atividades, o fracasso é uma alternativa sempre possível. Na prática, é inevitável. Enfim, algumas vezes vamos dar com os burros n'água.

Mas, insisto, estamos sempre enfrentando um desafio, diante de uma natureza ora generosa, ora malvada. Na aventura, enfrentamos o mundo real, em todas as suas manifestações, captadas por nossos sentidos. Extasiamo-nos com a cachoeira, mas se rolamos a ribanceira, ao olharmos para ela novamente vai doer, ou arder. Em contraste, na pesquisa, nosso intelecto é desafiado a enfrentar os mistérios da natureza, a entendê-la, a explicar como se comporta, apesar de nem sempre querer se comportar conforme as nossas regras. As alegrias e dores estão dentro da nossa cabeça.

Mas tanto a aventura como a pesquisa demandam uma chama interna, uma motivação avassaladora, sem isso, ambas seriam atividades mornas e desinteressantes, que nem valeriam a pena ser narradas depois.

Os textos que seguem são o resultado de remexer minha memória de pesquisador e de aventureiro amador, buscando encontrar pontos de contato entre ambas as atividades. Está dividido em três partes. Há o Começo, onde tudo se pensa, organiza e define. Depois vem o Percurso, onde as coisas acontecem. Finalmente, chegamos ao Destino, quando precisamos fazer um balanço da situação.

O COMEÇO

Pesquisa e aventura começam de maneira muito parecida. Há uma ideia, uma ambição. Sem uma grande vontade, nada vai acontecer, pois são ambas atividades voluntárias, que não acontecem por acaso. Decidida a iniciativa, os meios têm de ser mobilizados e organizados. É uma fase crítica, cujos acertos e erros determinam o que vem depois.

O salto no desconhecido

Toda aventura é um salto no desconhecido. É óbvio, se tudo for conhecido e previsível, não é aventura. Para ser uma aventura legítima, tem de ser em uma circunstância em que tudo pode dar errado, apesar das precauções.

Na pesquisa é parecido. Se sabemos com segurança quais serão os resultados, trata-se de uma pesquisa trivial, de poucas novidades e poucos interesses. Portanto, como na aventura, dosamos os riscos. Se são de menos, é tudo anticlimático — e quem publicará achados mornos? Se são demais, o perigo de dar com os burros n'água se avoluma.

Saímos de New Haven, nas férias da primavera, em direção à Flórida. Viajava na garupa de uma moto Ducati 250. Fomos para Palm Beach, o refúgio tropical da aristocracia da Nova Inglaterra, onde o perigo de colisão com um Rolls Royce é bem considerável. Com uma bolsa mensal da USAID de 236 dólares, nem pensar em hotel, pois uma só diária consumiria todos os recursos do mês. No campo de casuarinas, ao lado do Beach and Tennis — o clube mais seletivo da cidade —, instalamos nossos sacos de dormir, totalmente clandestinos, pois é proibidíssimo acampar em toda a cidade.

Estavam em Palm Beach umas moças conhecidas, cujo pai nos convidou para o grande baile de Páscoa, nesse mesmo clube. Não apenas convidou, mas nos levou a uma loja, onde alugou um *smoking* para cada um de nós. Chegamos de moto, criando certa perplexidade para os manobristas. Após a festa maravilhosa, em vez de voltar à cidade, enfiamos a moto no bosque de casuarinas, bem ao lado, e lá dormimos.

Nosso plano depois era ir para Nassau, um voo curto de Miami. Na hora de embarcar, descobri que meu visto americano só permitia ficar no país, não entrar e sair. Sobrei em Miami, com as panelas e sacos de dormir, mas sem a roupa — que foi na outra mala para Nassau, com meu amigo.

Apenas com a roupa do corpo, não podia ficar por ali. Decidi ir a Key West, uma longa tripa de terra, que avança em direção a Cuba. Passei por um local que anunciava o aluguel de material de mergulho, para visitar um parque submarino incrivelmente lindo, o Coral Reef State Park, com seus corais e peixes coloridos.

Aluguei e paguei pelos cilindros de mergulho. Mas o mar estava muito agitado pelo vento e o dono do barco relutava em empreender a viagem. Como o tempo passava, sugeriu que tentássemos ir até o lugar do mergulho — que não era tão perto. Se não desse para mergulhar, devolveria o dinheiro. Uma proposta irrecusável.

Descobri que meus companheiros de viagem eram de um grupo de estudantes da Georgia, exageradamente apetrechados para mergulhar. Descarregaram uma abundância de garrafas, máscaras e pés de pato na lancha, ao mesmo tempo que contavam suas proezas nesses mistérios. Para fazer economia, aluguei o mínimo, insuficiente para o conforto e o desempenho submarino. Como os moços tinham tralha demais, me emprestaram o que faltava.

Chegando ao parque submarino, o vento continuava e o mar batia. Para os moços da Georgia, as condições não eram boas, então resolveram esperar. Vendo meus preciosos dólares em risco, decidi mergulhar, aliás, sem saber nada da arte. Recebi instruções sumárias e me enfiei na água.

Tudo muito maravilhoso, embora a água estivesse um pouco fria. Mergulhado, descobri que o mar se movimentava para frente e para trás. Como eu fazia parte da massa de água, nada sentia, somente percebia os corais se aproximando e recuando. Não era mar batido, eram somente os peixes e plantas que iam e vinham. Havia pago por uma garrafa inteira e queria usar até o último dólar de ar. Não consegui. Meia hora depois, estava tremendo de frio.

Aproximei-me da lancha e, com toda a falta de jeito, consegui guindar o corpo para o convés. Esperava-me uma surpresa. O vento continuava forte e o barco ancorado jogava muito. De fato, navegando em mar batido, o balanço é limitado e tolerável, mas preso a uma âncora, o barco corcoveia selvagemente. Olhei então as caras dos moços da Georgia. Estavam todos verdes e enjoados. Mesmo que o vento parasse, não tinham mais condições de mergulhar. Voltamos então para terra firme.

Ironia da sorte, eu, bisonho mergulhador, nada senti (além de frio) e desfrutei as belezas submarinas do parque. Meus companheiros nem sequer molharam os pés, deixando a abundância de equipamentos sem nenhum uso e dando muito trabalho para desembarcar, por conta das tripas mareadas de quase todos.

Em outra viagem, quando fui à famosa conferência de educação de Jomtien, na Tailândia, identifiquei um dia em que estavam quase todos discutindo as vírgulas e adjetivos do documento final do evento, a declaração Educação para Todos. Aluguei uma moto e saí pela cacofonia de estradinhas, nos fundões do país. Tinha apenas um mapa, mas todo escrito em tailandês. A cada encruzilhada, tomava a estrada menor. Algumas acabavam, outras me levaram cada vez mais longe.

Lá pelo meio do dia, após uma chuvarada tropical, passei por um edifício que tinha cara de escola. Se havia cartazes proibindo a entrada, não fiquei sabendo, pois tailandês não é uma das línguas que conheço. Fui chegando, a escola estava repleta e era hora do recreio. Entrei no pátio, sempre buscando vislumbrar semblantes hostis à minha presença. Nada vi nesse sentido, todos sorriam. A sineta tocou e acabei me metendo nas aulas, auscultando se não era bem-vindo. Como todos tinham ares gentis, fui fotografando e xeretei tudo. Olhei cadernos, livros, equipamento da escola, escovas de dente, cada uma pendurada em um prego. Impressionou muito a qualidade e limpeza de tudo. Tive um surto de tristeza, ao perceber que via uma escola rural muito melhor do que as nossas — no início dos anos 1990.

Saí da escola e continuei o passeio, visitando aldeias, depois de comer em um minirrestaurante ao ar livre. Ao fim do dia, mostrava no mapa o lugar de onde havia saído. Por aproximações sucessivas, terminei no hotel, sem acidentes. Aliás, o único grande medo era distrair-me e tomar o lado direito da estrada, pois na Tailândia a mão é inglesa.

No final das contas, a aventura virou pesquisa de campo, rendendo um artigo que fez sucesso.

Achados casuais, alguns chamam de *serendipidade*

Em uma lenda persa, três príncipes de Serendipiti viviam fazendo descobertas por acaso. Daí a palavra serendipidade, para denotar achados inesperados. O termo descreve bem o que acontece, tanto na ciência quanto na aventura.

Nos dois casos, nem tudo pode ser antecipado e nem tudo deve ser planejado. Há o acaso. Que às vezes atrapalha. Mas às vezes abre as portas para coisas boas, seja um achado científico, um belo ensaio ou uma vista maravilhosa.

A caminhada começou na metade da estrada, entre Passagem de Mariana e Lavras Novas (perto de Ouro Preto, em Minas Gerais). Tínhamos 22 quilômetros de marcha e, ao longo do caminho, ganham-se mil metros de altitude. Mesmo para quem está acostumado, é muito morro para subir!

A estrada acompanha um desfiladeiro dramático, ao longo de um rio encachoeirado, aproveitado para a construção de três pequenas hidroelétricas. A partir da primeira, há canais pela encosta do morro, para levar a água à próxima usina.

Após algumas horas de caminhada, encontramos um jipe de turistas, parado em um desvio. Por desfastio, perguntamos aonde ia dar a picada que ali se iniciava. Segundo o motorista, era um caminho alternativo. Os afoitos aceitaram o desafio de sair da estrada principal. Os temerosos e de pernas mais bambas preferiram a segurança da estrada.

O caminho levou-nos ao início de um canal artificial. Seguimos o seu curso, todo escavado na rocha dura, com uma passarela de cimento do lado do vale. De um lado, víamos o curso-d'água, no seu leito de pedra. Do outro, o desfiladeiro, com o rio ao fundo. A belíssima vista incluía várias cachoeiras.

O canal seguia por uns dois quilômetros, terminando em uma fazendola antiga. Ali se retomava a estrada principal. E também nos esperava o lanche, combinado com a pousada de Lavras Novas.

Alimentados à farta, com pão de queijo, abacaxi e melancia, tivemos de esperar o time dos prudentes, que veio pela estrada. E esperamos muito, até que apareceram, suando e resfolegando. Na verdade, o canal é um caminho mais curto e totalmente plano. A estrada sobe, sobe e sobe, antes de começar a descer. Os espíritos mais aventureiros foram premiados com o caminho mais fácil e mais lindo. Nem sempre é assim, mas desta vez foi.

Outro exemplo. Fui a um horrível congresso de educação em Porto Seguro (BA), para fazer uma conferência. Morava então nos Estados Unidos. Na última hora, por desencontros logísticos, acabei tendo que comprar a passagem de avião. E quem disse que consegui ser reembolsado dos US$ 1,7 mil! Até hoje, espero pelo cheque do prefeito.

Durante o evento, ganhei um livreto sobre um tal de Batistinha, nascido e criado em Itabira, terra de Carlos Drummond de Andrade. Não prestei muita atenção. Mas acabei dando uma olhada. Além de poesias, anagramas e muitas outras obras literárias, mostrava que o homem era um inventor genial. Mas na modorrenta vida de cidade de interior, no princípio do século XX, seu talento se esvaía em futilidades. Nada deixou, além da reputação de homem brilhante, salva pelo livrinho que historiava sua vida.

Lendo sobre Santos Dumont e seu contraste com os irmãos Wright, vislumbrei o fio da meada: o gênio frutifica de acordo com o ambiente em que vive.

Batistinha era genial, mas, enfiado em uma cidade parada e longínqua, usou seus talentos para trivialidades que não deixaram rastro. Santos Dumont era um aristocrata do café, educado por preceptores e sem preocupações financeiras. Deixou os cafezais do pai e mudou-se para Paris. Lá, sua busca obstinada e inspirada pelo domínio do voo era movida por idealismo e vaidade. Na equação de sua vida não entrava dinheiro, patentes e, menos ainda, a fabricação de aviões. Na verdade, o dinheiro valia apenas como a marca do sucesso, para alimentar seu ego. O que ganhou, deu para seus operários ou para os pobres de Paris. Se tivesse ficado nos cafezais, longe da ebulição intelectual de Paris, provavelmente teria uma biografia similar à do Batistinha.

Os irmãos Wright foram criados em um país protestante e furiosamente capitalista. Inventar aviões, fabricar, vender e ficar ricos com isso era a coisa mais natural do mundo, no meio em que viviam. Estariam na contramão da cultura local se pensassem como Batistinha ou Santos Dumont.

Com essa tripla comparação, teci meu ensaio para a revista *Veja*. Pelo menos para isso, o tal congresso na Bahia serviu.

Algumas pessoas me perguntam como surgem as ideias para meus ensaios mensais naquela revista. O livro sobre Batistinha é um exemplo.

Vejamos outro. Assistia a um concerto da sinfônica de Minas Gerais. Ouvia uma peça cuja complexidade estava acima de minha capacidade de acompanhar. A atenção se descolou da música e comecei a olhar em volta. Acabei me fixando nos músicos da orquestra. De repente, uma dúvida: cadê os negros? Sua musicalidade não pode ser posta em dúvida. Em um país com dez por cento de negros puros e quase metade da população misturada, por que na sinfônica eram todos brancos?

Pensando um pouco, a resposta começou a tomar forma. Há muitos cursos superiores de música. Contudo, instrumentistas precisam começar pelo menos com 10 anos de idade. E praticamente não há escolas públicas que ensinem música nessa idade. Portanto, mesmo que uma pessoa de origem mais modesta entrasse no Ensino Superior para estudar música, já teria passado da idade de aprender um instrumento. Os músicos que estavam no palco eram, necessariamente, de classe social mais alta, pois somente assim puderam ter professores particulares ou estudar no exterior.

Obviamente, a análise aponta para uma distorção do nosso ensino. Queremos instrumentistas ou ensaístas sobre músicas e compositores? Queremos boas orquestras ou livros sobre música? Terminado o concerto, o ensaio já estava pronto na minha cabeça, faltava só escrever.

Assim acontecem as aventuras e as pesquisas. Um mínimo incidente põe em marcha uma expedição mental. Ou altera o roteiro de um passeio. Chamam isso de serendipidade.

O imperativo estético

Einstein afirmou que, diante de duas equações candidatas a entrar no seu modelo matemático, escolhia sempre a de mais atributos estéticos. No caso, a de maior simetria.

Seja na pesquisa, seja na aventura, beleza é essencial. Estamos sempre à busca do impacto estético de nossa jornada ou da elegância das nossas interpretações da realidade.

Ao sair para um passeio, queremos ver a natureza apresentar-se em suas cores mais vibrantes, em uma composição irretocável. Queremos ver, na vida real, quadros perfeitos, com paisagens de montanha ou marinhas. Voando em São Conrado, em um entardecer de vento leste, bem forte, foi possível ultrapassar a altitude da Pedra da Gávea, com minha asa-delta. O pôr do sol estava glorioso, com o Rio de Janeiro se iluminando ao fundo e os contornos harmoniosos das montanhas contrastando com o céu cada vez mais anil. Inesquecível.

Remar um caiaque no Alasca, em meio a pedaços de *icebergs* de todos os tamanhos, também foi indescritível. Um pode ser do tamanho de uma casa, outro de uma bola de tênis. O interessante é que suas cores variam, de acordo com a origem da água e do que nela se diluiu. E se houver uma nesga de sol, os brilhos e transparências multiplicam-se.

São igualmente inesquecíveis os contornos sinuosos nos arenitos vermelhos dos cânions de Escalante. Aliás, todos os grandes fotógrafos de natureza americanos já se extasiaram diante deles e registraram em filme suas emoções. Onde bate o sol, é pedra avermelhada. Mas seu reflexo no fundo do cânion colore tudo de um tom morno e sensual. A cada curva, deparamo-nos com uma escultura diferente.

O que poderia haver de parecido na pesquisa, já que não temos cânions ou *icebergs*, pelo menos nas minhas áreas de estudo?

Pois há. É a miragem da correlação perfeita — ou quase. É a elegância e simplicidade do modelo, explicando o que queremos. É preciso entender: modelos lindos são fáceis de inventar. E são também encontradiças explicações que, mais ou menos, correspondem à realidade. A suprema beleza é quando os modelos explicam, sendo também simples e elegantes.

É o caso das leis da mecânica clássica, descobertas por Newton. Na Economia, é a impecável formulação dos equilíbrios de mercado, por via de curvas de oferta e procura.

Todos os pesquisadores sonham com essa estética da teoria elegante, que descrevem uma natureza bem comportada. O resto é prêmio de consolação.

Para citar um pequenino exemplo pessoal, vinha ouvindo acusações rancorosas contra o Ensino Superior privado com objetivo de lucro. Seria a encarnação do Lúcifer capitalista, na sacrossanta cruzada pela educação. Ora, pela minha observação pessoal, achava que não era bem assim.

Formulei a hipótese de que não haveria diferenças na qualidade da educação entre instituições privadas com e sem fins de lucro. O raciocínio por trás disso é que as instituições com fins de lucro podem ser mais imediatistas, mas também costumam ser mais bem administradas. Sendo assim, uma tendência cancelaria a outra.

Com colegas, buscamos os dados, identificamos as instituições e olhamos os resultados do Enade — que mede quanto os alunos aprenderam. Dito e feito: as médias das notas observadas são praticamente iguais, ou seja, uma categoria não é melhor do que a outra. Na média, privado e público são equivalentes em qualidade.

É um exemplo modesto de estética na pesquisa: hipótese clara (formulada antes de olhar os dados, por exigência metodológica) e explicação razoável. Consultado o mundo real, este nos diz que a hipótese foi confirmada. Como se dizia nas velhas aulas de geometria, *quod era demonstrandum*.

Em minhas atividades de pesquisa sobre formação profissional, visitei muitas dezenas de escolas, em mais de uma dúzia de países. Aos poucos, fui descobrindo que existe uma associação muito estreita entre o estado das ferramentas nas oficinas e a excelência do ensino vocacional oferecido. Ferramentas sujas, rombudas, mal cuidadas ou largadas a esmo prenunciam um ensino lambão, gerando inevitavelmente profissionais porcalhões.

E vice-versa. Visitando a escola de relojoaria de Genebra, notei não apenas o estado impecável das ferramentas, mas o fato de estarem dispostas na bancada, em perfeito paralelismo.

Ao cabo de alguns anos de visitas, notei que o corte das ferramentas prenunciava com segurança a qualidade da escola. Formões e plainas cegos ou mal afiados eram uma condenação inapelável. Nas oficinas de mecânica, o fio das brocas e das ferramentas de torno eram tão confiáveis quanto os barômetros da escola. Sem exagerar muito, diria que, se entrar em uma escola profissional, for direto às oficinas, examinar o fio das ferramentas e sair do prédio, sem nada mais ver, posso diagnosticar o estado do ensino oferecido, com uma margem de erro bem aceitável.

Voltamos então à questão da estética: com ferramentas cegas não há como produzir um móvel de qualidade e beleza. E não é só isso. Aplainar uma tábua com uma lâmina impecavelmente afiada produz um assovio muito especial e gera uma fita de madeira perfeita, com décimos de milímetro de espessura. Há estética nessa música da plaina e no resultado produzido.

Planejamento ou improvisação?

Há que se planejar, seja a aventura, seja a pesquisa. As viagens de Amir Klink dão certo por seu planejamento obsessivo, que cobre todos os aspectos da expedição.

Na pesquisa, é bem parecido. Muitas teses de mestrado ou doutoramento não chegariam a bom termo não fosse a intervenção do orientador — muitas vezes tida como antipática e autoritária. Entre outras coisas, o bom orientador exige que cada etapa do trabalho seja pensada e sua viabilidade posta à prova.

Tanto na pesquisa como na aventura, há prazos a serem cumpridos. Desrespeitá-los pode custar caro. Teses têm prazos fatais de entrega. Fundos de pesquisa podem evaporar, do dia para a noite, após certa data.

É o mesmo na aventura. A maré não espera, o sol também não. No rio Araguari, no Amapá, a maré baixou e escureceu. O resultado foi uma voadeira perdida no meio da noite.

Voltando da trilha do Everest, em Lukla, no Nepal, pegamos o último avião da temporada, quando já começavam as monções. Os que não encontraram lugar tiveram de descer a pé, empreitada que toma cinco dias.

O mundo é complicado. As surpresas — boas e más — se sucedem. Os planos perfeitos fazem água e é preciso improvisar ao longo do caminho.

Minha tese de doutoramento exigia uma pesquisa de campo, que geraria cerca de 5 mil questionários, aplicados nos domicílios de uma cidade pequena (Itabirito, Minas Gerais). Fui conversar com o agente do IBGE para assegurar-me de que existia uma planta cadastral da cidade, com todos os domicílios anotados. Com a planta nas mãos, bastaria sortear as casas da amostra, garantindo sua aleatoriedade. Depois era só proceder às entrevistas.

Aprovada a proposta, volto para o Brasil e me mudo para Itabirito. Ali descubro, para minha consternação, que a tal planta cadastral não existia. Era um projeto que nunca saiu do papel.

E agora? Em pesquisa por amostragem, não se pode escolher as casas a visitar, pois é essencial que a probabilidade de entrar na amostra seja rigorosamente igual para todos os domicílios.

Surge uma ideia. Vou ao aeroporto de Carlos Prates, em Belo Horizonte e me ofereço para pagar a gasolina de alguém que quisesse fazer horas de voo. Logo achei um candidato. Tiramos a porta direita do Paulistinha e decolamos para Itabirito. Ao sobrevoar a cidade, afrouxo bem o cinto de segurança, levanto-me do assento, ponho o pé na longarina e, com metade do corpo para fora, fotografo amplamente toda a cidade. Parece perigoso, mas não é. É apenas impressionante.

Revelo o filme, amplio as fotos e numero as casas. Procedo então ao seu sorteio, como se fosse em uma planta cadastral. As casas sorteadas são marcadas na foto. Metodologicamente perfeito. Os entrevistadores de campo saíram com as ampliações nas mãos e localizaram as casas, procedendo às entrevistas. Afora alguns galinheiros e pocilgas, confundidas com casas, o método funcionou às mil maravilhas.

Ao prosseguir na pesquisa de campo, me dou conta de que administrar a aplicação de milhares de questionários dá um bom trabalho. Alguém deu um palpite: para controlar os recebimentos, contrate a mulher do dono da maior farmácia de Itabirito que, por sua vez, é filha do dono da primeira farmácia. Assim foi feito. A mulher, literalmente, conhecia todos os habitantes da cidade. Embora os questionários fossem anônimos, só de ler a profissão do entrevistado e a do pai ela já sabia de quem se tratava. Quando o questionário estava incompleto, mandava recado pelo filho, quando vinha à farmácia comprar remédios. Revisando um deles, viu o salário indicado e disse logo: "Mentira, vou chamar o fulano para corrigir". Difícil dizer se esse processo corresponde aos píncaros do purismo metodológico. Mas errado não estava.

No início dos anos 1970, estava fazendo uma pesquisa sobre o Mobral, uma verdadeira casamata do ponto de vista de obter informações e números. Minha sorte é que havia uma assistente, recém-formada, com cara de anjinho barroco, de 17 anos. Apresentou-se como aluna de primeiro ano de Economia, dizendo que o professor a mandara estudar o Mobral. Os marmanjos derreteram-se e abriram gavetas e arquivos. Conseguiu muita informação preciosa. Mas a moça cometeu o erro de fazer uma pergunta inteligente. Daí para frente, fecharam-se as gavetas.

Estava em um congresso no interior da província de Cantão, na China, hospedado em um hotel localizado na transição entre cidade e campo. Sobrou uma tarde no fim do evento e saí pelas ruas, estradas, caminhos e trilhas rurais. Obviamente, cinco minutos depois de partir eu não tinha a mais remota ideia de onde estava, pois a região é um emaranhado de caminhos que se cruzam. Muito interessante e educativo o passeio, pois vi uma zona rural antiga rechear-se de indústrias de todos os tamanhos. Havia desde uma casa de um cômodo só, com uma enorme máquina de costura industrial no meio da sala, até uma fábrica grande, com um Rolls Royce parado na porta.

Quando o sol começou a dar mostras de querer ir embora, exibia a chave do quarto do hotel para as pessoas que encontrava. Bastava que apontassem a direção certa — o que quer que explicassem depois seria totalmente inútil, pois era em chinês. Cheguei ao hotel sem maiores emoções.

Tanto na pesquisa como nos passeios, dentro de um plano geral, há que improvisar, há que ser criativo. Se a cabeça está disponível, as ideias aparecem, de modo próprio ou por palpites de outrem.

O CAMINHO

Em um dado momento, damos a partida, e é aí que as coisas começam realmente a acontecer. As boas decisões facilitam a jornada. O que foi mal pensado vai incomodar, e os reais acidentes começam a pipocar. É a fase de maiores prazeres, intelectuais ou físicos, e também a mais árdua.

Os perigos reais

Por definição, as aventuras oferecem perigos, a cada curva do caminho. Não exageremos, meu estilo não é suicida ou irresponsável. Mas é inevitável e, de quando em vez, ocorrem desastres.

Lá pelos fins dos anos 1950, voltava de Lambretta de um longo passeio. O péssimo farol da minha estava praticamente apagado. Por isso, ia emparelhado com outro "lambreteiro", para ver o caminho. Na sua infinita sapiência, o Departamento de Estradas de Rodagem havia construído, bem no meio da pista, os pilares de concreto para erguer uma casinha que serviria para fiscalizar a estrada. Só que não ocorreu a esses próceres da segurança sinalizar a presença de tais obstáculos. Quando vi, já estava voando, para além da Lambretta que atropelou um dos blocos. Não sei como, mas consegui fazer um rolamento perfeito no asfalto e aterrissar de pé. Ainda assim, saí de roupa meio esfarrapada e com arranhões esparramados pelo corpo (não se usavam capacetes na época).

Uma picape logo parou, a tempo de me ver imóvel, como uma estátua, traumatizado, na posição em que terminei a pirueta. Já o piloto da outra Lambretta estava em choque. Diante da situação, o motorista da picape perguntou: "Afinal, quem foi o acidentado?" Fui levado para Sete Lagoas e entregue aos cuidados do farmacêutico. Além de tratar os arranhões, me deu um calmante. Pretendia voltar na garupa da outra Lambretta, mas como ainda estava fora dos eixos, pelo trauma e pelo calmante, havia que esperar um tempo. Sendo noite de domingo e não havendo programa melhor, fomos fazer o *footing*. Fiz muito sucesso, pela quantidade de curativos na cara e pelos rasgões na roupa.

Mas nada disso me comoveu, diante do episódio de amnésia provocado pelo choque. Não me lembrava de muita coisa. Tampouco me afetava muito o tanto que havia esquecido. Obsessivamente, só tinha uma preocupação: será que vou ter de aprender matemática de novo? Para registro, o pouco de matemática que sabia voltou no dia seguinte e não tenho como colocar a culpa no acidente por minhas fraquezas nessa área.

Andar de Lambretta, sem farol, é burrice, é confiar demais na sorte. Contudo, o perigo ronda também a pesquisa. No meu tempo de Banco Mundial, estudava o sistema de formação profissional do Cazaquistão, lá pelos anos de dissolução do regime soviético, no início dos anos 1990. Em pleno inverno, visitava escolas e conversava com autoridades. Mas eis que pego uma bronquite, doença que só então soube ser séria. O desconforto era agravado pelo aquecimento com carvão mineral, em fogareiros domiciliares, responsável por uma poluição que tornava o ar marrom e espesso.

Depois que os antibióticos foram criados, bronquite se tornou doença trivial. Mas em Alma Ata não os havia por via oral, eram todos injetáveis. Não seria maior problema, não fossem os anúncios de que a Aids havia chegado ao país, mas as seringas descartáveis ainda tardavam. Naquela época, as seringas e agulhas reutilizadas eram grandes responsáveis pela disseminação da doença.

Não sou hipocondríaco, mas a situação não era confortável. Entre uma tossida e outra, pensava em cenários macabros. Felizmente, a Embaixada americana acabara de ser inaugurada. O chefe da missão ligou para o embaixador que, generosamente, me permitiu que usasse a farmácia da Embaixada. Examinou-me a enfermeira americana, grandalhona, confirmando a moléstia. Saí dali apetrechado, com comprimidos de Bactrin em quantidade suficiente para chegar de volta a Washington. Depois de algumas gestões do meu chefe, o serviço médico do Banco Mundial passou a aceitar que, nas missões a lugares remotos, fosse possível levar remédios críticos. Foi minha contribuição para a saúde dos funcionários do Banco, durante as suas viagens.

Entre o perigo da Aids e a tarefa ingente de reaprender matemática, com galos na testa, a primeira alternativa era bem pior. A pesquisa havia se revelado mais perigosa do que a aventura de Lambretta.

O caminho é tão interessante quanto o destino

O verdadeiro pesquisador não trabalha pela recompensa de um *grand finale* esplendoroso. Fazer pesquisa é um fim em si. É o prazer da descoberta, de ver as ideias, quase como mágica, arrumarem-se no lugar certo.

E a aventura não é chegar, mas aventurar-se. É o caminho que interessa.

W. Langewiesche, um jornalista americano da revista *Atlantic Monthly*, fez uma viagem à lendária cidade de Timbuktu, no miolo da África (Mali). Foi de ônibus, de trem, de carona, passando privações e riscos. Ao chegar lá, teve uma grande decepção. Achou uma porcaria, sem interesse, sem beleza e desprovida de pitoresco. Viagem perdida? De forma alguma, o que conta é o trajeto. Timbuktu foi um detalhe.

Em 1956, saí de Belo Horizonte, de Lambretta. Com um amigo, queria ir ao Uruguai, mas as estradas só eram pavimentadas até São Paulo. Em julho, passamos frio, caímos em atoleiros, colecionamos chuvas e enguiços nos motores pouco confiáveis. Com uma semana de viagem, chegamos a Porto Alegre. Meu amigo estava com a saúde totalmente entortada, vítima de uma coleção infindável de males e cansaços. Depois de uma recuperação de alguns dias, relutantemente, concordou em prosseguir a viagem, em direção à fronteira.

Num dado momento, abriu-se minha bolsa, atada à Lambretta. Saí então despejando cuecas, suéteres e camisas pela estrada. Achar quase tudo custou um bom tempo. Recuperado meu enxoval, paramos na pracinha de uma cidade, totalmente medíocre, das menos interessantes que cruzamos. Sentado no meio-fio, meu amigo comunicou-me, solenemente, que ali acabava sua viagem. Nem um só quilômetro para frente. E assim foi.

Muitos dias transcorreram, com grandes sacrifícios, para chegarmos a local tão anticlimático. Fracasso? No plano que incluía o Uruguai, definitivamente, foi uma derrota. Mas foi uma viagem maravilhosa, pelo que vimos, pelas peripécias e pelo que aprendemos. Contou o caminho, não o destino. Contudo, para o meu amigo, foi a última viagem de Lambretta.

Na pesquisa, aparte o alívio de acabar, o fim costuma ser chato, pois resta um trabalho de muita paciência e poucas emoções, para terminar os rodapés e dar mais uma conferida na linguagem. O interessante é o percurso.

Em uma pesquisa quantitativa, quando as primeiras tabelas começam a aparecer, vemos uma história começar a ser contada. Meses antes, formulamos a hipótese de que quando X acontece, Y também acontecerá. Passa-se o tempo e os números brotam, dizendo que quando X acontece, Y também. É um prazer indescritível ver o mundo conformar-se às nossas hipóteses.

É quase uma mágica. Os números não sabem que apostamos em uma conformação especial para eles. Na verdade, o mundo não dá bola para nós, pesquisadores, pois continua sendo o que quer ser. Mas, de repente, o vemos como que se moldando à nossa vontade, às nossas leis científicas.

Ao longo de uma pesquisa com números, receber as tabelas do computador e buscar os resultados nos presenteia com o momento mais emocionante do trabalho. A natureza estará se comportando como dissemos que faria? Ou nos prega uma peça e mostra-se hostil às nossas ideias?

Sem ralar não se consegue nada

Essa é uma semelhança bem óbvia. Não há aventura de primeira linha sem ralar muito, sem um esforço que às vezes parece impossível. Comecemos com exemplos que ficaram conhecidos, por livros e artigos. As expedições aos polos, as ascensões ao Everest e ao K2, as travessias de mares bravios e enormes desertos são proezas cujo principal ingrediente é a luta acirrada pela sobrevivência e a teimosia de forçar os músculos a chegar ao fim da linha. O explorador britânico Richard Burton (não confundir com o ator) foi à África para descobrir as origens do rio Nilo. Partiu de Mogadíscio, no litoral, já com um caso severo de malária. De tão doente, teve de ser carregado em liteira, por mais de um mês, até chegar ao lago Victoria. Em outras palavras, começou a expedição já gravemente enfermo e com tremedeiras.

Não há aventuras no iate da família real inglesa ou em aviões com cabine pressurizada. Nessas histórias, conforto não entra. A aventura testa o limite da força de vontade humana e da resistência física e moral. Podemos questionar o sentido de arriscar o pescoço por um objetivo sem consequências práticas — aliás, muitos o fazem. Mas não há lógica ou bom-senso nessas empreitadas, a agenda é outra.

Na pesquisa, tampouco há atalhos fáceis. Einstein gastou dez anos pensando nas ideias que desembocaram na Teoria da Relatividade Restrita. Steve Pinker gastou dez anos estudando verbos irregulares da língua inglesa, para entender a formação da linguagem nos seres humanos. Steve Wosniak criou o computador Apple II com 26 anos. Mas desde sua infância vinha construindo os antecessores dessa máquina, em seus múltiplos experimentos com eletrônica digital.

Quando fazemos uma pesquisa, por mais modesta que seja, há etapas lentas e enfadonhas. Se há trabalho de campo, há que encontrar os entrevistados e ouvir desaforos de alguns, ou fugir do cachorro de outros. É preciso conferir minuciosamente os questionários. As bases de dados nascem cheias de erros de transcrição e de outras origens. As primeiras análises estatísticas patinam, confundindo-se os fenômenos em estudo com ruídos espúrios. A revisão bibliográfica tende a ser enfadonha, com a busca de livros esgotados ou perdidos pelas bibliotecas. Muitas fontes em que confiávamos se revelam frágeis ou pouco inspiradas. Há que colocar todas as citações da bibliografia nas normas ABNT. Há que reescrever inúmeras vezes os capítulos mais delicados, ainda que isso em nada vá mudar os resultados obtidos. Há que ralar.

Naturalmente, há uma divisão de trabalho entre gerações de pesquisadores. Os mais jovens carregam pedra para os mais velhos, fazendo o trabalho chato e repetitivo. Mas amadurecem e conquistam o direito de ter seus assistentes, para cuidar do trabalho que faziam quando mais jovens. Mas isso em nada muda a trabalheira que dá.

Na aventura, queremos chegar ao topo da montanha. Mas a subida é árdua.

Com meu irmão, subimos ao cume de uma montanha no deserto de Atacama, no Chile, respondendo pelo modestíssimo nome de El Toco. A andança a pé foi aos 5.100 a 5.600 metros de altitude. O corpo mostrava sensações diferentes e nada agradáveis. O avanço, em cada passada, alcançava a metade do comprimento do pé. Apanhar um objeto no chão provocava tontura. Mas chegamos, vitória! Por que decidimos subir? Essa é uma pergunta antiga e que jamais terá uma resposta convincente para o mais comum dos mortais.

Em suma, seja na pesquisa, seja na aventura, não há realizações ponderáveis sem ralar muito. Embora os músculos da perna não sejam os mesmos "músculos" que impulsionam o cérebro, o esforço é bem semelhante. É a força de vontade contra tudo o mais.

Há que dominar a técnica, à perfeição

O domínio da técnica é uma semelhança bastante óbvia entre pesquisa e aventura. Em ambos os campos, sem conhecer o assunto em profundidade, a empreitada vacila e corre-se o risco de fracassar. Na pesquisa, pode-se empacar em alguma etapa mais difícil ou produzir resultados espúrios ou errados.

Na aventura, a preparação pode determinar quem terá sucesso e quem encontrará o fracasso ou a morte. Amundsen conhecia intimamente a arte de lidar com cachorros e trenós, um assunto difícil e que exigiu muitos anos de prática. Chegou ao Polo Sul. Scott confiava em sua criatividade e força de vontade. Morreu no caminho.

Vale também citar um episódio, na nefasta expedição ao Everest, descrita por Jon Krakauer. Durante uma noite, já próximos do topo, muitos alpinistas se perderam na última encosta, durante uma infernal tempestade de neve. O guia A. Boucrev chega de volta ao acampamento. Todos os presentes imploram que vá procurar os membros perdidos na neve. Impassível, o alpinista se fecha em sua barraca e vai dormir. No dia seguinte, verifica-se que todas as expedições noturnas de resgate haviam sido infrutíferas. Descansado e bem dormido, Boucrev se põe a caminho e salva um bom número dos extraviados. Ou seja, entranhado em sua carreira de guia, o longo aprendizado lhe deu confiança para contrariar a todos e fazer o que se revelou a estratégia certeira.

Na minha modesta experiência pessoal pelos matos, pelas águas e pelos ares, confirma-se a importância do conhecimento técnico. Ao descer uma corredeira de caiaque, é preciso "ler o rio". Ou seja, olhando seu curso, suas sinuosidades, sua água branca, aqui e acolá, temos de adivinhar onde estão as pedras perigosas e onde está a passagem segura. Com isso, planejamos em que momento remar para a esquerda ou para a direita. Com minha experiência relativamente reduzida, sinto-me confiante apenas para ler as águas de um rio de Nível II (muito suave). Se for Nível III ou IV, preciso confiar na leitura de quem sabe bem mais do que eu. Com minha competência tosca, não me atrevo a descer.

O caiaque de água branca só se mantém em equilíbrio de uma forma: perfeitamente de cabeça para baixo. O que o impede de virar, em todos os momentos, são as manobras com o remo. Mas ainda assim, vira, ao entrar de mau jeito em uma corredeira. Para qualquer um, não se trata de se virar, mas de *quando* vai virar. Portanto, é preciso dominar, à perfeição, as técnicas para desvirar o barco, usando o corpo e o remo, em meio a um turbilhão de água branca. É um aprendizado que pode ser penoso. Jovens aprendem em algumas aulas. No meu caso, como aprendi já burro velho, levei muito tempo.

Na asa-delta e no parapente, o grande fator de segurança é exatamente o mesmo: "ler o ar". A turbulência é invisível, não tem cor ou placa indicativa. Quem sabe de micrometeorologia consegue imaginar o vento predominante sendo defletido pelos contornos do terreno e criando ascendentes maravilhosas ou turbulências perigosas. Na verdade, a diferença entre o bom piloto e o excelente piloto se manifesta ainda em terra. É claro, ambos sabem sair de situações críticas. Mas, algumas vezes, o excelente piloto inspeciona o ar e diz: "Hoje é dia de ficar em terra firme. Vamos para o chope".

Nas andanças a pé a situação é parecida. Temos de conhecer nossos limites e os desafios impostos pela montanha que queremos subir. No caso de caminhadas em locais desconhecidos, é preciso examinar cuidadosamente o relevo e descobrir por onde haverá passagem. Também exige experiência ler um mapa de 1:50.000

e ver no mundo real o que mostram as curvas de nível. Em seguida, decidir qual será o melhor caminho.

Em um passeio a pé, perto de Lavras Novas, estava em companhia de um novato nessas artes. Não havia caminho para subir o morro, tínhamos de improvisar. Em cada momento, uma decisão: esquerda, direita ou em frente? Notei que minhas decisões quase sempre eram mais certas do que as dele. Simplesmente, eu via caminho onde ele não via, e previa obstáculos que ele não conseguia antecipar. A diferença tinha uma origem óbvia: minha maior quilometragem prévia em rotas desse tipo. Nada a ver com talento ou inteligência.

No caiaque, é preciso olhar a superfície das águas e reconstruir em nossas cabeças a hidrodinâmica do rio naquele trecho. No parapente, temos de imaginar um céu vincado de correntes de ar, apesar de serem invisíveis. Na pesquisa, é muito parecido. Temos de olhar uma tabela cheia de números e perguntar que história ela estará contando.

É isso, por trás do murundu de números pode haver uma história fascinante. Ou a negação de uma teoria. Mas pode ser também que seja apenas ruído estatístico, entropia na organização daquele pedaço do mundo. A arte da pesquisa é descobrir a narrativa escondida nos números e contar bem essa história.

Vejamos um exemplo. Em meados dos anos 1990, recebi do SENAI-SP uma série de tabelas de um estudo sobre o nível socioeconômico de alunos de suas escolas técnicas. Algumas eram escolas convencionais, que ofereciam o currículo técnico integrado ao acadêmico. Mas havia escolas chamadas de "técnico especial", criadas para quem já tinha o diploma do Ensino Médio e queria apenas cursar o ramo técnico. Ao ler as tabelas, notei uma enorme discrepância na origem social dos alunos. As escolas integradas eram frequentadas por alunos de nível social bastante elevado, em contraste com os mais modestos, dos "técnicos especiais".

Era óbvio, quem ia para os cursos "especiais" eram apenas os alunos realmente interessados na profissão, já que esses cursos não oferecem o diploma acadêmico. Ou seja, os cursos integrados estariam sofrendo dos mesmos problemas das escolas técnicas federais. Seus alunos estariam lá pela excelência do currículo acadêmico, não tendo a intenção de exercer a profissão ensinada no currículo técnico. Pelo contrário, interessavam-se pelos vestibulares mais competitivos. O mesmo não acontecia com os cursos técnicos especiais.

Ora, se esse era o pior problema dos cursos técnicos, por que não separar de vez, de tal forma que só entrasse para o ramo técnico quem realmente quisesse exercer a profissão? Ou seja, fazer com que os todos os cursos técnicos fossem como os "especiais" e o acadêmico fosse oferecido de forma independente?

Nessa época, eu estava no Banco Interamericano de Desenvolvimento (BID) e assessorava o então ministro da Educação, Paulo Renato de Souza. Sugeri a ele a separação, de tal forma que os interessados no curso acadêmico, de mais alto status social, entrassem apenas nele, deixando as vagas do ramo profissional para aqueles que viam ali a sua oportunidade de profissionalização. A ideia foi acolhida e os cursos foram separados, por via da legislação.

Pouco tempo depois, a Fundação Paula Souza realizou uma pesquisa semelhante e verificou que o status econômico dos alunos (do ramo profissionalizante) havia caído bastante. Isso mostrava um resultado equivalente ao que havia observado nas escolas do SENAI. Com isso, o caro investimento de operar cursos técnicos passou a servir, realmente, para preparar quem está disposto a usar o aprendido.

Um olhar clínico em três ou quatro tabelas contou uma história interessante. A partir daí, promoveu-se uma transformação na estrutura do ensino técnico brasileiro. Até hoje, há resmungos acerca dos méritos da mudança. Estou preparado para defendê-la, com mais munição do que aqui se justifica apresentar. De fato, apenas uso o exemplo para ilustrar a ideia poderosa de que os números contam histórias e é preciso saber lê-los. Mas devemos sempre lembrar a advertência de Delfim Neto: "Torturando, os números confessam".

Em contraponto, relato abaixo uma empreitada mal sucedida, no campo da pesquisa. Nos inícios dos anos 1970, estava no Instituto de Pesquisa Econômica Aplicada (IPEA), quando eclodiu uma acusação de que nossa distribuição de renda era horrível. Pior, continuava se degradando. Isso, em pleno fulgor do Milagre Brasileiro, quando crescíamos com as taxas mais elevadas do mundo. De fato, em alguns anos, havia atingindo dois dígitos. A denúncia de que produzíamos muito, mas nada ficava para os pobres, era corrosiva para um governo ufanista. Fui encarregado de responder às críticas, examinando cuidadosamente as estatísticas e dizendo alguma coisa interessante e tranquilizadora. Mas acontece que não tinha a experiência técnica necessária para lidar com bases de dados censitárias, não conhecia bem a literatura de distribuição de renda e minha econometria era insuficiente para esse tipo de estudo. A análise patinou, demorou e acabou meio inconclusiva. Pior, veio depois de outros trabalhos bem mais contundentes e que se tornaram melhor conhecidos.

A lição é sempre a mesma. É preciso conhecimento de causa nas áreas em que trabalhamos. A estatística é a arte de ler as histórias nos números, sem ser ludibriado, nem por falsários das interpretações e nem pelas diabruras da natureza, empenhada em nos iludir. Em contraste, os jornais estão cheios de leituras equivocadas de dados e tabelas. Alguns erros são derrapagens leves, outros são grosseiros. Na pesquisa qualitativa é a mesma coisa. É o preparo do pesquisador que permite ler a realidade com perspicácia e confiança.

Guias e orientadores: problema ou solução?

Muitas excursões dependem de guias confiáveis. Na pesquisa, os noviciados inexperientes precisam de orientadores, sobretudo ao elaborar suas teses. Sem o respaldo dos mais maduros nesses misteres, perigam ir para o buraco — sejam as pesquisas, sejam os aventureiros. E isso acontece com uma frequência apavorante.

Mas o assunto não é meramente técnico, pois estamos aqui tratando de seres humanos, com todas as suas complexidades e arestas de personalidade, tendo que interagir com outros, em situações que podem ser tensas. E no caso dos orientandos, eles vivem uma etapa de insegurança e perplexidade. A convivência pode ser pacífica e agradabilíssima. Mas pode ser explosiva e traumatizante, engendrando crises e até internação psiquiátrica (já aconteceu com uma orientanda minha!).

O orientador é juiz, é conselheiro, pode ser babá e acaba sendo psicanalista do orientado, se sua personalidade o leva para esses rumos — não é meu caso. Li um artigo em uma revista de psicologia no qual o autor tenta demonstrar que escrever uma tese envolve uma regressão infantil, como no divã do psicanalista. Terminar a tese é como terminar a análise, o paciente volta à idade adulta, mais maduro e reflexivo. É uma ideia curiosa, mas que não tenho competência para explorar.

Na minha tese de doutoramento, nos Estados Unidos, tive três orientadores esplêndidos, um deles se tornou meu amigo. Mas tinham personalidades muito diferentes e acabaram brigando, em função do meu trabalho. Por tudo que sei, dois deles nunca mais se falaram.

Por pura brincadeira, pois não tínhamos desentendimentos pessoais ou mais sérios, mostrei para minha banca um recorte de jornal que noticiava o caso de um aluno cuja tese havia sido recusada por seu comitê. Durante uma reunião do departamento, o dito aluno irrompe armado na sala e fuzila todos os professores que o reprovaram, metodicamente saltando os inocentes e metendo uma bala nas cabeças dos assassinos da sua tese.

O orientador pode acabar sendo o verdugo, odiado pelo orientando. Coisa do gênero aconteceu comigo, com uma moça que havia estudado com Piaget, em Genebra. Aceitei orientar sua tese de mestrado, na qual buscava demonstrar a superioridade dos critérios de Piaget para medir desenvolvimento mental, em comparação com os testes convencionais. Desenhamos a amostra, os instrumentos e a moça se pôs a campo. Um par de meses depois, começaram a aparecer os resultados.

Surpresa! As tabelas mostravam que os testes de Piaget, aplicados por ela, distanciavam mais os pobres dos ricos do que os testes tradicionais da Secretaria de Educação. Ou seja, o fator cultural aparecia com mais força nos instrumentos piagetianos. Mas o equipamento emocional da moça não permitia aceitar a negação de sua tese. Ademais, seria uma infâmia contra seu ídolo suíço. Passamos um longo tempo brigando e a moça acabou perdendo a tese, por esgotamento de prazo.

Pouco tempo depois, em um evento, encontrei Jacques Voneche, sucessor da cadeira de Piaget na Universidade de Genebra. Narrei a ele o acontecido e, a pedido dele, enviei as tabelas da orientanda. Para ele, sendo inesperado, o resultado era muito mais original e valioso. Se os hormônios da moça não houvessem provocado tamanho incêndio emocional, teria uma tese consagrada na literatura. Era a negação da hipótese original, mas isso não desvaloriza o trabalho, pelo contrário: demonstrava uma ideia ainda mais surpreendente.

Nas aventuras, lidamos com guias de todos os estilos, competências e personalidades. Ao fazer o Tour du Mont Blanc, tive um guia que, na encarnação anterior, tinha sido pesquisador do governo francês (CNRS), na área de eletrônica e vácuo. Exibia uma enorme cultura sobre tudo que encontrávamos no caminho. Durante os descansos, fazia longas e interessantes palestras sobre placas tectônicas, geologia, conflitos dos pecuaristas com os lobos ou fisiologia reprodutiva de algumas flores.

Em total contraste, contratamos um guia para nos levar a uma encosta pouco explorada do pico do Itacolomi. Não dava uma palavra. Em retrospecto, felizmente, pois não tinha nada a dizer. Levou-nos pelo caminho mais penoso, apesar das chuvas dos dias anteriores. Estimou o percurso em duas horas e meia. Quando chegamos, após quatro árduas horas, admitiu que aquele tinha sido o tempo gasto quando apostou corrida com seus amigos, para ver quem chegava primeiro.

Lá no alto, paramos finalmente para o lanchinho. Perguntou-nos então se gostaríamos de ir um pouco mais adiante, pois havia lá umas águas escuras. Água escura não pareceu um petisco visual muito tentador. Mas acabamos indo. Na verdade, era um riacho, com as águas parecendo uísque, tão típicas da região. De lá enxergávamos o outro lado da serra, com uma vista maravilhosa. De fato, era o ponto alto do passeio. Nosso "mostrador de caminho" ou não se deu conta ou não soube transmitir a ideia.

Em uma viagem ao Chile, fui a Pucón, em pleno inverno. Lá, o passeio clássico é subir até à cratera do vulcão Villarica. Contratei um guia e, na hora aprazada, nos reunimos. Compareceram um time inglês de rugby e eu. Começamos a subida. Meu passo morro acima é sempre lento, mas não paro. Os atletas de rugby queriam ir mais rápido e o guia seguiu com eles, deixando-me para trás, apesar de uma meteorologia para lá de suspeita. De fato, logo começou a nevar. Em alguns minutos, com nevoeiro e neve, a visibilidade caiu para um ou dois metros. Mais um pouco e chegaríamos à borda abrupta do vulcão. Eu não estava nem um pouco preocupado, mas como o guia poderia saber se o seu cliente tinha a experiência e os recursos emocionais para permanecer completamente desorientado em meio a uma nevasca? De volta à cidade, questionei a decisão dele de deixar para trás um cliente, sobretudo naquela circunstância. Respondeu convicto de que tinha de atender aos pedidos da maioria. Mais uma vez, ficou demonstrada a volatilidade dos guias.

No passeio ao pico de Roraima, levei orgulhosamente a minha compra mais recente: um GPS. Mas tive a pouco grata surpresa de descobrir que a pilha do dito se esgotava rapidamente e, para comprar uma nova, haveria que andar três dias.

Em compensação, as pilhas de nossos guias índios não acabavam e eles tampouco erravam o caminho. Falavam pouco ou quase nada, mas graças a eles, estávamos seguros de não errar naqueles ermos.

Quando fui ao cânion Escalante, no meio do deserto de Utah, contratei uma empresa especializada para o passeio. Sem tal medida, nem sequer acharia o cânion, naquele enorme desolado. A *van* da empresa nos levou ao fim da estradinha e seguimos a pé, deixando as bagagens pesadas para serem transportadas pelos cavalos. No meio da caminhada, cruzamos com um caubói meio velho, que conduzia a tropa de cavalos que recolheria nossos badulaques. Cumprimentou-nos efusivamente, com um forte sotaque de caipira local. No acampamento, no fundo do cânion, vimos esse cavalariço buscando água no rio e lavando pratos. Depois do jantar, ouvimos uma flauta doce, tocando Bach. Que cavalariço mais estranho! No dia seguinte, nos levou a um sítio arqueológico dos índios anasazis que habitaram a região. Examinando uma faca de sílex, encontrada no chão, mostrou como era construída. Comentou também as pinturas rupestres, dizendo que achava o estilo mesclado com o de outra tribo que também havia passado por lá. Na hora do jantar, fez alguns comentários jocosos e outros cultos demais para a sua profissão.

Não resisti e perguntei o que havia feito antes de virar tropeiro e lavador de pratos. A conversa começou assim:

"Em uma noite, vinha com meu Porsche por uma estrada no Colorado e abalroei uma pedra, tendo que passar a noite esperando socorro. Fiz então um balanço da minha vida e decidi que não queria mais aquela vida de engenheiro de projetos da Nasa, pois tinha muita tensão e muita competitividade. Mudei de profissão. Faço pesquisas arqueológicas, desenvolvo novas fórmulas para tijolo de adobe e ganho uns trocados pintando quadros que vendo em uma galeria em Phoenix. Isso aqui é puro divertimento."

Aí está a biografia do nosso guia-cavalariço. Aí está a variedade de interações com os guias e orientadores. Em ambos os casos, há de tudo. É o lado humano da pesquisa e da aventura, sempre imprevisível.

O DESTINO

O navegante vislumbra terra firme. O voador de parapente põe os pés do chão (sem quebrá-los). Os alpinistas voltam esfalfados ao campo base. A hipótese proposta na pesquisa é confirmada de forma metodologicamente satisfatória. A redação, finalmente, chega ao fim. Mas nem sempre tudo acontece do jeito que havíamos previsto.

As surpresas espreitam

Como nem tudo pode ser antecipado e, menos ainda, planejado, tanto na pesquisa como na aventura há surpresas a cada esquina. Podem ser boas ou más, não há como antecipar.

Levei meu parapente para o Marrocos, em viagem de trabalho para o Banco Mundial. Rodou na mala do carro por muitos dias e tudo indicava que iria voltar sem um só voo. Mas em um fim de tarde, passamos por um vilarejo, no topo uma pequena colina. Soprava um vento constante e de boa intensidade. Paramos, achei um local desimpedido e decolei. O sol se punha e, do ar, via os contornos da cidade, da mesquita e das palmeiras, sob uma luz saturada de vermelho. Pousei já meio no escuro. Inesquecível.

Lá pelo início da Perestroika, estava em Moscou, também por conta do Banco Mundial. O único hotel mais ou menos ficava ao lado de um antigo campo de pouso militar, transformado em parque. Ao voltar ao hotel, vi de relance um parapente no ar. A adrenalina subiu. Larguei tudo e fui ver de perto. Era um bando de rapazes que haviam construído um guincho a gasolina e usavam o asfalto da velha pista de pouso para decolar.

Com meu russo, cujo total de palavras não ultrapassava 100, tentei me comunicar com os voadores. Mostrei meu jeans rasgado e expliquei, com gestos, que havia sido uma aterrissagem desastrada. Tanto gesticulamos que acabei fazendo um voo, em um parapente todo feito em casa, tal como o guincho. Mas deu certo e posso me gabar de ter voado em plena Moscou.

Na pesquisa, não há menos surpresas. No repertório internacional, é bem conhecido o caso da cola que não deu certo, no laboratório da 3M. Só que alguém descobriu que uma cola fraca era o ingrediente necessário para o Post-it! Os exemplos são muitos.

Em uma das minhas pesquisas mais substanciais sobre formação profissional, comparei a mobilidade ocupacional entre formados no SENAI e pessoas com educação apenas acadêmica. No SENAI, aprende-se uma profissão, não muitas simultaneamente. O aluno tem de ser torneiro mecânico ou eletricista, não ambos. Em contraste, a educação acadêmica prepara para o que der é vier, é geral por natureza.

Daí haver formulado a hipótese óbvia de que aqueles formados no SENAI teriam mais tendência a se manter em sua ocupação original, pois foi só aquela que aprenderam. Em contraste, os acadêmicos saltariam de profissão com mais desenvoltura.

Tínhamos uma amostra enorme. Começamos a remexer os dados, para testar a hipótese da mobilidade ocupacional. Vieram as tabelas. Comentei com meu coautor que o programador havia cometido um erro, pois estava tudo ao contrário. Refizemos os cálculos e descobrimos que não havia erros. De fato, os graduados do SENAI mudavam mais de ocupação do que os outros. Além disso, depois de mudar, não tinham salários menores. Era o oposto do que esperávamos. Só que, ao contrário da aluna do Piaget, aceitamos a ditadura do mundo real. Se é diferente do que esperaríamos ou gostaríamos, é preciso aceitar e entender por quê.

Pensamos que isso acontecia porque a formação do SENAI era muito mais sólida e apropriada para aquela clientela, comparada com os péssimos ginásios da época. Além disso, incluía conhecimentos comuns a todas as profissões desse tipo, como medir, ler plantas, manejar ferramentas, usar matemática simples e por aí afora. De fato, a descoberta nos levou a olhar mais de perto esses assuntos. Descobrimos que algumas empresas exigiam diploma do SENAI, mas qualquer um servia.

Vamos a um último exemplo. Com meus orientandos de mestrado, pesquisava os exames supletivos (atualmente chamados de Educação de Jovens e Adultos, ou EJA). Tínhamos uma base de dados a partir dos resultados das provas e uma grande quantidade de informações transcritas de questionários aplicados aos candidatos. O exercício consistia em explicar estatisticamente os escores obtidos nas provas, associando-os às variáveis disponíveis. É um tipo de pesquisa muito usual.

Nesse tipo de estudo, sempre se encontra uma forte correlação entre status socioeconômico familiar e resultados escolares. De fato, essa é a associação mais forte que têm sido encontrada, em milhares de pesquisas com alunos.

Mas o computador nos disse que status e notas não estavam associados. Nada mais anti-intuitivo. Quebramos a cabeça e concluímos que isso acontecia devido à composição híbrida da clientela. Estavam no supletivo os pobres ambiciosos e que não se conformaram em parar sua educação. E também os ricos malandros ou ignorantes, que se atrasaram ao longo da carreira escolar. Noves fora, os ricos malandros se equivalem aos pobres esforçados, apesar da falta de base e do menor capital intelectual desses últimos.

Continuamos a escarafunchar os dados, em busca de variáveis que se associassem ao rendimento acadêmico. Ao final de muitas horas de rodar o computador da PUC-Rio, descobrimos a associação mais estreita de todas: indisciplina. Só que era o contrário: obtinham melhores resultados os que haviam tido mais problemas de disciplina, isto é, os mais bagunceiros!

Como explicar? Depois de muita elucubração, nos pusemos de acordo. O que explica o sucesso são as variáveis que caracterizam uma razão de força maior para a interrupção dos estudos, não as desculpas esfarrapadas para ter deixado a escola regular mencionadas nos questionários. Quem disse que não tinha tempo para estudar obtinha resultados piores. Os bagunceiros e irrequietos teriam sido expulsos ou abandonado a escola, apesar do seu preparo ou inteligência. De fato, as outras variáveis que examinamos revelaram que quem dava uma desculpa crível para haver deixado a escola obtinha resultados melhores. Era o caso dos que indicaram morar em cidades em que não havia ensino médio.

Aí está, são as surpresas. Trazem o desafio e o prazer de achar uma explicação plausível. Mas há as desagradáveis, tanto na pesquisa como na aventura.

Acidentes de percurso

Segundo a Lei de Murphy, tudo que pode dar errado, em algum momento dará. Por que aventuras e pesquisas escapariam do alcance dessa lei? De fato, são igualmente vítimas dela. Vejamos dois incidentes desagradáveis.

No Brasil, terminei a coleta de dados e a interpretação preliminar, para a minha tese. Voltei para a universidade americana, para arrematar a análise e a redação. Levo uma mísera malinha de roupas. Na mala grande vão os cartões perfurados originais, contendo as pesquisas de campo.

Lembro a quem é de gerações mais recentes que tudo entrava no computador pela via de cartões com 80 colunas, cada uma admitindo dez alternativas. À opção escolhida correspondia um furinho no cartão. Labutávamos com imensas máquinas para perfurar e selecionar. Depois, levávamos as pilhas de cartões para o computador que lia tudo e, se bem mandado, fazia as análises desejadas.

A enorme e dura Samsonite estava repleta de cartões, de papéis com as tabelas e das primeiras versões dos capítulos. Era o resultado de dois anos de trabalho paciente. Pois bem, quando chego ao destino, tenho a alarmante surpresa de ver a malinha pequena no carrossel, mas nada da grande. Corações mais frágeis poderiam não suportar o baque.

Em pânico, apelo para a companhia aérea — acho que era a falecida Panam. Escoam-se algumas horas angustiadas, até que me informam haver sido encontrada no depósito de achados e perdidos, em Atlanta. Acabou chegando, mas o susto não foi pouco.

Por esses anos afora, bato pernas e remos pelo mundo. Fugi de ursos no Alasca. Percorri mercados públicos, atravessando favelas na África. Perdi a orientação dentro de *souks* árabes. Até que às duas da tarde, em plena rua Bulhões de Carvalho, no Rio de Janeiro, fui assaltado à mão armada. Levaram dinheiro e cartões.

Em Genebra, como narrado na última aventura deste livro, minha pasta foi roubada, com todos os documentos e mais o computador. Entre outras coisas, foram-se as duas apresentações em PowerPoint para as conferências que ia fazer.

Mais uma vez, era a Lei de Murphy, em pleno gozo de sua vigência.

Fracassos ocasionais ocorrem

No frigir dos ovos, não posso me queixar. Acertei muito mais do que fui acertado, tanto nas aventuras quanto nas pesquisas.

Nas aventuras, quebrei pé, quebrei tornozelo, quebrei dentes, ganhei galos avantajados. Tive hipotermia, pelo menos duas vezes, tremendo durante horas. Tive cortes de todas as profundidades. Arranhões, nem dá para registrar. Estive próximo de choques anafiláticos, por picadas de abelhas e vespas. Mas não posso reclamar, pois sobrevivi, sem sequelas e com cicatrizes menores.

Deixemos os desastres e falemos somente de fracassos pitorescos.

Fomos ao Parque Nacional do Itatiaia. Ao fim do dia, montamos a barraca. Mas a temporada era de chuvas torrenciais. Após algumas horas de tempestade, descobri que o tecido da barraca portuguesa não era impermeável. Em compensação, o tecido de seu assoalho era perfeitamente estanque. O resultado não podia ser outro: a barraca virou uma piscina, acumulando vários centímetros de água. Não havia alternativa senão ir para o abrigo do parque, onde dormimos com relativo conforto.

Já faz um bom tempo, saí com um amigo, bastante desavisado, para subir a serra do Caraça, perto de Caetés, em Minas Gerais. Decidimos subir por uma encosta convidativa, proposta mais para o arrogante, considerando que nem sequer sabíamos se haveria caminho. Sem contar tratar-se de uma montanha enorme, com um desnível de mais de mil metros e cujos flancos são cobertos de florestas luxuriantes. Pior, estávamos em plena temporada de chuvas, no Carnaval.

Caminhamos até uma encosta, cuja vertente parecia viável. Subimos pelo leito de um riacho, escalando pedras molhadas e resvaladiças. Foi-se o dia todo nessa tarefa difícil e desagradável, pois o único ponto do corpo que dava o atrito necessário era a bunda. Ao escurecer, estávamos em uma crista pedregosa e estreita. Mal deu para montar a barraca. Com a luz do dia seguinte, vimos que havia despenhadeiros de todos os lados e nenhuma possibilidade de prosseguir. A única solução possível era voltar pelo mesmo caminho, se é que uma beirada de rio cheia de limo pode ser chamada assim. Quando atingimos a estrada, estávamos encharcados, com as calças e a cueca em frangalhos, somente o cinto mantinha as duas pernas unidas.

Em Caetés, já com calças emprestadas, tomamos o trem para Belo Horizonte. Como estava mais do que lotado, o único lugar disponível era dentro do banheiro, compartilhado com um bêbado e uma puta. O bêbado decidiu azucrinar esta senhora, com piadas de mau gosto. Finalmente, ela desembarcou, mas esqueceu a sua sombrinha. O bêbado, na estação seguinte, lançou a sombrinha nos passageiros que esperavam o trem. No resto da viagem, contou e recontou, inúmeras vezes, as suas proezas recentes. Tanto quanto sei, essa foi a primeira e a última excursão realizada pelo meu amigo.

Na pesquisa, consegui muita coisa, vi muitas pesquisas serem reconhecidas, vi alguns resultados transformarem-se em mudanças de percepções, por parte de quem realmente importa nesses assuntos, ou mesmo em mudanças de políticas. Não vou dar espaço às minhas gabolices nesse ensaio, cujo objetivo é bem outro. Quero focalizar os meus fracassos, pois ocorreram em bom número, ilustrando a tese de que não se pode sempre acertar.

Menciono um insucesso retumbante. Trabalhava no IPEA, mas acompanhava muito de perto o que acontecia nas políticas científicas e agências de fomento (CAPES, CNPq e FINEP). Com um amigo, localizado bem no topo do Ministério do Planejamento, decidimos reescrever o papel dessas agências, visando simplificar, racionalizar e reduzir o número de babás de cientistas, talvez até necessárias nos anos de consolidação da pesquisa brasileira. Segundo nossa percepção, o sistema clamava por uma reforma e nosso plano era brilhante. Aliás, até hoje acredito nisso.

Mas os cientistas brasileiros tinham uma desconfiança endócrina para com o ministro Delfim Neto e seu secretário geral, José Flávio Pécora. A comunidade científica entrou em pânico, diante do tanto que nosso projeto remexia a ação das agências. Houve uma grande movimentação pública, sendo o nosso maravilhoso plano sumariamente destruído. Até hoje, há cientistas respeitados que me acusam de tentar destruir a ciência brasileira. Essa aventura ficou no passivo do meu currículo. Obviamente, nem sequer a menciono, pois currículo é para engrandecer o autor, não para ridicularizá-lo.

Afora esse fracasso embaraçoso e um anteriormente mencionado, a pesquisa sobre distribuição de renda, não tive outros da mesma magnitude. Meus equívocos foram menores e, várias vezes, consistiram em estudar problemas que ainda não haviam caído no goto, seja dos pesquisadores, seja do público. Já se disse que é imperdoável ter razão antes da hora. Assim sendo, muitas das minhas pesquisas chegaram antes do bom momento. Quando, anos depois, o tema virou moda, já haviam sido esquecidas.

Gastei incontáveis horas calculando custos de todos os tipos e níveis de educação, durante os anos 1970. Ora, essa era a época das vacas gordas e ninguém queria saber de custos. Mais adiante, quando houve que apertar os cintos, meus dados já estavam velhos, desatualizados e encostados no monturo das pesquisas esquecidas. Ademais, já estava cansado do assunto e sem ânimo para voltar a ele.

Também nos anos 1970, coordenei uma pesquisa em dez países latino-americanos. Um dos temas envolvia testar o rendimento acadêmico dos alunos. Levamos a proposta a Washington, para tentar financiá-la pelo Banco Mundial. Lá nos disseram que testar rendimento escolar de alunos era um assunto desinteressante e de pouco uso para as políticas educativas. Dez anos mais tarde, o mesmo Banco Mundial se torna o padroeiro indiscutível e radical desse tipo de estudos, insistindo nisso até hoje.

Com grandes dificuldades, pela precariedade da pesquisa na região, conseguimos concluir os estudos. Publicamos livros, artigos e monografias. Debalde, foi antes da hora, poucos se interessaram. Anos depois, o próprio Banco Mundial tomou nossas bases de dados e fez algumas análises interessantes, combinando com outras fontes mais recentes. Um mero prêmio de consolação, pois tais análises, muito técnicas, não tiveram maior impacto.

Como disse, acertei muito na pesquisa e não quis me alongar nos sucessos. Daí, haver escolhido exemplos fracassados para esta última seção.

Afinal, pesquisa e aventura têm parentesco?

Concluindo essa excursão pelas aventuras e pelas pesquisas desse autor, parece que, de fato, há muitos pontos em comum. Há aventura na pesquisa. Quase sempre, é uma aventura do espírito, do intelecto. É uma confrontação entre o pesquisador e a natureza. Ele quer desvendá-la e ela se faz de rogada, se esconde, antes de se entregar. Vez por outra, há acidentes no mundo real, pois algumas pesquisas encalham ou avançam por conta de fatores telúricos, como foi narrado.

Já a aventura ocorre no mundo das coisas, da natureza e das gentes. Mas, claramente, rebate-se também no mundo interior do aventureiro. Para melhor desfrutar, para melhor entender e para sobreviver, é preciso preparar-se e botar a cabeça para funcionar.

Como quis sugerir, muitos dos assuntos palpitantes são comuns. Muitos são aventuras na nossa cabeça. Outros são desafios diante das forças da natureza, generosa, malvada ou imprevisível. Mas os desafios têm muitos pontos comuns.

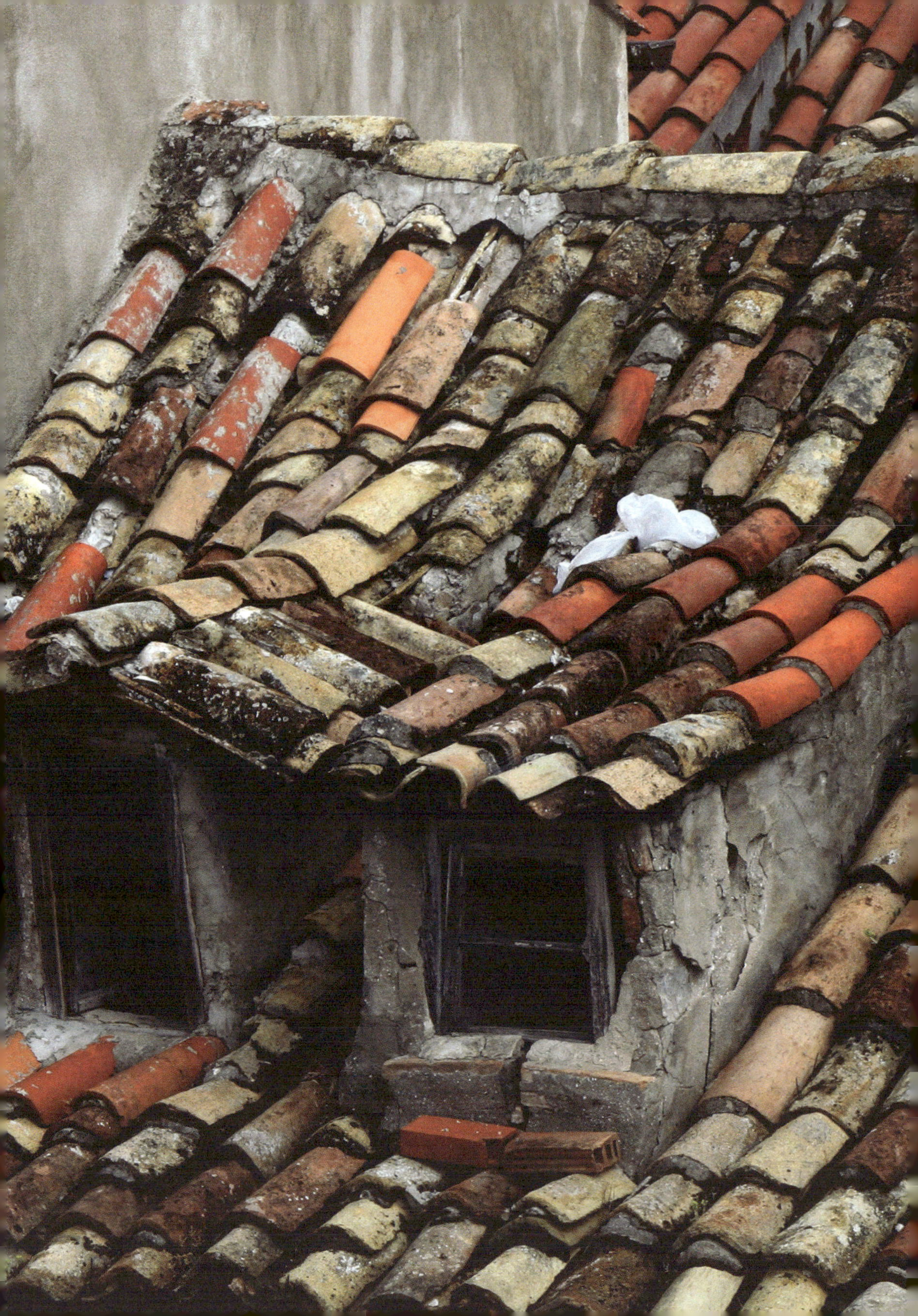

Parte II

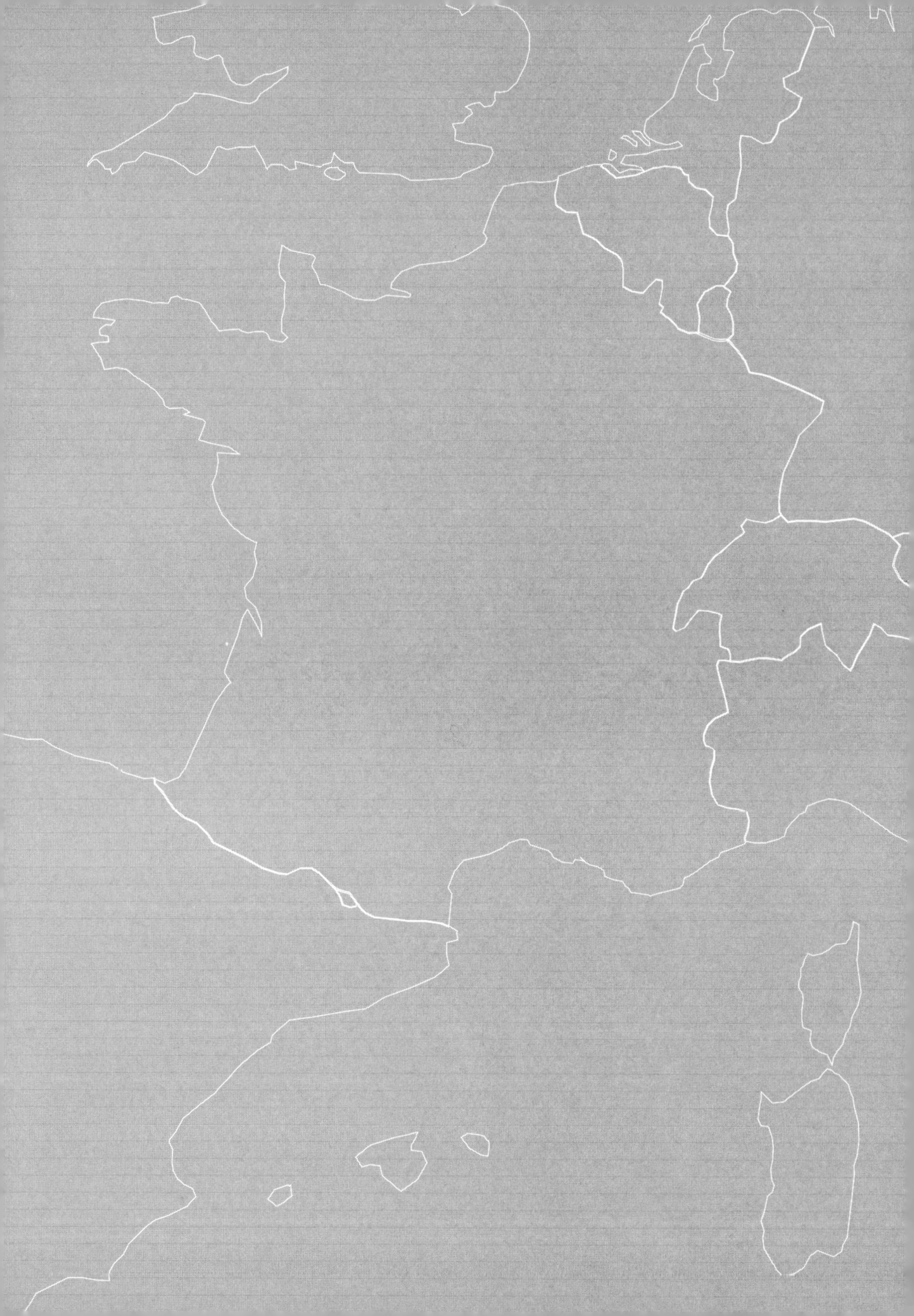

CAPÍTULO 2

Cadê os dálmatas da Dalmácia?

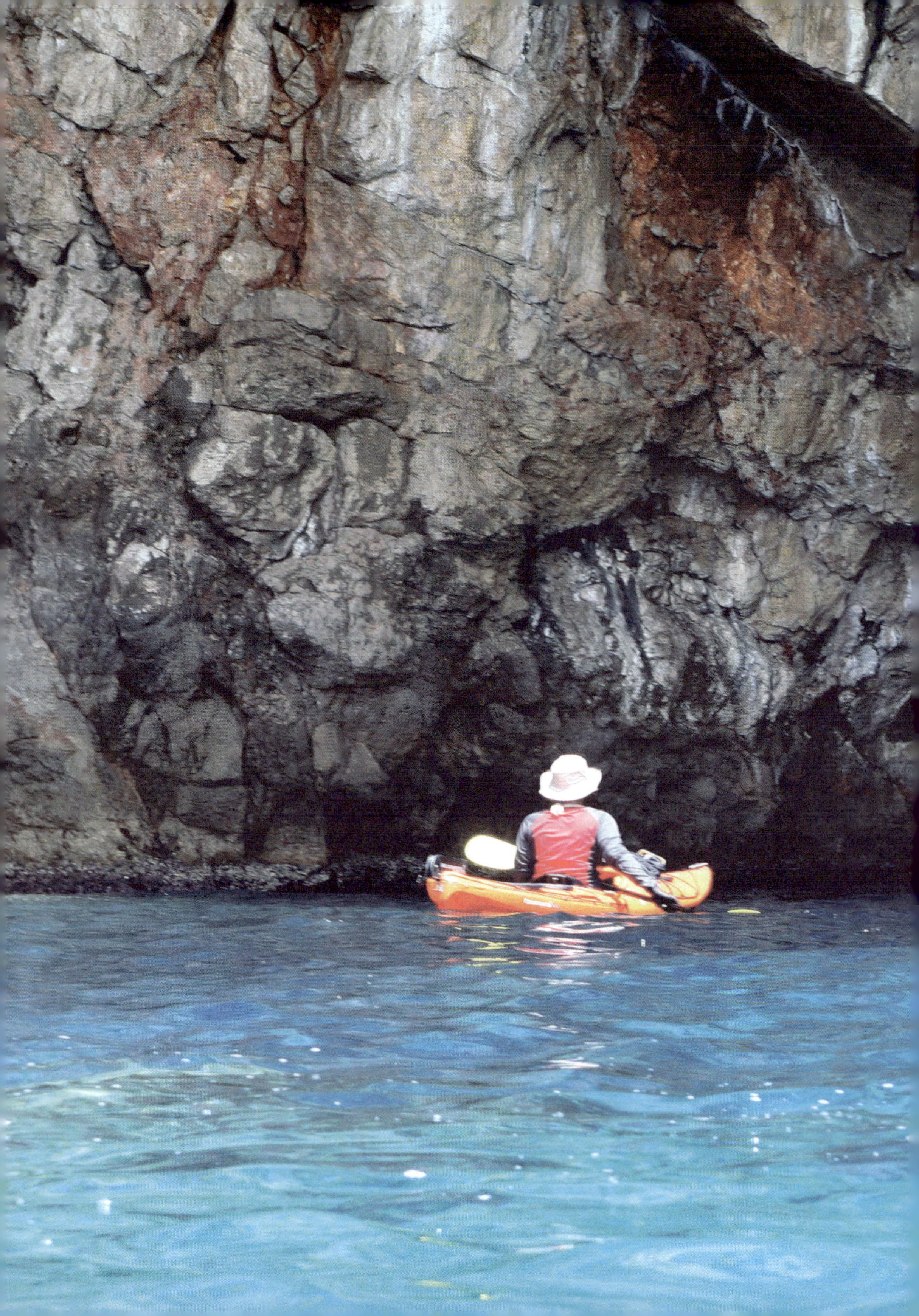

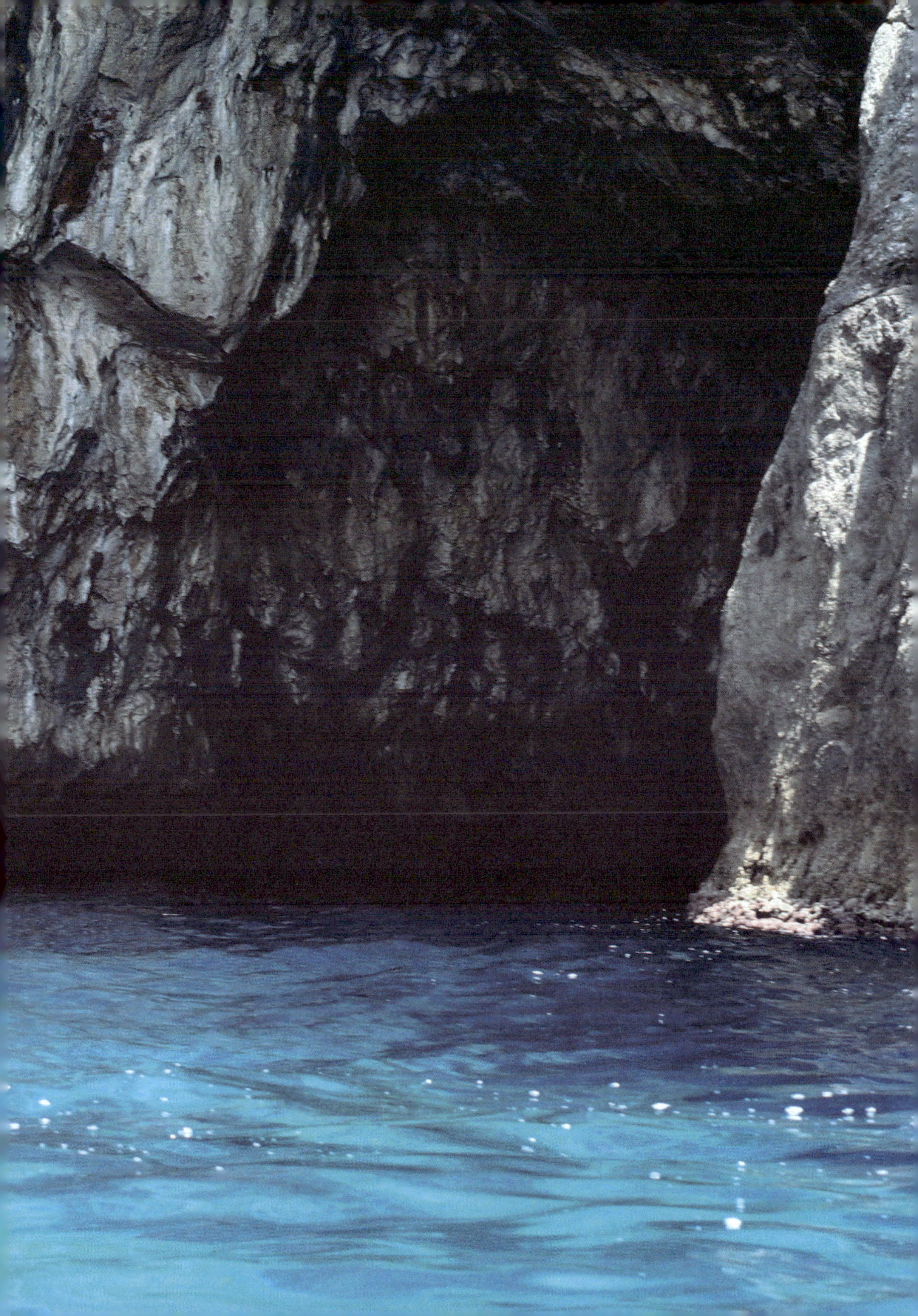

Vamos para a Croácia, após a escala em Frankfurt. Passando na livraria do aeroporto, comprei um guia da Croácia, já que pouco sabia sobre esse país recém-fundado. Já de volta ao avião, li com certa surpresa que a costa da Croácia é, justamente, a Dalmácia. *Upgrade* instantâneo, o nosso passeio de caiaque passou a ser na Dalmácia, muito mais misteriosa. Vamos e venhamos, visitar a Dalmácia tem muito mais charme do que ir à Croácia.

Meus conhecimentos da Dalmácia se reduziam a sabê-la pátria dos cães dálmatas. Não esperava vê-los no aeroporto, recebendo os visitantes. Mas após dez dias de andanças, não vimos um só representante. Os poucos cachorros que vimos eram de outras raças e o que abundava em toda parte eram os gatos. Segundo informante local qualificado, os gatos de Dubrovnik se juntam em bando e atacam os cães. Mais um mito destruído.

No aeroporto, deliciosamente pequeno, esperava-nos Vedran. O louro atlético seria nosso guia, pelos sete dias em que remaríamos nossos caiaques pelas ilhas dálmatas. Já havia sido membro do time olímpico de caiaque da Croácia (modalidade *slalom*) e aproveitava as férias da universidade para ganhar uns trocados como guia.

Como o céu estava limpo e o sol brilhando, a chegada a Dubrovnik foi cinematográfica. Toda a costa é montanhosa, com serras pedregosas e escarpadas, terminando no mar. Na verdade, a Dalmácia não passa de uma tira de terra bem estreita, entre o mar e a fronteira da Bósnia. Em muitos trechos, não chega a 10 quilômetros de largura.

A cidadela de Dubrovnik é um promontório, cercado de enormes muralhas medievais por todos os lados. Vindo por uma estrada que flanqueia a cordilheira, bem no alto, de repente, deparamos com a imagem clássica dos cartões postais. O mar esmeralda, a cidadela circular e uma enseada lateral, atulhada de barcos.

Para quem duvidar de minhas palavras, considere que Lord Byron julgava ser Dubrovnik a cidade costeira mais bonita do mundo. Se Byron não convencer, talvez ajude o juízo de um cético confirmado: Bernard Shaw tinha a mesma opinião.

Havíamos pedido à empresa de caiaque que nos encontrasse um alojamento para os dois dias que precediam o início do passeio a remo. Fomos parar em uma casa transformada em pequenos apartamentos de temporada. Em Dubrovnik, grande parte das ruas é somente para pedestres. Como as ruelas são metade laje, metade degrau e todas em ladeira, de nada serviram as rodinhas da minha malona de 24 quilos. Havia que carregar na unha. Com mais cinco quilos na mochila, era um belo início de caminhada. Percorríamos as intermináveis vielas, nas vizinhanças da cidadela. Mas valeu a pena, pois era uma casa de pedra, em cujo jardim mediterrâneo havia uma profusão de flores, em pleno início do verão.

O jeito da casa revela traços interessantes de um país para mim desconhecido. A qualidade da construção e seus acabamentos lembram muito a Alemanha e Áustria — cujos exércitos e cultura já entraram e saíram de lá várias vezes. Alguns móveis são velhos e outros reciclados, mas não são de país pobre. O banheiro tem metais caprichados e acabamento preciso. Encontramos vasos sanitários com "primeira" e "segunda", que ainda não haviam aparecido no nosso país (a "primeira", para operações menores, economiza água). Mas seria muito esperar competência generalizada na Europa para o assunto banho. Nesse local e em outros, passamos por uma sucessão de chuveiros tipo "telefone". E também com cortinas incapazes de conter os gloriosos banhos brasileiros.

Essa qualidade e apuro em uma casa sem maiores pretensões já sugeria algo que não sabia, mas que deveria saber. A renda per capita da Croácia é o dobro da brasileira. E pelo menos naquela região, não há desemprego, não há pobres, mendigos ou mutilados de guerra pedindo esmola. Se há pobres, devem estar muito escondidos, pois andamos bastante. Menos ainda há favelas. Analfabetos, nem pensar. A educação é de boa qualidade — a Croácia não passa vergonha na prova internacional do Programa Internacional de Avaliação de Alunos (PISA). E obviamente todos os croatas que encontramos falam inglês corretamente. É um país que alça voo, já de papel passado para entrar na Comunidade Europeia.

Ou seja, estávamos dentro das fronteiras da milenar civilização europeia. A limpeza da cidade e das casas é a forma natural de operar. Não há grafite nos edifícios ou nas ruas. E tampouco depredações e vandalismo. Não há lixo acumulado ou lançado a esmo, embora, neste particular, não haja o fanatismo dos países germânicos. Debruçando ou olhando nas gretas, há alguns lixinhos, discretos.

A limpeza dos interiores é endêmica, até nos banheiros públicos. Interessante comparar com a Sicília, que visitamos após a Croácia. Lá, os banheiros são cronicamente deficitários, sem sabão, sem toalha e, quase sempre, as latrinas não têm assento. A limpeza é sofrível. Está mais para o interior do Brasil do que para a Europa. Mas é preciso deixar claro, não há banheiros piores do que na Rússia e na Ásia Central. Na olimpíada da porcaria, ganham sempre medalhas de ouro.

Outra medida de civilização é o respeito aos horários. Como no resto da Europa, tudo funciona na hora prevista, sejam barcos, encontros ou hora de pegar os caiaques e começar a remar.

Não se observam as distâncias sociais na distribuição do trabalho que conhecemos no mundo latino. As donas das duas casas em que nos hospedamos pegam no pesado. Proprietária de uma casa com valor equivalente no Brasil não chega perto de faxina e de trabalhos braçais — e, ainda menos, de limpar banheiro de hóspedes. No *bed & breakfast* da ilha onde pousamos por uma semana, o proprietário era também o cozinheiro e o carregador. Era o próprio que descarregava as malas do navio e levava de carroça para a casa. Aliás, enfrentava com galhardia as nossas pesadas malas. Sua mulher, que também pegava no batente, era irmã do embaixador da Croácia na Argentina.

Meu irmão Ika já havia chegado e nos esperava na casa alugada. Faltavam o Médici e o Brakarz, que chegariam em dois dias. Portanto, tínhamos tempo para conhecer bem a cidade e seus arredores.

Em 1991, muitos viram pela televisão Dubrovnik sitiada e bombardeada pelos sérvios, em mais uma represália, na sequência de destemperos étnicos e políticos entre sérvios e croatas. A imprensa mostrava ruínas e edifícios em chamas. Ficamos na dúvida. Encontraríamos escombros ou uma das cidades reputadas entre as mais belas do mundo? Uma exposição de fotos mostrava que mais da metade das casas foi danificada. Mas sendo já na época um monumento da Unesco, faltou aos sérvios a coragem para destruí-la, o que seria ridiculamente fácil, com os armamentos modernos de que dispunham.

De fato, mostrando bom-senso e pragmatismo político, os sérvios não queriam destruir a cidade. Bombardeá-la para valer seria um ato politicamente imperdoável, pois guerra hoje se ganha tanto na CNN quanto no campo de batalha. Queriam apenas forçar a sua rendição. Na realidade, os danos foram muito limitados, embora generalizados. Por exemplo, não sofreram as muralhas da cidadela e nem os monumentos mais importantes. E tudo indica que isso não foi por acaso, mas fruto de pontaria cuidadosa. Mesmo assim, a repulsa contra os bombardeios pôs em marcha um movimento internacional para a reconstrução de Dubrovnik.

A emenda ficou melhor do que o soneto. As fotos no museu sugerem que, antes dos bombardeios, a cidade não estava tão perfeita e reluzente quanto está hoje. De fato, as fotos mostram uma cidade mal tratada e desgastada pelo tempo.

Encanta a integridade arquitetônica de uma cidade medieval. Não há edificações dissonantes. Tudo é medieval (ou copiado à perfeição). Contudo, é preciso entender o que é pureza arquitetônica na Europa. Dificilmente encontraríamos um edifício todo construído no mesmo século. Ao longo do tempo, vão se somando os consertos, puxadinhos, ampliações e modificações. Cada construtor usa o estilo da sua época. Isso é o que passa por pureza.

Dubrovnik é uma cidadela com quase 2 mil casas, todas amontoadas em uma área ínfima. Na maioria das ruas transversais, abrindo os braços, podemos tocar simultaneamente os dois muros. Como é comum na Europa, só os exteriores mantêm o estilo. A única conspurcação externa são os aparelhos de ar-condicionado. Mas, dentro de casa, vale tudo.

Toda a pavimentação da cidade é em mármore creme. Como, por mais de 500 anos, os sapatos dos moradores e visitantes esfregaram o chão, as ruas são polidas como espelhos.

O conjunto da cidadela é belíssimo. Não me lembro de visitar uma cidade medieval tão perfeita e dramática. Sim, pois a beleza é reforçada pelo mar de intenso brilho esmeralda, circundando a cidadela.

Inevitavelmente, toda essa beleza vem com um preço: os europeus descobriram sua formosura. Descobriram também que o custo da vida é bem mais baixo na Croácia — para alimentação, é semelhante ao Brasil. No início de junho, a inundação começa. Em plena estação, até nove navios de cruzeiro podem estar atracados nas vizinhanças, enquanto seus passageiros se acotovelam na cidadela. É gente demais. Só muitos méritos arquitetônicos justificam uma viagem nessa época.

Ao fim da tarde, sentados no milenar porto de Dubrovnik, assistimos à operação militar de transportar milhares de passageiros de volta aos seus navios de cruzeiro. Várias lanchas, do próprio navio, faziam fila — cada uma com capacidade para umas 100 pessoas — esperando a vez de atracar e engolir em suas entranhas as enormes filas de passageiros que retornavam. Não deu vontade de viajar nesses navios. Nossos caiaques prometiam ser bem mais interessantes.

A cidade é essencialmente do fim da Idade Média, mais os arremates e melhoramentos que vieram pelos séculos afora. O estilo dos prédios mais nobres é muito italiano, pela presença de venezianos, com sua forte influência cultural. As pinturas e esculturas são de primeira grandeza, também *made in Italy*, ou de artistas locais que viviam na órbita da arte italiana.

É uma cidade rigorosamente na fronteira com o Oriente, mas ainda do lado de cá. As influências bizantinas são residuais.

Contemplando as muralhas e a ponte levadiça, ficamos pensando na trajetória turbulenta daquela costa que está justamente no caminho entre o Oriente e o Ocidente. Seguindo a costa para leste está a Grécia e a Turquia. Esta última era a porta da Ásia. Para oeste, está a Itália, que era a porta da Europa. A Dalmácia era o caminho obrigatório nos ires e vires para o Oriente.

Os arqueólogos nos garantem que havia gente por lá, desde os tempos do homem de Neandertal. Mil anos antes de Cristo chegaram os ilírios.

Na ilha de Mljet, Ulisses teria passado oito anos, muito contente da vida — segundo consta, com uma mulher linda. No século IV vieram os celtas, empurrando os ilírios para a Albânia, que está logo ali. No apogeu do Império Romano, suas legiões avançaram sobre a região, expulsando os celtas e lá permanecendo por cinco séculos. Mas é no século VI que os gregos lá se instalam, deixando construções que sobrevivem até hoje, sobretudo em Split.

No século III, o Império Romano se esfacela, dando lugar ao primeiro imperador dálmata, Diocleciano. Mais adiante, Teodósio consegue conter os visigodos. Mas com sua morte, o Império se parte, sendo invadido pelos visigodos, hunos e lombardos. Após esses vais e vens, vira parte do Império Bizantino.

Quando se desintegra o Império Romano, tribos das planícies da Ucrânia, Polônia e Bielorrússia começam a migrar para o território do que é hoje a Croácia e seus vizinhos. Ali se estabelecem e começam a se fixar na terra, e conquistam sua independência. Vem deles a língua que lá se fala até hoje, parente próxima do russo.

Mas a independência durou pouco, pois no século VIII Carlos Magno invade a região. Com sua morte, Dubrovnik estabelece uma convivência um tanto subserviente e quase pacífica com o Império Otomano. No século XI, o cristianismo aproxima a Dalmácia de Roma. Mas logo a precária independência não sobrevive ao poderio de Veneza. A Dalmácia é então incorporada ao Império Veneziano, permanecendo assim durante quase sete séculos.

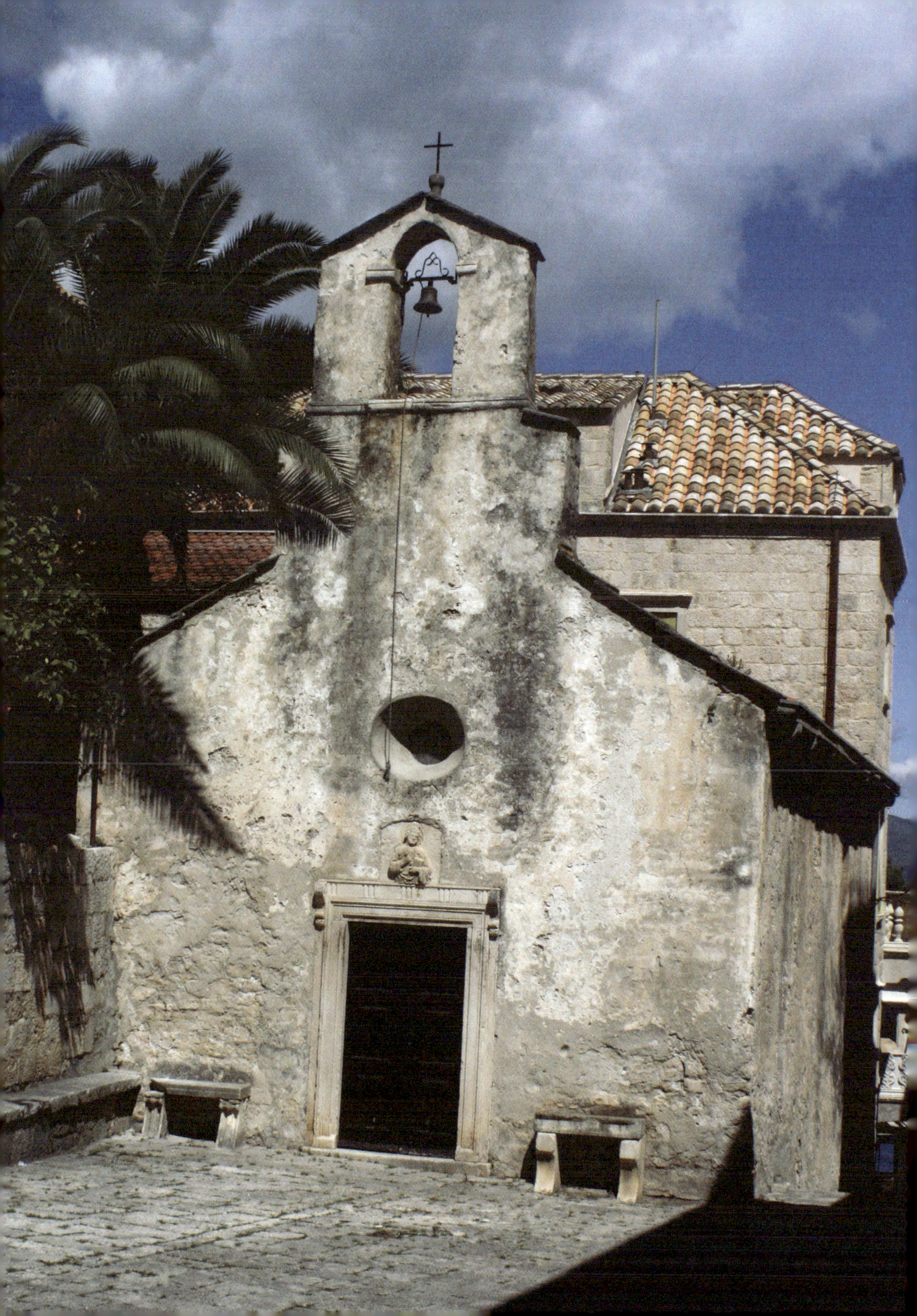

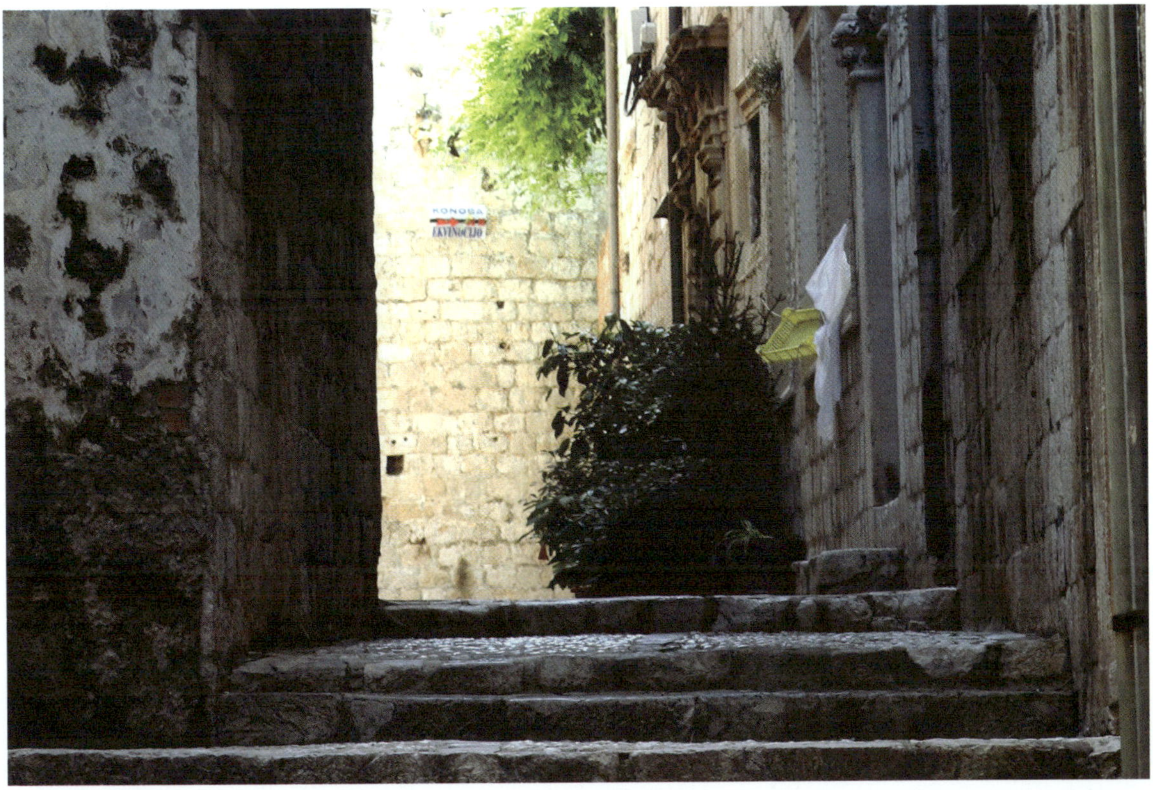
KONOBA

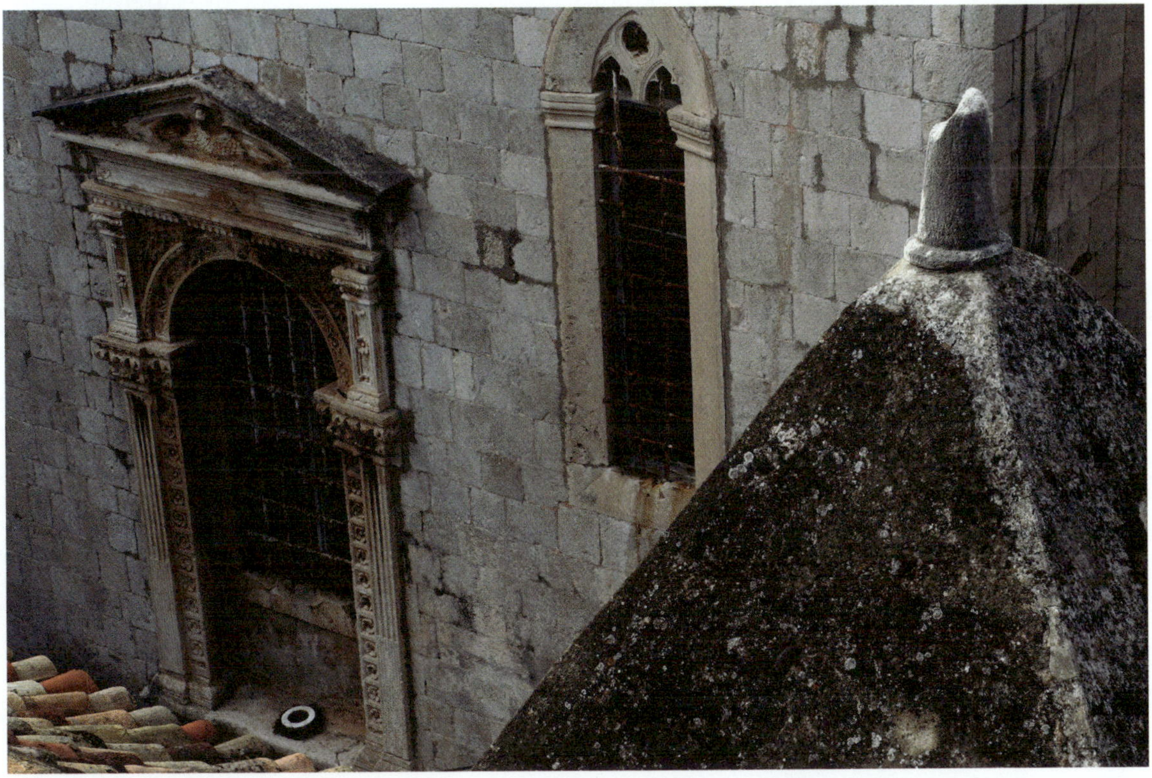

Nesse ínterim, a Dalmácia por pouco escapou dos húngaros e dos mongóis. Os cruzados ajudaram a recapturar algumas cidades, prestando sua ajuda a Veneza. Mais adiante, os húngaros conseguem fazer pressão sobre Veneza para entregar a Dalmácia. Outra situação que dura pouco. Durante todo esse tempo, os sultões turcos não davam trégua e várias vezes quase tomaram de novo a região.

Vendo os palácios de Dubrovnik e as pinturas e esculturas lá exibidas, a ocupação veneziana parece um oásis de civilização, diante das ameaças mongóis, turcas e de outras tribos bem mais atrasadas do que as nações europeias. Mas nem por isso a presença veneziana foi menos brutal. As amoreiras foram cortadas, para não haver concorrência com a produção veneziana de seda. Não se podiam construir navios. A produção de quase tudo era confiscada e até alimentos tinham de ser importados. Não havia escolas e os níveis de malária e outras epidemias eram assustadores.

Em 1805 chegam os exércitos de Napoleão, após a vitória de Austerlitz. Ao contrário dos venezianos, os franceses reconstruíram o país, abrindo estradas, drenando pântanos, reflorestando e construindo escolas. Mas ao contrário dos eslovenos que até hoje reverenciam Napoleão, os Dálmatas não gostaram dos pesados impostos.

Seja como for, mais uma vez a dominação não durou. Com a queda de Napoleão, lá se vai a Dalmácia de volta para a Hungria. Com a criação do Império Austro-Húngaro, em meados do século XIX, a Dalmácia torna-se parte dele.

Após a dissolução do império Austro-Hungaro, em 1918, unem-se Croácia, Sérvia e Eslovênia, para criar um novo país, integrando tudo e formando a Iugoslávia. Mas as pretensões imperiais da Sérvia eram bastante conspícuas. Só que nesse momento, a Itália já estava pondo olho gordo na Dalmácia. Vendo a confusão que se havia estabelecido, aproveita para invadir várias cidades de fronteira. Entre os sérvios e os exércitos italianos, a Croácia prefere os primeiros. Segue-se um período de grandes turbulências internas.

Vem então a invasão pelas tropas alemãs, durante a Segunda Guerra. Em meio à confusão no fim da guerra, Tito consegue unificar o país e dar um tratamento parecido para todos os grupos nacionais e étnicos. No pós-guerra, realiza também a proeza de conviver razoavelmente bem com a presença russa.

Morre Tito, saem os russos e a região novamente entra em colapso e guerra civil. Daí para cá, é o que se lê nos jornais. Muitas "limpezas étnicas", muito genocídio, muita intolerância religiosa. E nisso tudo observa-se a ascensão do militarismo sérvio, com seus exércitos bem armados e desmedidas ambições territoriais. Só podia dar no que deu: um conflito sangrento com vizinhos historicamente belicosos. Com a entrada das tropas das Nações Unidas, a guerra acaba se concentrando na Bósnia. Por hora, amainou. A região está em paz e compõe-se de países independentes.

Esquadrinhando o fluxo sinuoso da história na região, paz e independência são duas condições que raramente ocorreram juntas, nos últimos 2 mil anos. Com meus parcos conhecimentos de história universal, não consigo me lembrar de uma região com mais turbulência.

Os eslovenos ficaram de fora da confusão das últimas duas décadas. De fato, são muito mais ocidentalizados e aculturados na órbita austríaca. Além disso, estão na pontinha Oeste, fora do caminho e com poucos objetos de cobiça.

Os croatas são católicos; os sérvios, cristãos ortodoxos. Se fosse só assim, não haveria tantos problemas. A dificuldade é que há sérvios ortodoxos no território croata. E também há os muçulmanos, espalhados por toda a parte, sobretudo na Bósnia-Herzegovina.

Os sérvios em território croata foram alvo de uma matança horrenda. Obviamente, foi justificada por alguma atrocidade croata do passado (talvez de mil anos atrás). Dezenas de milhares foram expulsos e, apesar da pressão internacional, criam-se infindáveis obstáculos à sua volta. Além disso, muitas de suas casas foram ocupadas por croatas expulsos da Bósnia.

Na verdade, a Bósnia é a região mais confusa, pois lá estão representadas as três religiões, criando um enguiço insolúvel, que desemboca em guerras sangrentas. Em anos recentes, os exércitos das Nações Unidas puseram um pouco de ordem nas brigalhadas da Bósnia, claramente alimentadas por seus gentis vizinhos.

Como vimos, a história da Dalmácia é uma sucessão infindável de inquilinos que tomam o país e se sentam no trono. Nos intervalos entre uma ocupação e outra — e foram muitas — os povos da antiga Iugoslávia retomavam seu passatempo favorito, o de matarem-se uns aos outros. Croatas e sérvios, em particular, têm memórias longas que lhes permitem achar algum agravo do passado que precisa um vigoroso acerto de contas. E com os grupos muçulmanos, cria-se outra fonte inesgotável de contenciosos. Ao cair Tito e se fragmentar a Iugoslávia, a ocupação do território não correspondia espacialmente aos grupos culturais e religiosos correspondentes. Havia enclaves dissonantes, em religião e etnias.

O propósito dessa narrativa estonteante não é dar ao leitor um sólido conhecimento da história da Dalmácia — que nem o próprio autor possui. É bem mais limitado.

Trata-se de mostrar como a história de uma região como essa é radicalmente diferente da nossa. Fico imaginando um croata folheando um livro de história brasileira e perguntando: "E cadê a história do Brasil? Não vi nada, só escaramuças inconsequentes! Só morreram meia centena de soldados?"

Como será a herança cultural de um país com uma história de tantas mudanças de dono e tantas guerras fratricidas? Que valores migraram para o imaginário popular e povoam as cabeças das pessoas?

A paz reinante na última década trouxe uma enorme prosperidade para a Croácia (e para a Eslovênia, que hoje é país rico e desenvolvido). Faz tempo que as belezas da costa dálmata eram conhecidas e o turismo prosperava, sempre que os europeus ou os próprios iugoslavos não estavam guerreando entre si. A paz trouxe o turismo de volta. São 4,5 milhões de croatas e mais de 8 milhões de turistas estrangeiros a cada ano.

Enquanto a inundação de turistas ainda é tolerável, é hora de visitar a Dalmácia, como fizemos. Chegamos ao início de junho. Mas Dubrovnik já estava ficando insuportavelmente saturada de gente. Contudo, há mais de mil ilhas na costa dálmata, algumas de acesso precário e, portanto, mais protegidas do *tsunami* turístico. Para elas fomos, nos dias de que dispúnhamos, antes do passeio de caiaque. As ilhas são conectadas por uma rede intrincada de barcos, de todos os tamanhos.

Um deles nos levou a Mljet, uma das mais belas. O nome em grego era Melita, alusivo à abundância de mel na ilha. Grande parte da terra é parque nacional e está coberta de ciprestes que se debruçam sobre o mar. No meio da ilha há um enorme lago de água salgada. Do pequeno porto, toma-se um ônibus em uma curta viagem que nos leva ao lago. Lá tomamos um barco pequeno, para visitar um mosteiro medieval, semiabandonado. A paisagem é belíssima e somente lamentamos o sol encoberto, pois surrupia a cor esmeralda das águas. Não surpreende que Ulisses haja passado oito anos de muito conforto e satisfação nessa ilha. A população, de pouco mais de mil habitantes, deve ser comparável à que Ulisses encontrou.

A geografia da Croácia é muito peculiar. Há um território mais alongado, no centro da antiga Iugoslávia, tendo a capital Zagreb bem no meio. Mas o litoral — que corresponde à Dalmácia — é uma tripa estreita que se alonga por mais de 500 quilômetros em direção a Montenegro e Albânia. Sua largura é mínima, em muitos casos não passa de 10 ou 20 quilômetros. Mais parece uma bola com um barbante pendurado (a bola é a Croácia; o barbante, a Dalmácia). Ao olhar o mapa, é impossível evitar a pergunta: que raio de história complicada produz um país em que boa parte do território é uma nesga entre a beira do mar e a encosta da montanha que ali nasce? De fato, a história é incrivelmente turbulenta. Jamais ouvi falar em um país que haja mudado de dono tantas vezes. A Polônia nem chega perto.

Ainda mais bizarro é o fato de que a tal tripa não é contínua. No meio do caminho, há uma interrupção. Há uns 20 ou 30 quilômetros de litoral pertencente à Bósnia-Herzegovina. Ou seja, não é possível ir a Dubrovnik sem passar por um país estrangeiro, com alfândegas, polícias etc.

Não sabíamos nada disso. Alugamos um carro e seguimos ao longo da costa. Varamos a fronteira da Bósnia, sem parar, pois ninguém disse nada, diante de um carro com placa local. Entramos de novo na Croácia e seguimos viagem. Mas queríamos visitar Mosta, uma cidade medieval que está na Bósnia. Seguindo o mapa, rumamos para o norte em direção à fronteira. Lá chegando, fomos parados e apresentamos despreocupadamente os passaportes. O guarda, carrancudo, checou seus livros proferiu solene o *veredictum*: brasileiros precisam de visto para o seu glorioso país, algo de que não sabíamos. Pena, não visitaríamos Mosta.

Mas não era bem assim. Em vez de devolver os passaportes e nos mandar dar meia-volta, o policial confiscou os ditos e carregou com ele para uma delegacia, em outro edifício. Nos bons 40 minutos de espera, estávamos irritados, impacientes e meio temerosos. Um cenário plausível talvez fosse um belo maço de euros trocando de mãos, para reaver os passaportes. Mas não era nada disso. Os burocratas da alfândega fizeram o que todo burocrata sabe fazer: cumprir o regulamento, sem pensar. A demora se devia ao grande trabalho que dava para preencher três processos administrativos (éramos três), comunicando a decisão daquele departamento de recusar a nossa entrada no país. Ao fim da trabalheira, recebemos os passaportes e três longos documentos com a decisão que já conhecíamos, 30 segundos após mostrar os passaportes. Mais um episódio a demonstrar que a estupidez burocrática vara fronteiras e culturas.

Ao cancelar a viagem a Mosta, ficamos com mais tempo para conhecer a costa. Já tínhamos a indicação de que, ao fim da península de Pelsejac, poderíamos tomar um barco para a ilha de Kocsula, que estava bem pertinho. Como verificamos, é difícil imaginar que Mosta pudesse ser mais linda do que o vilarejo do mesmo nome, logo na parada do barco.

Tal como Dubrovnik, é uma cidadela, projetando-se sobre um Adriático supremamente verde. Mas é bem menor, mais pitoresca e menos inundada de turistas. Como Dubrovnik, é medieval e extraordinariamente bem conservada. Vagar por suas ruelas estreitas é voltar aos anos medievais, período em que Marco Polo e seu pai pendulavam entre Kocsula e Veneza. Em algum momento, foram para a China. Sendo na época a Dalmácia uma colônia de Veneza, não se sabe se ele nasceu lá ou em Kocsula. Sua casa virou um pequeno museu. Mas se é certo que o endereço era aquele, não é certo que seja a mesma casa, pois a que visitamos foi reconstruída, lá pelo século XV.

Devolvemos o carro no local combinado, em plena rua. O sistema de aluguel é muito informal, com as motos, motonetas e carros sendo oferecidos no meio da rua, na entrada da cidadela. As formalidades de aluguel são sumárias. O preço é barganhado e reajustado. O sistema é pouco mais complicado que um aluguel de bicicletas. Mas funciona.

Começávamos a perceber certa regularidade no trato com os locais. Os croatas não fazem rapapés, nem fazem força para ser gentis. Não escondem alguma impaciência com as relutâncias e atrapalhações dos clientes estrangeiros. Encontramos funcionários de pousadas que nem sequer cumprimentam os hóspedes. Fico pensando de onde vem isso. Uma hipótese plausível é o comunismo, recentemente falecido. De fato, nada pior do que o tratamento aos clientes nos regimes soviéticos. A Iugoslávia estava com um pé lá e outro mais independente. Pode ser um resquício. Podem também ser os 2 mil anos de ocupações por gentes hostis. Ainda assim, há profissionalismo — quase sempre. Os garçons conhecem seu serviço. Mas um marinheiro reclamou, quando demoramos a entrar no barco. No conjunto da nossa experiência, o tratamento distante e pouco afável foi o ponto mais negativo da nossa estada na Dalmácia. Mas, verdade seja dita, não fomos enganados ou enrolados. Somente vimos frieza e impaciência.

Com Médici, Brakarzs e Ika já na cidade, fomos recolhidos pelo guia da Adriatic Kayak Tours e levados para o porto grande, não o pequenino medieval, ao lado da cidadela. Lá embarcamos em um navio que nos levou à ilha de Lopud, que se tornaria o nosso quartel general pelos oito dias seguintes. Uma hora depois, antes de atracar, o navio margeia um convento medieval, próximo à maior igreja da cidade, ambos localizados em um promontório.

Já nos esperava o dono do *bed & breakfast* em que ficaríamos. Com grande vigor, o grandalhão descarregou as bagagens e se encarregou do seu transporte. Aliás, como não se permitem automóveis na ilha, as malas vão de barco ou de carrinho de mão. Seu estabelecimento é uma casa antiga que foi progressivamente espichando, em camadas sedimentares, com seus acabamentos correspondendo à época de cada reforma. Não é uma bela obra arquitetônica, mas oferece o conforto requerido, com quartos adequados e banheiros corretos. Tomávamos o café da manhã, sob um caramanchão coberto com uma parreira cujas uvas já haviam brotado, mas só estariam maduras ao fim do verão. A própria empresa de caiaque se encarregava dessa refeição, o que nos dava algum controle sobre o cardápio, mas também a obrigação de arrumar de volta a comida e lavar os pratos.

Em junho, já começa a temporada de frutas. Na minúscula vendinha da cidade podíamos comprar damascos, pêssegos e cerejas, sonhos de consumo de morador de país tropical. Neste particular, a Europa domina amplamente os Estados Unidos, onde as mesmas frutas são muito menos interessantes e saborosas. Não posso me furtar a lembrar da maçã que comi recentemente no Sheraton de Nova York. Linda, enorme, com seu vermelho saturado, forma perfeita e insuportavelmente sem sabor.

Aliás, geografia e cobiça estão inversamente imbricadas. Maçã é a fruta mais plebeia no Hemisfério Norte. Em contraste, quando caiu o muro de Berlin, os moradores de São Petersburgo sonhavam com o dia em que poderiam saborear uma banana.

Lopud terá suas 500 almas, provavelmente, bem menos do que em seu apogeu de há muitos séculos. As construções são de idades diferentes. À beira do mar, predominam as mais velhas. Subindo as encostas, há casas mais recentes, construídas em estilos sem maiores refinamentos, mas quase sempre sem mau gosto ostensivo.

A Croácia é um dos países de mais ferrenho catolicismo — na versão Apostólica Romana. O reles vilarejo de Lopud teve 30 igrejas, fato confirmado pela contagem de umas dez operacionais e mais as ruínas. Lá reside um padre muito ativo que nos atendeu gentilmente, em uma visita à maior delas. Mostrou as pinturas e esculturas belíssimas de sua igreja. Como em Dubrovnik, ou são italianas ou de artistas locais, com forte influência italiana. Afinal, aquilo era quintal da Itália. Pelo jeitão, a arquitetura mais substancial é do fim da Idade Média ou do Renascimento.

Estávamos na cidade no dia de Corpus Christi. Vimos então algo muito parecido com as festas religiosas das cidades históricas mineiras. Havia procissões, rezas, missas e tudo o mais. Puxando a fila, vinha a proprietária da nossa pousada. Também parecido é o costume de fazer arranjos de flores nos locais por onde passa a procissão. Alguns são belíssimos, com criatividade e bom gosto. Talvez a única diferença seja a presença maior de jovens, hoje muito escassos nas nossas manifestações religiosas.

Na outra extremidade da praia, onde se situa o porto, há um horrendo e modernoso hotel. Tudo indica ser do período comunista, quando a Iugoslávia era um centro de veraneio para os russos. Evitávamos sempre olhar para ele, para não desfazer a mágica do vilarejo. Na verdade, é o único elemento de poluição visual em toda a ilha.

Insta
passage
de uma
seu, ma
critério
mente n

Qua
para qu
um elás

Con
era ma
ríamos
tentand
saíamo

Nos
nulidad
sos que
nos livr

O m
virasse.
sair sen
meira n
da viag
— com
o caiaq
nossa c
de puxa
manob

Sem
o conve
da e o e
o remo

No
seu fun

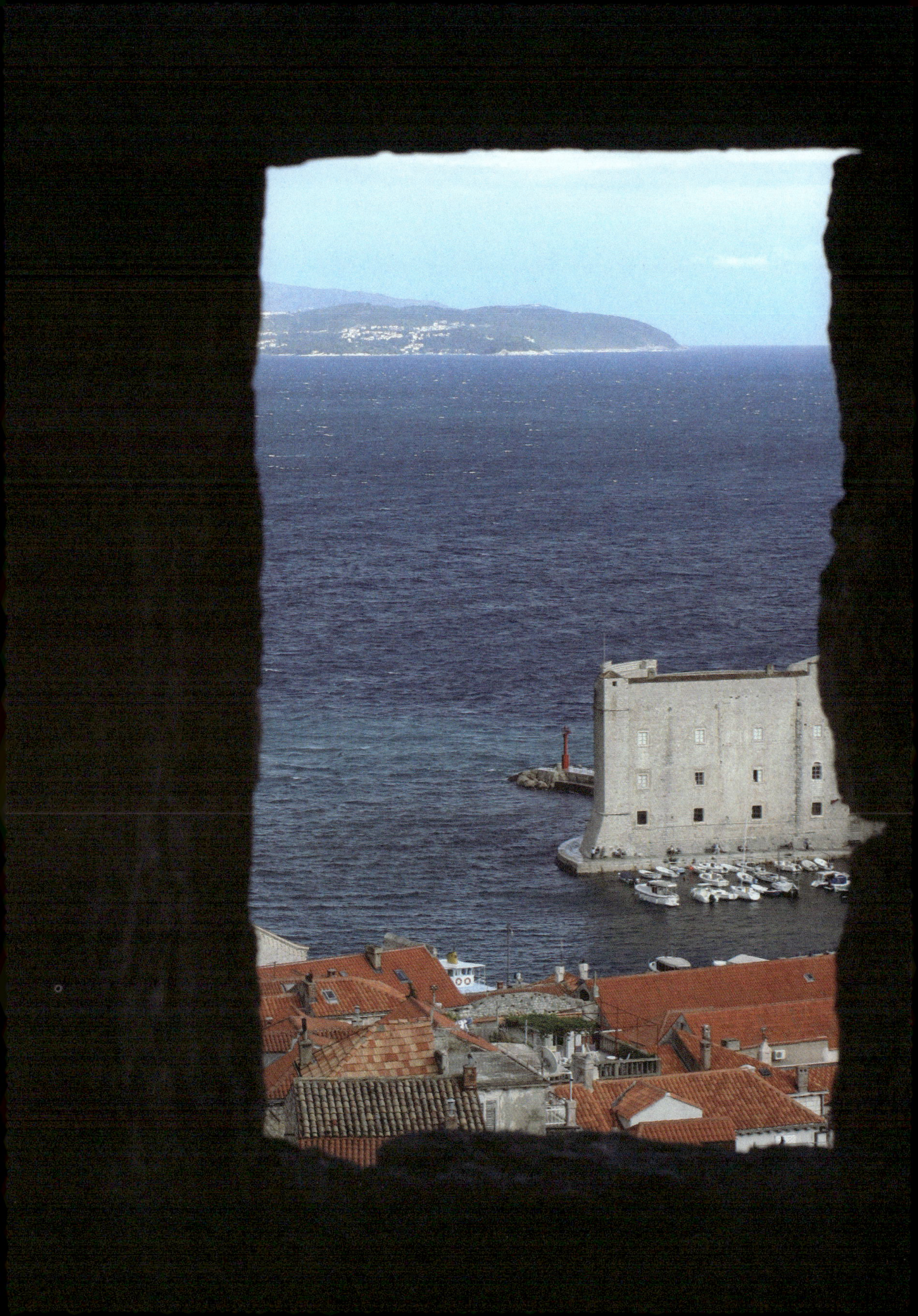

enseada. Seguimos em direção à próxima ilha, Kolocep, o que nos custou várias horas de remo. Mas não havia pressa. Ao meio do caminho, parávamos para entrar com os caiaques em grutas formadas pelas falésias pedregosas. Lá de dentro, olhando para fora, o azul da água fica ainda mais realçado.

Demos a volta na ilha e terminamos em um porto, formado por uma enseada mínima. Como tudo por ali, não se pode dizer que seja desse ou daquele século. Provavelmente, vem da Idade Média e foi sendo remendado e construído ao longo dos tempos. Tiramos os barcos da água e fomos para um restaurante simples, mas pitoresco. Como veríamos também nos dias subsequentes, o cardápio era peixe. Em particular, as lulas assadas na brasa são a especialidade da região e merecem todos os aplausos.

Voltamos pelo outro lado da ilha de Lopud, refazendo o trajeto do navio que nos levou na véspera. Começávamos a observar uma rotina que se repetiria todos os dias. Antes de nos distanciarmos de terra firme, por exemplo, para ir de uma ilha a outra, o guia ligava seu celular e avisava ao escritório o que estávamos prestes a fazer. Ao chegar do outro lado, fazia o mesmo. É uma medida de segurança interessante. Ao entrar em mares mais navegados, era preciso juntar todos os caiaques que iam se distanciando um do outro, mercê das diferenças de musculatura de cada remador. Quando todos estavam próximos, o guia dava a partida. Ou mandava parar, se avistava algum navio vindo em nossa direção.

Ao chegar a Lopud, levávamos os caiaques de volta para sua garagem improvisada. Em seguida, era pendurar o equipamento molhado, tomar banho e esperar a hora do jantar. Nossa pensão ficava próxima do mar, em uma ruela estreita. Mas seu proprietário havia construído uma casa enorme, na encosta da montanha, com magnífica vista para a enseada principal da ilha. Era, ao mesmo tempo, uma pensão com mais estrelas do que a nossa e o restaurante que frequentávamos. Ali comemos todas as noites. Chegávamos antes do pôr do sol e tínhamos muito tempo para observar o seu lento desaparecer no horizonte.

Já havíamos lido nos guias que isso era comum, mas vimos acontecer de verdade. O jantar começou com uma salada de alface e tomate. Nada de novo, exceto o fato de que ambos haviam recém-saído da horta ao lado. Empapávamos o pão no perfumado azeite de oliva, também feito com as azeitonas da propriedade. Pela manhã, o peixe era comprado dos pescadores locais. E o vinho tinto, muito honesto, era também produção do proprietário. À medida que transcorria o jantar e se arrastava o bate-papo, pedíamos mais uma jarra. O dono ia anotando os litros. No último jantar, pagamos por 19 litros de vinho.

Nos dias subsequentes, exploramos várias ilhas das proximidades. Em uma das maiores, Sipan, deixamos os barcos e passamos para as bicicletas. Não tardou que Brakarz caísse de bunda no cascalho. Demos a volta da ilha, passando por fortalezas medievais e igrejas. Na outra extremidade, almoçamos em um simpático restaurante no meio de uma praça povoada por velhos plátanos. Já havíamos descoberto a robusta cerveja local, Lasko Pivo, que era um perfeito contraponto para o vinho da noite.

Em outro dia, remamos até o continente, para visitar a antiga residência de um milionário local, agora transformada em jardim botânico. Aportamos em um charmoso ancoradouro, claramente medieval. De lá, subimos até o jardim botânico. Não apenas os jardins são formosos, mas tudo se debruça sobre uma falésia quase vertical. De um mirante, vemos o portinho onde estavam nossos barcos e a imensidão do oceano dálmata.

No penúltimo dia, fomos a um farol, bem mais longe. Foram várias horas de remo. Encontramos o faroleiro que lá vive com a mulher e um filho de colo. É uma existência curiosa, longe de tudo e de todos.

Em geral, chegávamos com amplas horas de folga, para explorar os caminhos da ilha em que estávamos. E valia a pena. Bem no alto da colina, havia as ruínas de uma fortaleza. Mais abaixo, uma longa trincheira ao longo do mar. Provavelmente, uma posição defensiva. Não havia como escapar das guerras que se sucediam ao longo dos séculos. Mesmo sendo uma ilha de interesse estratégico menor, não tinha como ficar de fora dos ires e vires das ocupações, perpetradas pela grande variedade de exércitos e marinhas que invadiram o país.

No alto da falésia que dava para o mar aberto, encontrei as fortificações de concreto que abrigaram três peças de artilharia relativamente pesadas. Conversando com o dono da pensão, ele confirmou minhas suspeitas: era o que sobrou da passagem do exército alemão por ali.

Bem no meio da ilha, há uma área plana que, obviamente, era o seu celeiro. Parece fácil concluir que o turismo é financeiramente mais interessante do que plantar trigo ou cevada, pois está tudo abandonado. Mas o mesmo não se pode dizer do vinho produzido nas parreiras que circundam as residências. Como no caso do nosso senhorio, essa tradição não se perdeu.

Em Lopud, como em toda parte, o objeto mais encontradiço é a betoneira, em pleno funcionamento. Constrói-se e reforma-se por todos os lados. A ilha é um canteiro de pequenas obras. O turismo volta com sofreguidão, não poupando nem as ilhas próximas a Dubrovnik. Mas faz sentido. O mar é lindo, as ilhas são pitorescas e tranquilas.

O sol brilha e o clima no verão é quente, como querem os nórdicos. Já os preços são modestos, e voar das grandes capitais da Europa só consome uma hora. A fórmula é perfeita. Alguns guias turísticos aconselham: viajem agora, pois nem a tranquilidade e nem os preços vão durar muito. A Dalmácia já foi descoberta. Ou vem uma nova guerra ou vai ficar tudo mais caro e congestionado.

No dia em que chegamos, começava uma grande operação para cimentar de novo a rua principal, na borda do mar. O serviço estava a cargo de uma empresa, estando todos os operários com os uniformes e insígnias da dita. Durante os dias em que lá estivemos, observamos o seu ritmo de trabalho. Mais pareciam funcionários do antigo INPS. Os movimentos eram lentos, glaciais, quase em câmara lenta. O serviço prosseguia, como se houvesse um imperativo de não terminá-lo à brevidade. Não entendi. Seria mesmo uma empresa privada? Ou é um resquício da tradição soviética, com suas empresas públicas?

Na Croácia como um todo, o turismo responde por 20% do PIB. Como o interior é bem menos turístico, é fácil imaginar que o litoral tenha um peso ainda maior.

Inexoravelmente, chegamos ao fim de nosso passeio. O balanço foi mais do que favorável. Nossos companheiros eram interessantes e agradáveis — o que não é surpresa nesse tipo de excursão. O casal de médicos australianos tinha o DNA desportivo. Remam em casa, remam nos mares dos outros. Dali iriam para uma ambiciosa viagem em bicicleta, pelo interior da França.

O casal de ingleses era curioso. Ela era professora de *business* e andava pela Inglaterra dando seminários. Ele era um policial, já mais maduro. Mesmo em trajes de remador, era fácil imaginá-lo vestido de *bobby* inglês. Pelo que entendemos, já havia subido na hierarquia e era como um chefe de polícia no condado de Kent. Deliciou-nos com casos de sua experiência pessoal. Mas não era um casal de meros burgueses, no sentido etimológico da palavra. Estavam prestes a se mudar para uma propriedade rural. Sua meta era não comprar mais comida no supermercado. Todas as provisões seriam geradas na fazendola. Para carne, havia caça abundante, e quanto ao resto, era apenas questão de cuidar das hortas e cultivos.

Afora pequenos detalhes, a excursão foi bem planejada e bem executada. Os roteiros obtinham o máximo de visitas a lugares interessantes, sem exigir demasiadas horas de remo diário. Em geral, remávamos entre três e seis horas. Nada de exagerado, pois não havia pressa. Ao fim da semana, havíamos acumulado algum cansaço, mas nada demais.

Ika teve um resfriado bravo e ficou de molho por um dia. O guia pediu que trouxesse o recibo do almoço, para que fosse reembolsado. Havia um dedicado profissionalismo na operação. Vedran revelou-se um guia competente. Como era estudante de administração, conhecia razoavelmente bem a história do país e o seu quadro político. Mas de arte pouco sabia.

No dia que nos restou em Dubrovnik, fomos ao porto de Cavtat, em direção ao Norte. Pela proximidade de Dubrovnik, é um local inteiramente turístico, mas nem por isso menos atraente. Na orla marítima, congestionam-se os iates na água e os restaurantes na terra. Meio ao acaso, escolhemos um que se revelou muito correto. Enquanto esperávamos a comida, perguntamos ao garçom de quem seria o descomunal iate que estava fundeado bem perto de nós. Chamava a atenção pelo estilo moderno, pelo luxo e pelo tamanho. Atracados ao lado, os que normalmente consideraríamos como grandes iates pareciam miniaturas. O garçom disse que o iate era de algum milionário russo. Passeando pela orla, havíamos visto desembarcar um senhor de aparência distinta, apesar de estar apenas com calção de banho. Pela cara, podia facilmente ser russo.

Quem seria? Ficou a pergunta sem resposta até que, de volta a Belo Horizonte, o Ika me ligou pela manhã: "Viu a fotografia na primeira página do Estado de Minas?" Fui olhar, era o mesmo senhor, identificado na foto como Boris Berezovsky, o milionário russo que saiu de seu país — corrido por Vladimir Putin — e hoje está refugiado na Inglaterra. Trata-se de um matemático brilhante que, com a chegada da Perestroika, resolveu lidar com outras equações. Segundo um amigo meu que viveu em Moscou, começou sua carreira de homem de negócios comprando uma revenda Lada e abastecendo-a com carros novos que roubava da empresa de transportes de veículos. Quando a cegonheira estava por falir, em função dessas perdas, comprou-a. Adiante, passou a controlar a companhia aérea Aeroflot, uma cadeia de televisão e outra de petróleo. Assim vai mudando de ramo, mas seus métodos de ação pouco convencionais não mudam. Curiosamente, há um mandato de prisão contra ele no Brasil, por lavagem de dinheiro, usando o clube Corinthians como *front*.

Na equação das perdas, as únicas a registrar foram as duas lentes da minha Canon. Uma faleceu de afogamento. A outra saltou da bolsa, quando escorreguei em uma pedra molhada. Pereceu de fraturas múltiplas. Ainda assim, a longevidade delas foi suficiente para produzir boas fotos.

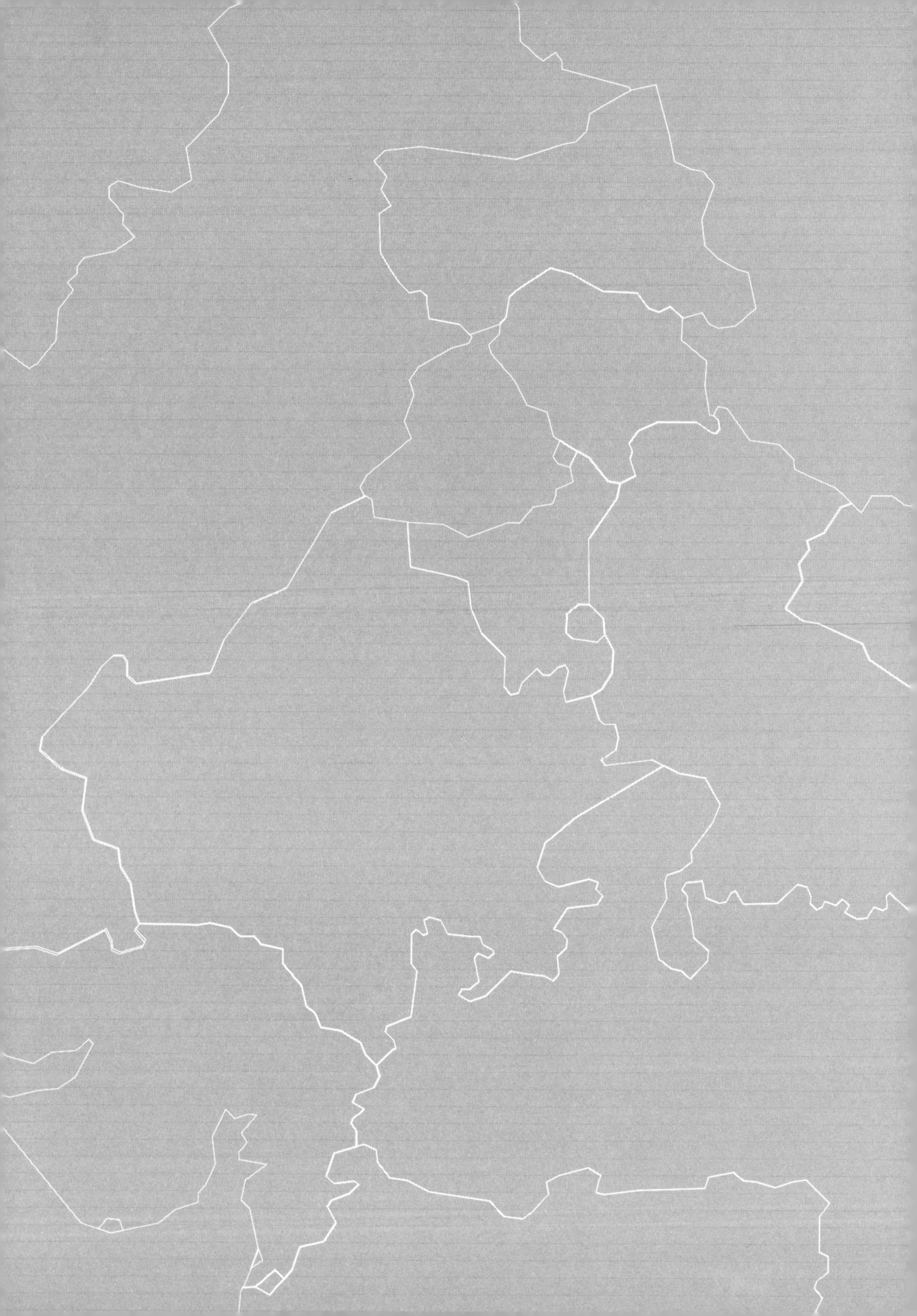

CAPÍTULO 3

Como conhecer o Tibete viajando para a Índia?

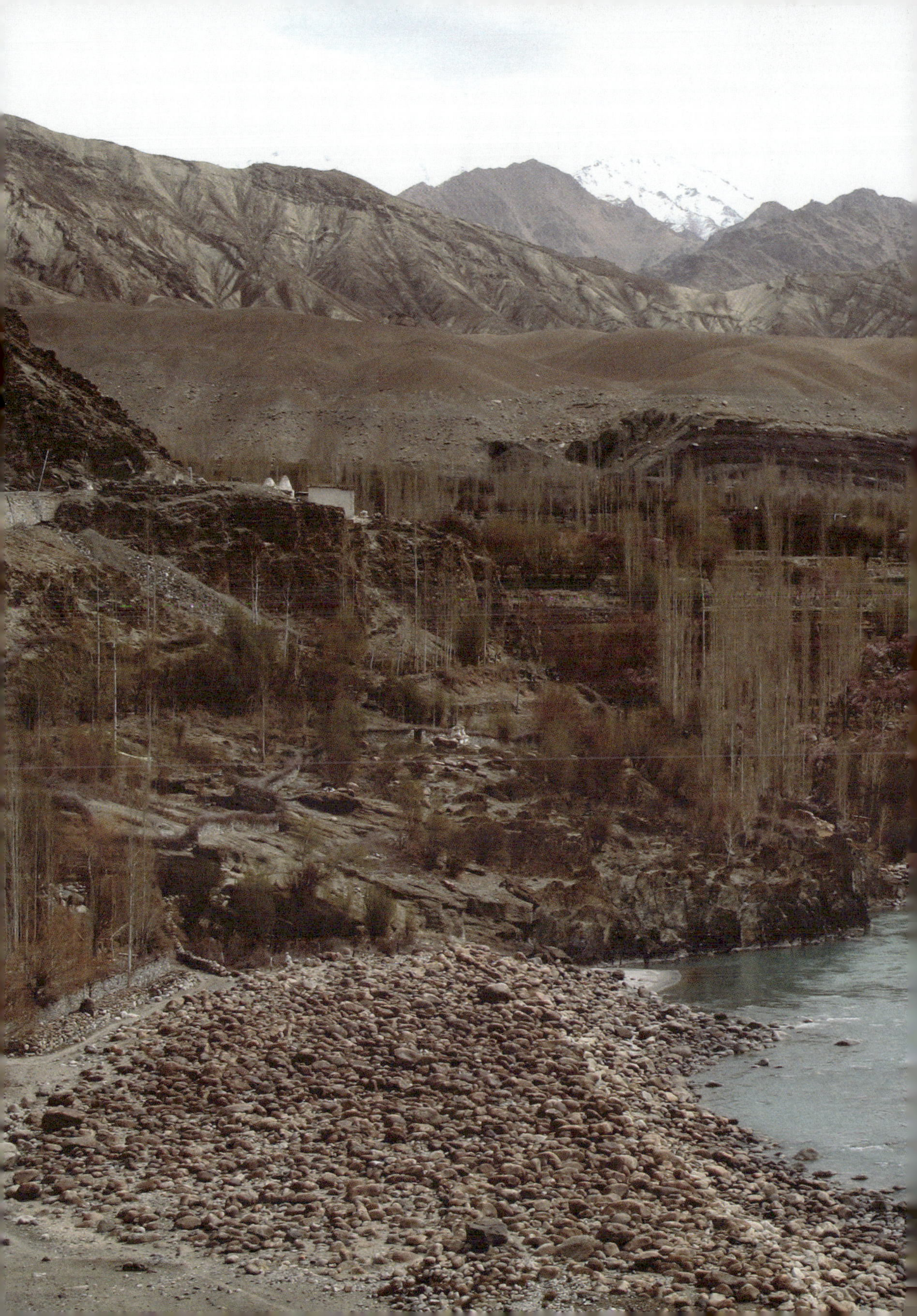

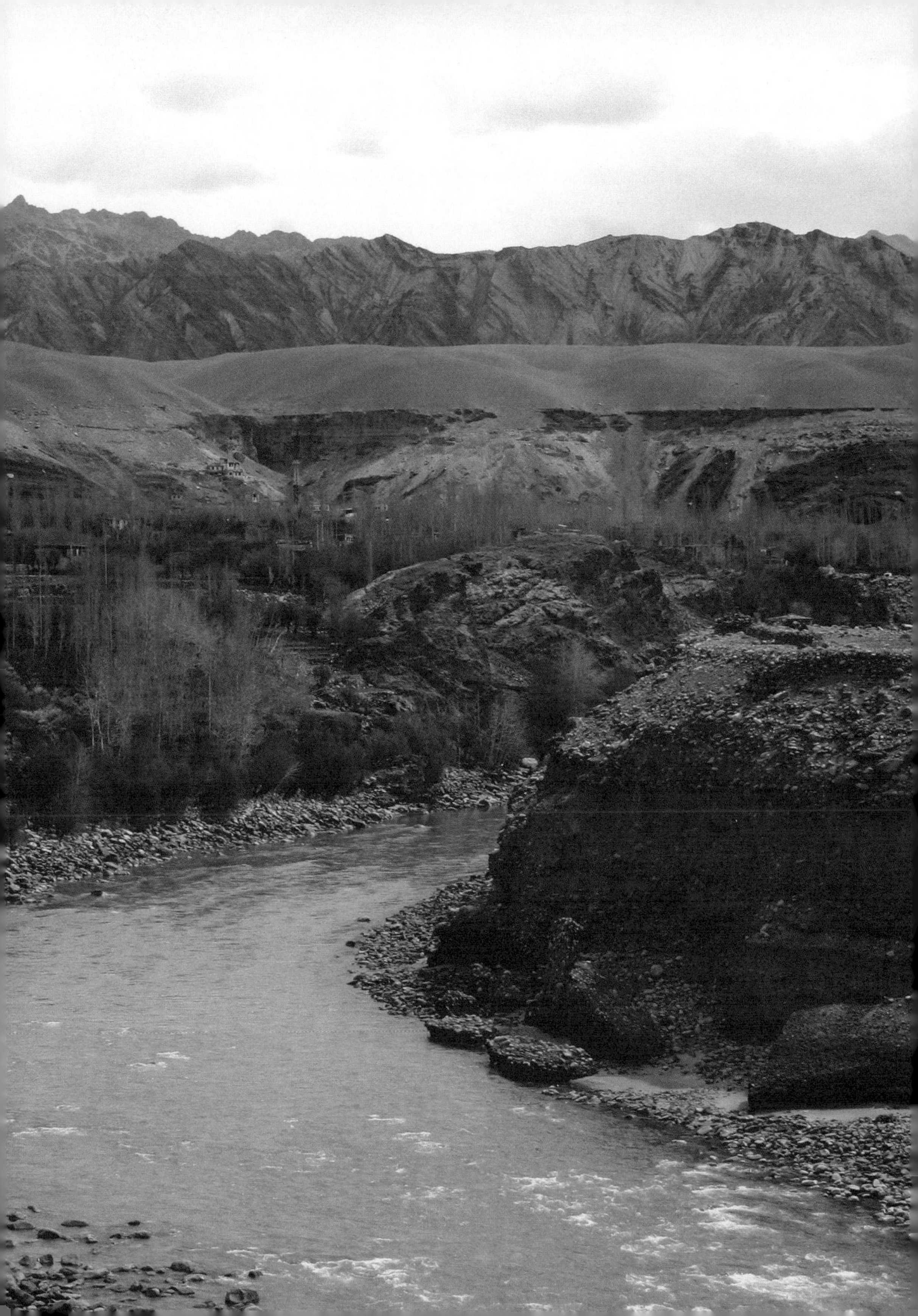

Em minha lista de viagens de aventura, a Índia sempre esteve presente. Mas não com a força de justificar o preço da passagem. Assim sendo, decidi esperar um convite para algum evento por aqueles lados. Finalmente, chegou um para Nova Délhi: um grande seminário da FAO, sobre agronegócio. Não tenho nenhuma competência específica na área, mas, no lado da formação profissional, até que dava para improvisar.

Para nós, Délhi é uma curiosidade sociológica, uma cidade típica do Continente Indiano, com a reputação de ser um caos bem diferente dos nossos. Ainda assim, o que me interessava era aproveitar a viagem para ir ao Himalaia do lado da Índia. Já havia lido sobre Ladakh, um Shangri-Lá perdido nas montanhas. Culturalmente, está mais para Tibete e Nepal do que propriamente Índia.

Começou então a peregrinação pelas páginas do Google, para encontrar uma excursão como queríamos (no caso, minha filha Elisa, meu irmão Ika e eu). Por coincidência, Délhi é o melhor local para encontrar empresas de turismo de aventura em Ladakh, pela proximidade. Contudo, os sites indianos carecem de informações precisas. Acabamos selecionando uma empresa, mais por impaciência do que por convicção. Lemos depois, no Lonely Planet, que muitas delas são totalmente inidôneas. Felizmente, só lemos depois. De que serviria a preocupação de saber se a nossa honraria seus compromissos ou mesmo se existiria?

Como em fins de abril a região de Ladakh ainda está mergulhada nas neves, a empresa sugeriu, como alternativa, Srinagar, nas montanhas de Caxemira. Militando contra esta segunda escolha estava a má vontade do Ika. Achou que estava mais para Paquetá do que para destino de aventura. Quando ainda contemplávamos as duas alternativas, a própria empresa nos desencorajou de visitar Srinagar, em vista de recentes atentados terroristas. De fato, na semana em que embarcaríamos, a imprensa noticiou o fuzilamento de um bando de turistas que passeava por lá. Para nós, aventura é subir morros. Desviar de tiros nunca esteve nos termos de referência de nossos passeios. Assim, ficamos com Ladakh, apesar da estação ainda não permitir *trekkings*.

EM DÉLHI

A cidade de Délhi é descrita na imprensa como uma avalanche de lugares-comuns e estereótipos. Chegando lá, pudemos constatar que são todos verdadeiros. Naturalmente, há na Índia uma erupção econômica e cultural de grandes proporções. Algo que jamais aconteceu naquele país. Contudo, ainda não foi bem decifrada, talvez nem pelos próprios indianos. Nós, reles forasteiros, temos de nos contentar com as impressões mais banais, superficiais e imprecisas.

O primeiro choque é o trânsito. Mesmo para grandes aficionados do trânsito latino-americano, lá é muito mais emocionante. A variedade de ocupantes das ruas é maior. Carros, caminhões, bicicletas, motos, riquixás (triciclos a motor ou puxados por gente, chamados de Tuc-tuc na Tailândia) e as celebradas vacas, completamente soltas, passeando pelas cidades por conta própria, e oferecendo sua contribuição para os congestionamentos.

Há outra diferença, com respeito às nossas tradições latinas. Temos um trânsito machista. Forçar a passagem é demonstração de destemor e autoafirmação. A cada embate, os egos latinos se chocam. É o mais puro darwinismo automobilístico. Deve ser uma herança das justas medievais. Ganha o mais destemido ou de para-choque mais robusto.

Já no trânsito da Índia, não há egos, não há agressividade, não há disputas rancorosas para ver quem ocupa o próximo metro quadrado de rua. Contudo, o esporte nacional é tirar finas dos outros e desviar no último milissegundo. O espaço insuficiente das ruas é disputado pela ligeireza com que é ocupado. Mas quem perde a vez não se sente derrotado em uma batalha ou ferido em seu ego. A cada minuto, estamos na iminência de uma colisão. Milagrosamente não vimos nenhuma na semana que lá passamos. Milita a favor da segurança as baixas velocidades, impostas pelo excesso de gente na rua.

A fé nas regras de trânsito, tampouco, é muito radical. Nas estradas e ruas, vemos inúmeros carros na contramão, sem que isso comova os outros — pedestres ou automobilistas.

Uma semelhança com nosso Continente é a devoção dos taxistas pelas práticas de ludibriar os passageiros. Cobram demais. Dão inúmeras voltas. Quinze minutos depois de sair, noto que estou passando novamente pela porta do meu hotel.

A segunda impressão mais forte é a poluição do ar. Sempre, sempre a cidade está coberta por uma camada opaca de *smog* amarelado. Soube que já foi muito pior. Ainda assim, há mais poluição do que em São Paulo, nos seus piores dias. E o calor opressivo parece se somar à poluição. Do lado positivo, os riquixás de hoje são todos a gás, uma medida importante para reduzir a poluição. Também positivo, pelos menos para os turistas e os mais ricos, são os impecáveis sistemas de refrigeração dos ambientes de melhor qualidade. Calor é para pobre.

Menciono então o terceiro contraste, ainda mais impactante: as diferenças entre pobres e ricos. Nossa vergonha diante das diferenças sociais fica muito atenuada ao caminhar pelas ruas da Índia. Nossos pobres se escondem melhor. São menos incômodos aos nossos olhos. Na Índia, moram nas ruas. Não em ruelas escondidas, mas em quase todas. Do outro lado da rua, do nosso esplêndido Hyatt de cinco estrelas, moram milhares de pessoas, em plena via pública.

Improvisam tendas de plástico e lá vivem. Cozinham no meio-fio. Tomam banho de caneca, fazem xixi e cocô, à frente de todos. Não são esfarrapados ou de aparência esfaimada, como teriam sido em um passado não muito remoto. A Índia dos mendigos morrendo de inanição deu lugar a um país em que todos têm caras minimamente saudáveis — pelo menos em Délhi. Só que não têm onde morar.

Os pedintes estão por todos os lados, particularmente nos sinais de trânsito. E, como se imagina, as crianças têm mais potencial de arrecadação. A cada sinal, há uma criança desconsolada, pedido esmolas. Estávamos com um carro alugado, obviamente, com chofer, pois decifrar mapas e ruas de Délhi tiraria toda a graça do passeio. Enquanto as crianças falam, gesticulam, pedem, fazem sinais de que precisam comer, o chofer fica impassível. Mas se tocarem no carro, abre a porta ou a janela e ameaça dar-lhes um safanão.

Tive um professor que se tornou conselheiro do rei do Nepal, na década de 1950. Quando se preparava para sair à rua, foi aconselhado a levar um chicotinho, para espantar mendigos. Suas crenças na democracia não permitiram que se fizesse acompanhar de tal acessório. Arrependeu-se, pois quase foi desnudado pela multidão. Daí para frente, aprendeu a lição e não saía sem o equipamento necessário. Nosso motorista demonstrou que, desde então, as tecnologias para lidar com mendigos não mudaram muito.

A pobreza indiana é muito mais escancarada do que a nossa (será isso um consolo?). São milhões de pessoas vagando pelas ruas, se acotovelando. Em anos pretéritos, morriam de fome. Mas, antes, a riqueza era mais discreta. Havia os marajás, esbanjando ouros e pedrarias, mas seus palácios eram bem escondidos. Os marajás de hoje são frutos da indústria e do comércio. São urbanos e bem motorizados. Seus escritórios, alguns em áreas paupérrimas, esbanjam vidros fumê e piruetas arquitetônicas.

Os novos ricos indianos têm mais cara de novos ricos do que os nossos. Nossos pobres e nem tão pobres fazem o possível e o impossível para se parecer com os ricos, haja vista a prosperidade da nossa indústria da moda. Mas o indiano pobre se veste com seus trajes típicos — que variam muito de lugar a lugar. Penteiam-se segundo a tradição. Têm a cara do indiano tradicional, do National Geographic. Já os ricos e moderninhos mudaram o visual. O cabelo dos homens segue as modas de Nova York e da Califórnia. O das mulheres esvoaça, como nos anúncios de xampu. Os ternos são mais para Armani. Definitivamente, não foram comprados nos mercados de rua. Os óculos escuros — Oakley? — cobrem todos os olhos prósperos.

O grande naturalista Richard Burton, em meados do século XIX, vagava pelos mercados indianos, fantasiado de camelô local. Com isso, previu uma grande revolta contra o governo inglês. Olhando as caras plácidas e resignadas das pessoas que passam pelas ruas, não estou preparado para antecipar uma revolta popular, como fez Burton. O quase bilhão de indianos pobres continuará aceitando a fatalidade da situação quase abjeta em que vivem? Mas é preciso reconhecer, estão muito melhor do que estavam, há poucas décadas, quando as doações internacionais de alimentos mal e mal mitigavam a fome.

O nome Nova Délhi vem da profunda separação urbanística e arquitetônica, marcando a diferença entre a cidade velha e amontoada e a nova, de grandes avenidas e arborização exemplar. Avenidas grandes, sim, mas não o suficiente para dar conta da enorme massa humana que circula, ocupando cada metro quadrado de rua e calçada.

Dentro da cidade nova há outro contraste: a qualidade da arquitetura e de seus acabamentos. Os palácios antigos seguem uma tradição milenar de construção impecável. Os arenitos de tons rosa e marrom, somados aos mármores, reproduzem o esmero que vimos no Taj Mahal e em outros palácios em Délhi. Os hotéis de estrelas abundantes mesclam esse estilo com o luxo apurado das grandes cadeias.

Mas a construção pública dos dias de hoje é lastimável, seja na arquitetura sem méritos e nem voos, seja nos acabamentos. E, ainda pior, na falta de manutenção.

Sentava-me à mesa do seminário em que participei, organizado no principal centro de conferências do governo, ao lado de alguns ministros. Olhava em volta. Os encaixes do mobiliário não acreditam muito em ângulos retos. O verniz é espesso e escorrido. Ainda não é acabamento compatível com a Índia rica que ensaia seus primeiros passos.

O mesmo vale para os edifícios residenciais ou comerciais da cidade nova. Ou seja, há uma enorme Índia intermediária, das classes médias tradicionais. Continua mal ajambrada. Ainda não sofreu as emanações da nova prosperidade que se alastra a bom ritmo.

Fomos seriamente advertidos quanto aos riscos de fazer compras nos clássicos bairros comerciais. Batedores de carteira e outros especialistas em redistribuição de renda operam por lá. Contudo, o máximo que pode acontecer é ter a carteira furtada. As delinquências ocorrem em versões pouco violentas.

Por isso, fomos. E saímos com as carteiras ilesas. Porém, irritados com a insistência pegajosa dos vendedores. Diante da mais leve suspeita de intenção de compra, perseguem os potenciais compradores pelos infindáveis labirintos dos mercados cobertos. Não me lembro mais de quantos *pendrives* me foram oferecidos. Devo ter cara de quem gosta de tais apetrechos.

Em contraste com essa experiência desagradável, a visita à cidade velha é fascinante. Um labirinto de pardieiros, com ruas estreitas, frequentadas por carrinhos de mão, bicicletas, riquixás puxados a indianos, vendedores ambulantes e gente e mais gente. O comércio é intenso. Mas não há a perseguição aos compradores. As lojas tanto vendem quanto fabricam, seja pão, sejam joias baratas.

Lá convivem, lado a lado, hindus (praticantes do hinduísmo), muçulmanos, budistas e tudo mais que a riqueza étnica do país tem a oferecer. E convivem na santa paz do Senhor. Templos de todas as religiões se amontoam, em uma cacofonia de mau gosto. É um extraordinário exemplo de convivência pacífica de culturas muito diferentes. De fato, o perigo de algum ato agressivo inexiste. Há apenas os riscos de não conseguir encontrar caminho de volta ou de ser atropelado por alguma bicicleta ou riquixá.

A violência urbana não está em manifestações espontâneas de descontentamento ou revolta. Não está na indústria do crime organizado — e desorganizado. O que ameaça o país é a violência das grandes causas, por conta de disputas territoriais e religiosas. Nesse particular, a situação é diametralmente oposta à nossa. Muitos edifícios públicos estão cercados de arame farpado e soldados armados. A Embaixada dos

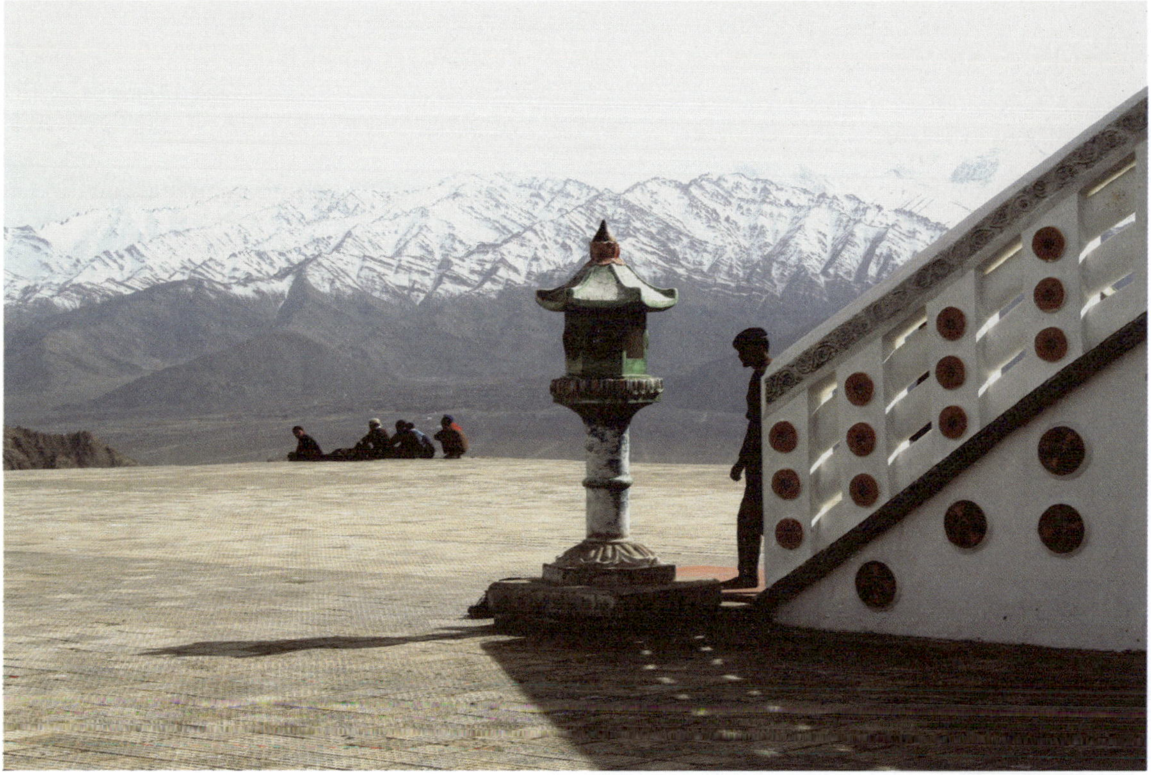

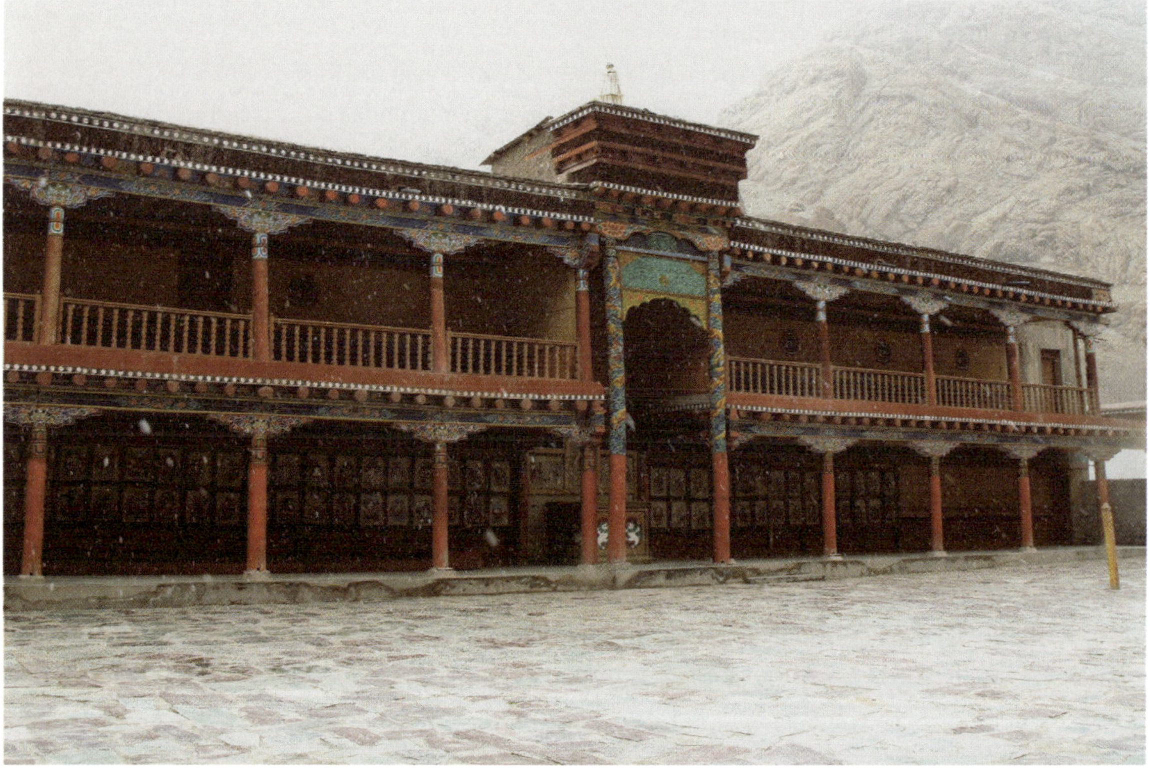

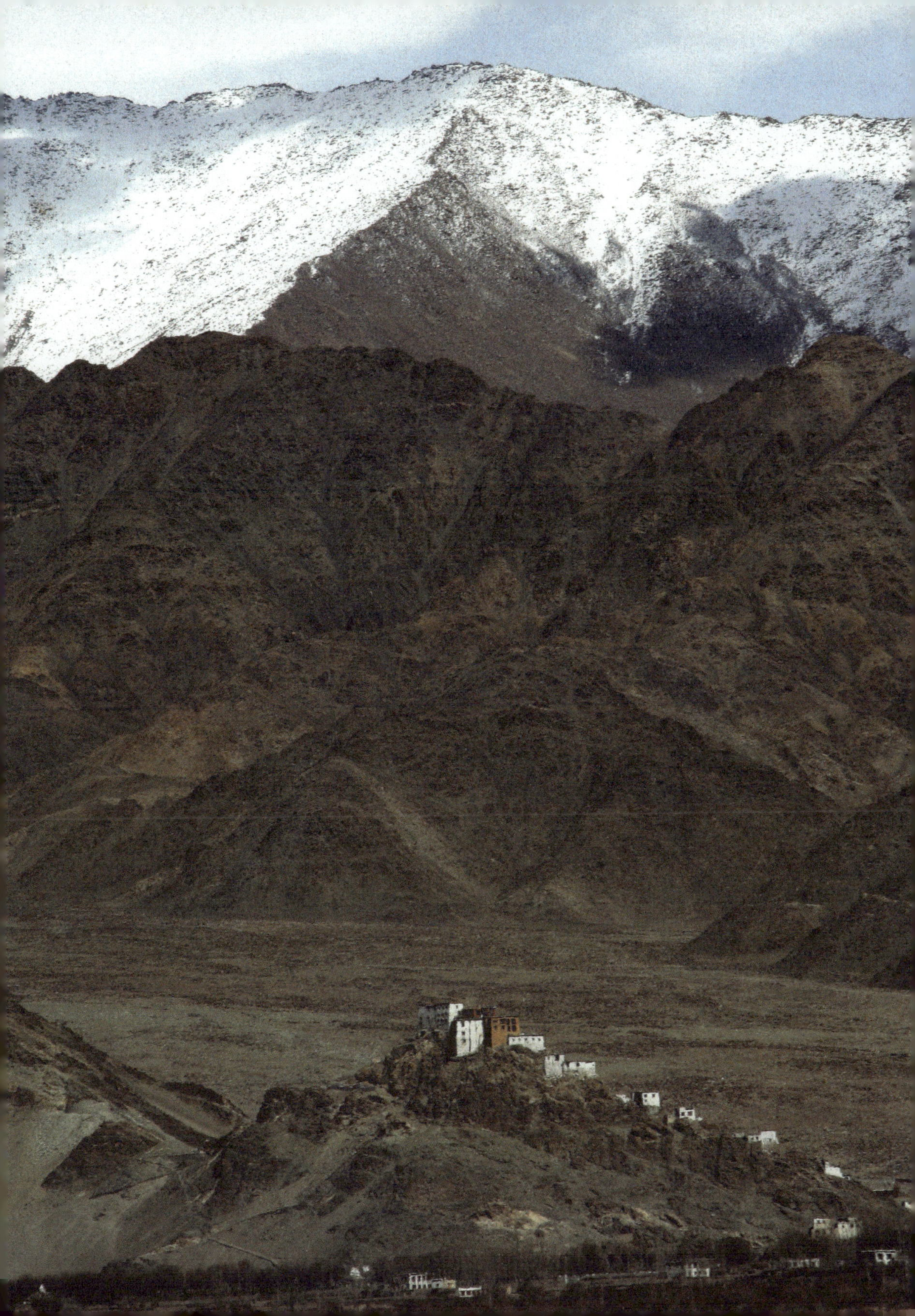

Estados Unidos é uma praça de guerra. Havia revista pessoal para entrar no edifício do seminário da FAO, devido à visita de um ministro. A segurança é sempre elaborada e conspícua. Mas é ineficiente. As revistas são superficiais e pouco minuciosas. Os guardas se esquecem de revistar pastas que facilmente abrigariam uma Uzzi, com bom suprimento de cartuchos.

Um traço de união entre o novo e o velho é a sujeira. Democraticamente, se espalha por todos os lados, chamando a atenção a falta de latas de lixo pela cidade. Antes de tudo, é uma cidade suja.

Terminamos a estada visitando alguns museus. Há um grande contraste entre o que a Índia tem a mostrar e a forma como o faz. Com milhares de anos de história e um legado artístico extraordinário, há abundância de peças, objetos, esculturas e manufaturas. Mas a maneira de mostrá-las está muito aquém do que mereceriam os acervos.

O Museu Nacional do Artesanato é uma exceção, pelo cuidado em sua montagem e apresentação. É um grande parque, com templos e construções, refletindo a variedade das culturas do Continente Indiano. Não obstante, a conservação deixa a desejar.

Em linha com um espírito muito pragmático, há um sem-número de vendedores de artesanato esparramados em uma das alas do parque. Para os amantes do artesanato indiano, é um paraíso para as compras, pela variedade e preços modestos.

Na saída, entramos na loja oficial do museu e compramos meia dúzia de bugigangas. Na hora de pagar, o velho funcionário público empunhou uma caneta e anotou cuidadosamente a descrição e preço de cada peça. Mas, antes disso, ajustou três folhas de papel-carbono ao bloco dos formulários. Assim se controlam as contas públicas no país. A nova Índia está ficando conhecida pelo ímpeto de sua indústria informática. Mas o museu mantido pelo governo central ainda está na era do papel-carbono.

Impávido e elegante, com seu bigodão e turbante, um guarda sikh vigiava a porta do museu. Aliás, parece que pegou entre os sikhs a moda de tingir de acaju o farto bigode ou barba. Junto com os brahmins, ou brâmanes, correspondem às castas superiores da Índia — embora nem todos sejam ricos. Há também as castas mais modestas, algumas sempre exercendo as mesmas profissões mais simples, outras, estoicamente, limpando latrinas. E há os "intocáveis", que não podem circular livremente e nem entrar nas casas das outras castas.

Na Índia do passado, a separação entre as castas e a hereditariedade das ocupações exercidas era inviolável. Hoje, nas cidades maiores e mais modernas, as castas se diluem e a pujança do crescimento econômico mescla quase todas. Além disso, há políticas públicas vigorosas para reduzir o impacto negativo dessa segmentação tradicional. Mas nas áreas rurais, pouco mudou.

Já que falamos de costumes, ainda não desapareceu a tradição dos casamentos arranjados pela família. Mesmo os informáticos que vivem no Silicon Valley ainda têm suas esposas escolhidas pelos pais.

A última pequena surpresa é o baixo domínio da língua inglesa pelos indianos. Teoricamente, todos falariam inglês fluentemente. Mas, em teoria, os brasileiros minimamente educados também falariam, pois têm mais de cinco anos de língua inglesa na escola. Na prática, todos os indianos balbuciam alguma coisa. Mas falar mesmo, fluentemente, só uma minoria. Não me aprofundei no assunto, mas, ao sair da capital, nota-se um esforço maior de impor o híndi do que de dar fluência em inglês. Diante do pandemônio de línguas e culturas, em vez de adotar o inglês como língua neutra — como os pragmáticos de Cingapura fizeram — parece predominar a vontade de impor uma das línguas locais, o híndi. Nem sempre a geopolítica interna é boa conselheira. Como consequência, o inglês vai ficando como a língua da elite.

Longe dos grandes centros, a correção gramatical das tabuletas e cartazes das lojas é para lá de duvidosa. Há erros de ortografia em uma proporção substancial do que se pode ver escrito, passeando pelas ruas.

AGRA

Tínhamos um dia sobrando. Havia a possibilidade de visitar o Taj Mahal. Pessoalmente, achei que, depois de ver tantas fotos, a coisa real pouco teria a adicionar. Mas fui voto vencido. Felizmente.

Em um registro totalmente distinto, a estrada para Agra é quase tão interessante quanto o Taj Mahal. São 100 quilômetros de planície, cruzada por uma estrada bastante boa. Mas a viagem consome várias horas, pelo movimento intenso que havia em todo o percurso. Não é uma estrada, é uma cidade industrial, de ponta a ponta.

A variedade de veículos é espantosa. As motocicletas raramente carregam apenas uma ou duas pessoas. Em geral, vai toda a família, com crianças e bebês na garupa. Os riquixás de estrada são maiores. Levam facilmente dez ou quinze indianos, todos dependurados ou, então, na capota do veículo. Passam jamantas com contêineres. E passam carroças enormes, puxadas por camelos. Cúmulo da "coetaneidade do não coetâneo", um dos condutores de camelo falava animadamente no celular.

Descobrimos que não era privilégio de Délhi: buzinar é um esporte nacional. Os caminhões têm escrito em suas traseiras: "Blow Horn". E ninguém se faz de rogado. Para fazer notar a sua presença, todos buzinam. É visto como um fator de segurança e não como um insulto. É um desvelo, para evitar que alguém seja atropelado. Assim, é inevitável que a poluição sonora faça séria concorrência à nuvem amarela que pousa sobre todo o território percorrido.

As fábricas estão por toda parte. Em pleno funcionamento ou em construção. Enormes ou modestíssimas. Mas com o denominador comum de construções de péssimo acabamento e preocupações arquitetônicas inexistentes ou desastradas. No Brasil, temos pequenas indústrias precariamente alojadas. Mas as grandes, geralmente, são edifícios exemplares, com um paisagismo pelo menos razoável. Na Índia, mesmo as grandes são feias e mal ajambradas. Será que as economias arquitetônicas se plasmam em manufaturas mais baratas — que em algum momento competirão com as nossas, produzidas em esplêndidos edifícios?

Onde mora o povaréu que trabalha nelas e os que vão trabalhar nas que estão sendo construídas? Vemos uma sequência infindável de *outdoors*, anunciando casas novas, apartamentos e, principalmente, condomínios fechados. Tudo muito americano. Tudo muito *nouveau riche*. Tudo anunciado, como nos Estados Unidos. Devem estar sendo construídos para os indianos fantasiados de americanos que vemos em todas as partes. Há uma Índia até mais americanizada do que o nosso país, que tem cultura e geografia mais próximas.

Agra é uma cidade perfeitamente horrível. Velha, desgastada, de mau gosto. É o ponto de convergência do turismo local, pois o Taj Mahal é um dos destinos inevitáveis para os indianos. Para lá acorrem, em números muito mais avantajados do que os turistas internacionais.

Em alguns países, tirar fotos de desconhecidos pode gerar reações negativas ou até ameaças. Em outros, há a tradição de pedir dinheiro para ser fotografado. Na Índia, as pessoas querem ser fotografadas, até pedem aos turistas. Não querem pagamento e nem receber as fotos. Fotografei uma moça bem bonita. Seu marido entrou em cena, comunicou solenemente que era sua mulher, postou-se ao seu lado e pediu que fosse fotografado. Por que não?

O guia nos diz para tomar cuidado com os camelôs e lojas que vendem produtos falsificados e iludem os turistas. Para que tal não aconteça com seus preciosos clientes, vai nos levar a uma loja onde tudo é autêntico — e que, por acaso, pertence a um amigo.

Depois do périplo pela cidade de Agra, de tão poucos méritos, finalmente nos aproximamos do Taj Mahal. Eu mantinha o meu ceticismo e minha convicção de que já havia visto o bastante nas fotos.

Não podia estar mais enganado. É muito mais bonito do que as fotos sugerem. É enorme e o parque ao redor, maior ainda. Além disso, há vários outros edifícios nas proximidades, também excelentes. Os acabamentos são tudo que não é a construção na Índia. Os mármores são magníficos. As incrustações de pedras semipreciosas formam neles desenhos geométricos. Nos portais, há imagens em arenito e mármore. Tudo é bonito, tudo é de um bom gosto discreto, ainda que o todo seja extravagante.

Será a primeira maravilha do mundo, como querem os indianos? Certamente, está dentre as primeiras. Não apenas pelos edifícios, mas pelo conjunto que inclui os jardins e outros palácios ao redor.

Um mogol (imperador), de muitos recursos e várias mulheres, encomendou o palácio para homenagear uma esposa precocemente falecida. Para compor as alianças políticas, casou-se com uma muçulmana, uma hindu e uma budista. Com isso, resolveu vários problemas. Mas apenas uma delas mereceu o palácio.

PROVÍNCIA DE LADAKH

Havia lido descrições idílicas de Ladakh, um dos lugares mais remotos do mundo. De fato, é um vale, a 3.500 metros de altitude, entre os monstruosos maciços do Himalaia e do Caracoran. Em uma hora, o avião sobrevoa algumas das montanhas mais altas do mundo. De fato, não estávamos longe do Everest e do K-2. A neve é tão profusa que cobre completamente as montanhas, não deixando sequer vislumbrar de que cor são as rochas. Ao começar a descida, a neve vai escasseando e podemos ver um dos solos mais áridos do globo. Não nasce nada, absolutamente nada. É mesmo chamado de paisagem lunar.

Na aproximação de pouso, no vale de — e sua capital, Leh — começamos a ver alguns míseros riachos. À sua margem, é possível cultivar alguma coisa. Mas é pouco e com grande sacrifício. Alguns grãos, abricós e pouco mais.

O gado é de uma raça anã, os dzos. Há alguns poucos iaques, também pequeninos e peludos. Aparecem nos filmes de alpinismo nos Himalaias. Em Ladakh, são criados para a carne — pois são apenas os hindus que não a comem. Mas são tidos como animais de maus bofes, dados a chifrar tudo que encontram pela frente. Pior, não gostam de puxar arado.

A terra é tão árida que ninguém ousaria cortar as poucas árvores existentes — olmos. Mas seus galhos são podados periodicamente, como fonte de madeira, mais do que escassa. Por proteção, os troncos são cobertos por zinco ou lona. Isso para evitar que os dzos comam suas cascas, já que a terra é ingrata.

O aeroporto é uma surpresa. Esperávamos um campinho de roça. Pousamos em um aeroporto militar, cercado de arame farpado, com blindados circulando e soldados imaginando inimigos chegando de soslaio. A cada tantos minutos, decola um avião militar indiano.

Inicialmente, não encontramos quem nos explicasse o porquê de tanta parafernália. Mas fomos entendendo. Ladakh está no extremo norte da Índia. Leh fica a 50 quilômetros da fronteira chinesa, a leste. Em direção oeste, a uns 300 quilômetros, está a paquistanesa. Ambos são vizinhos truculentos e ameaçadores. Ambos com história de conflitos militares com a Índia. Com os paquistaneses, um pouquinho ao sul, na Caxemira, há frequentes trocas de tiros, para não perder o costume. Com a China, do outro lado, a situação está mais tranquila, mas já houve operações militares e muito ranger de dentes. Depois das guerras dos anos 1960, os indianos temem uma nova invasão chinesa. Aliás, quem não teme?

Diante disso, nas vizinhanças de Leh, estão estacionados 450 mil soldados do exército indiano. Nas saídas da cidade, há dezenas de acampamentos militares. Caminhões levam tropas para as manobras. A província de Ladakh está em pé de guerra. Não atrapalha em nada nosso passeio, porém, pois ficam lá no seu canto. Mesmo na cidade, praticamente não há soldados nas ruas.

Em matéria de estradas, esperamos o pior. Mas tivemos uma surpresa. Há uma enorme rede de caminhos, estreitos mas bem pavimentados. Andamos por todas as partes, com o conforto e a surpresa de sair do congestionamento humano de Délhi e, uma hora depois, trafegar em uma das regiões menos populosas do mundo.

Não obstante, as estradinhas papai-mamãe vão subindo os morros, subindo, subindo. Logo passamos por pirambeiras prenhes de adrenalina. É possível — ou inevitável — despencar mais de mil metros, como resultado de uma derrapagem. Não nos esqueçamos, este é o vale que separa as mais formidáveis montanhas do mundo.

Ladakh é um enclave tibetano na Índia. É até chamada de Little Tibet. Faz mais de um milênio que é habitado — não exclusivamente — pelas tribos tibetanas. Lá reproduziram os estilos de vida, a língua, a arquitetura e os hábitos do Tibete. Em algum momento, desabou uma fronteira nova. Tendo sido inicialmente conquistada pelos exércitos de Caxemira, Ladakh acabou virando Índia. Mas nem o povo mudou e nem ficou menos árdua a sua vidinha. Aliás, não é um território cobiçado por gente habituada a climas mais cálidos e topografias menos dramáticas.

Em Leh, são quase todos budistas (81% da população). E a religião é levada a sério. Mas como todos os budistas, são pacíficos e tranquilos. Assim mandam as escrituras sagradas.

Pela cultura tibetana, as terras são herdadas pelo primogênito. Como na Europa, o objetivo é não pulverizar as propriedades rurais, caso fosse dividida entre os herdeiros. Nada de novo ou inesperado. Mas como compensação pela posse integral da terra, o morgado tem de repartir a mulher entre os irmãos. Só muito desprendimento budista para que isso dê certo.

Outra herança tibetana é um rei, com palácios e tudo o mais. Visitamos um deles, muito bonito e isolado, mas que estava em obras. Só que o rei não manda. Para que serve então? Possivelmente, não atrapalha e dá mais trabalho tirar do que mantê-lo.

Falando em palácios, é em Leh que fica o palácio de verão do Dalai Lama. De fato, não podendo ser no Tibete, onde melhor ter seu palácio do que em um enclave tibetano na Índia? Aliás, é um palácio enorme, em uma planície, na saída da cidade.

Ao lado dele, há um campo de polo. Ficamos especulando, um campo de polo a 3.600 m de altitude, em uma cidade paupérrima? Quantos haverá no Brasil? A resposta é mais ou menos óbvia: o polo nasceu na Índia. Segundo os relatos, todas as cidades tinham seus campos e as competições eram populares.

Desde o século VIII, há um bom convívio entre os habitantes de origem tibetana e os muçulmanos que lá arribaram. Por volta de 1700, os muçulmanos, oriundos do que é hoje o Paquistão, apareceram por lá, tomando a cidade. Mais tarde, foi retomada pela Caxemira. Alguns muçulmanos ficaram e se integraram à vida local. São uma minoria, mas têm suas mesquitas, minaretes e tudo o mais.

Em que pese a decantada convivência pacífica entre as duas culturas, ao ir às compras as diferenças vêm à tona. Os tibetanos dão o preço e acabou o papo. Os muçulmanos oferecem, descrevem os méritos da mercadoria, insistem, correm atrás e

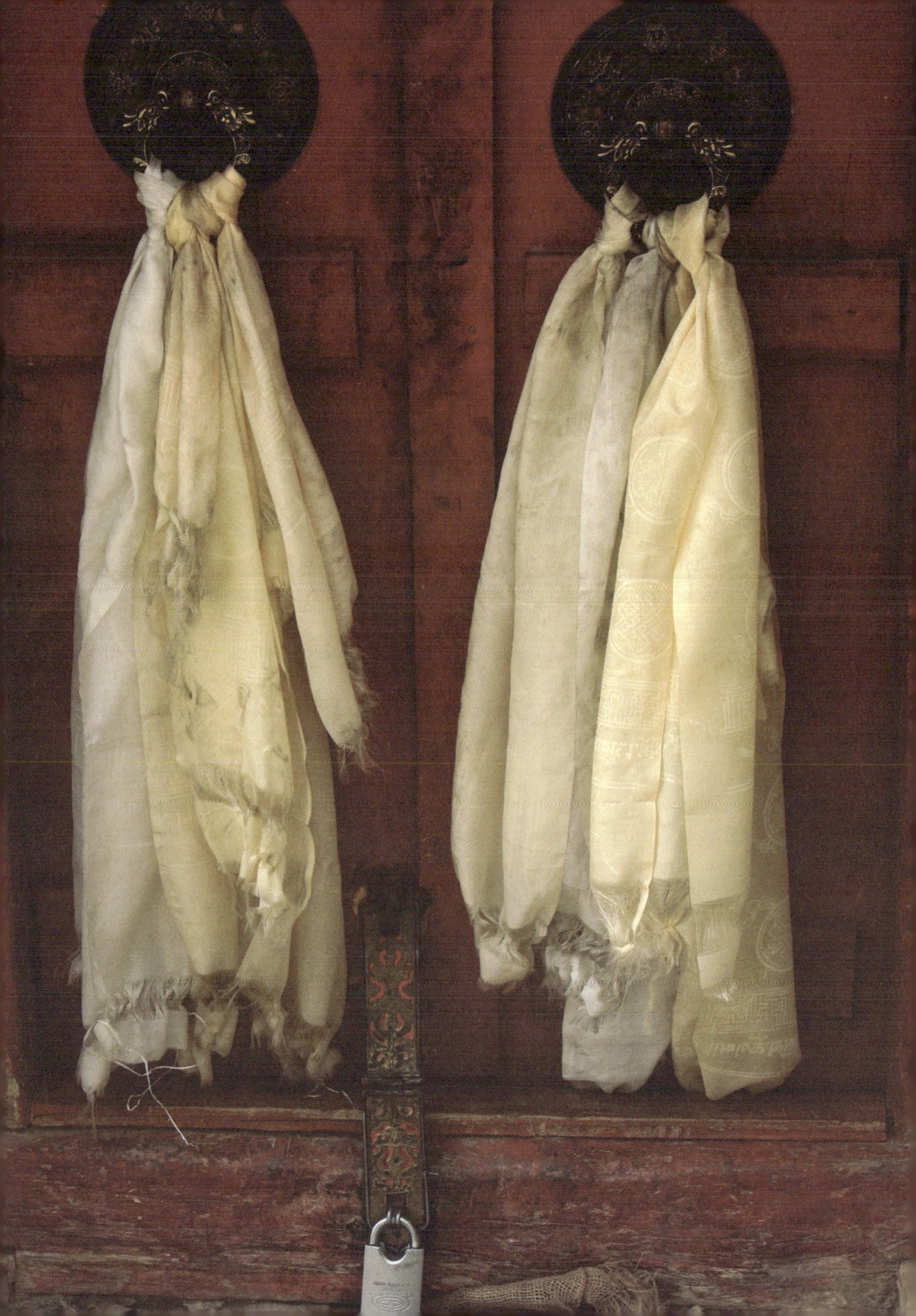

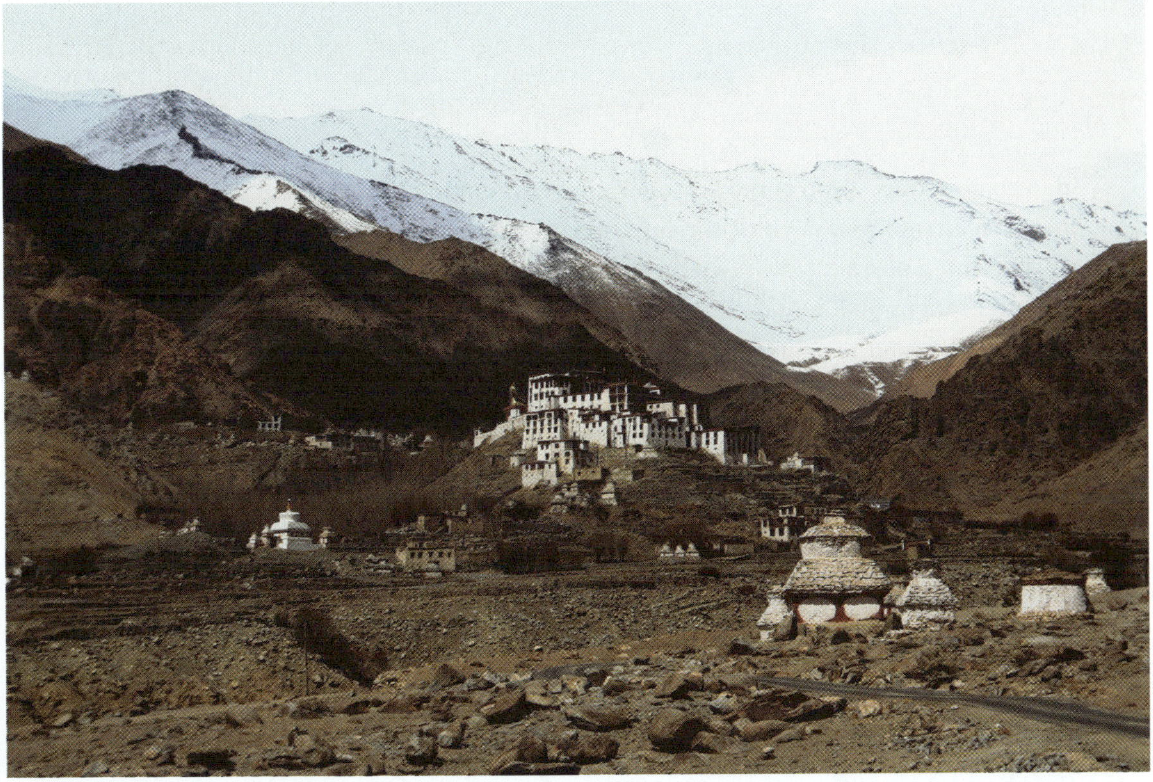

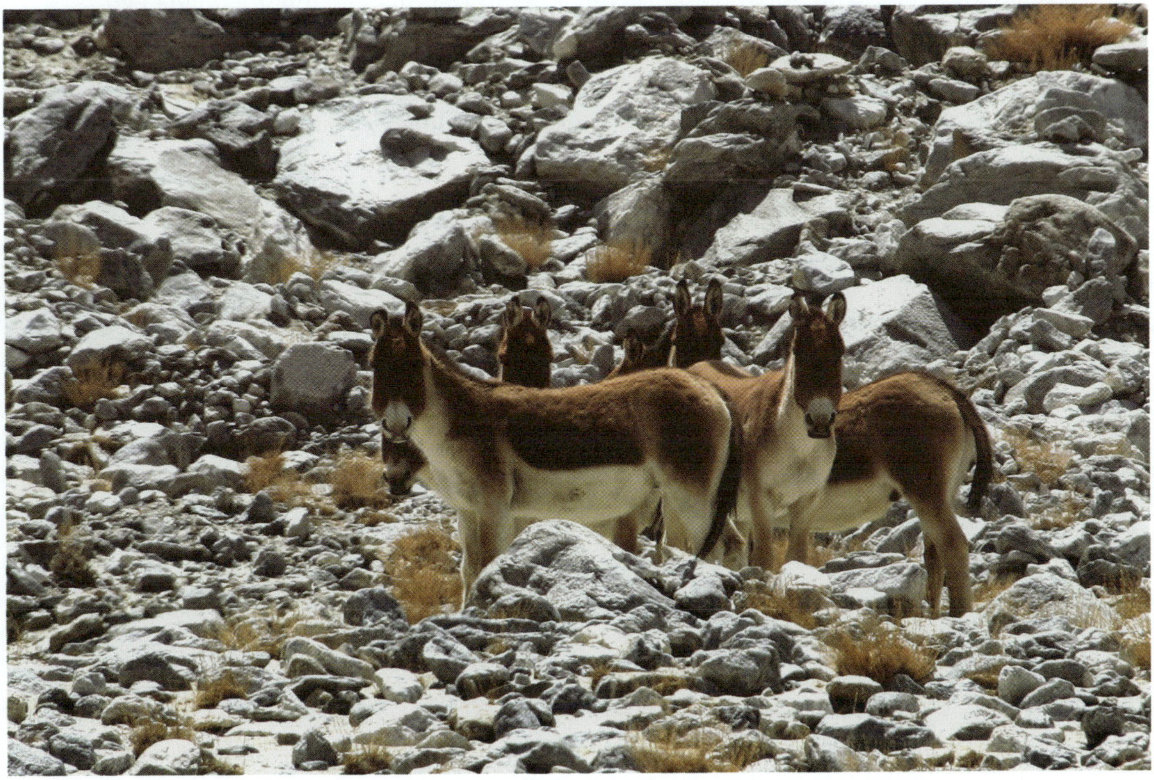

dão abatimentos. Tudo como se poderia esperar em um país árabe. É outro estilo de negociação (note-se, são muçulmanos, mas não árabes).

Durante a nossa estada, por ocasião das Olimpíadas, houve uma greve, em prol do Tibete. Eram os tibetanos de Leh, em solidariedade aos tibetanos do Tibete. O comércio decidiu fechar por um dia, em protesto.

Curiosamente, os muçulmanos também aderiram, fechando suas lojas.

A cidade de Leh é particularmente desinteressante. O que lhe falta em estilo e charme sobra em feiura e precariedade. Falta água, quase sempre. Os encanamentos são velhos e insuficientes. Pior, com um inverno de temperaturas até 30ºC negativos, a água congela e estoura os canos. Pela manhã, vemos caminhões-pipa levando água às casas.

Exatamente o mesmo acontece com a eletricidade. Caminhando pelas ruas comerciais, a abundância de reguladores de voltagem nas vitrines atesta a baixa qualidade da energia elétrica. Ademais, apaga tudo, muito amiúde. Com efeito, apagou no dia da saída, quando nossas malas estavam dentro do equipamento de raios X do aeroporto.

Além dos reguladores, as lojas exibem as inevitáveis eletrônicas chinesas e o artesanato local e indiano. E também há as manufaturas indianas, com qualidade extraordinariamente variável.

Tanto há os coletores fotovoltaicos da Tata quanto tesouras com cabo de latão fundido e acabamento muito mais precário do que qualquer coisa similar vendida no Brasil. As roupas, malas e sacolas, abundantemente penduradas às portas, são quase todas chinesas. Compramos casacos North Face por oito dólares, mesmo sabendo serem imitações.

Precisei comprar um remédio. O farmacêutico, gordo e velhusco, contava as notas sebentas, recebidas de um cliente. Em seguida, foi atender uma moça. Puxou um vidro de pílulas e derramou um monte em sua mão imunda. Com a outra, foi tirando o número pedido pela freguesa. Embrulhou tudo em um pedaço de papel e entregou. Lavar as mãos não é um hábito local, nem para farmacêuticos.

Aliás, faz parte da tradição indiana comer apenas com a mão direita. A esquerda é reservada para a tarefa de limpar a bunda, já que não há papel higiênico. Em algumas províncias, até hoje, só se come com a mão, como vimos em um banquete oficial, em Délhi.

Havíamos contratado um pacote com a empresa de Délhi. Incluía hotel, comida, uma camionete com tração nas quatro rodas, motorista e guia. O hotel era bastante simpático. Não obstante, somente no quarto havia aquecimento. Com temperaturas inclementes, e até nevando lá fora, os jantares careciam de conforto térmico. Estava hospedada no hotel uma enorme família hindu, acostumada ao calor das planícies. Apareceram encasacados em um primeiro jantar. Foi o último, pois passaram a comer no quarto aquecido.

No primeiro dia, a empresa mandou um veículo com pneus carecas e sem aquecimento. Reclamamos. Veio outro que enguiçou e não saiu do lugar. Finalmente, apareceu um Mahindra novo, com tração nas quatro rodas, orgulho da indústria indiana. Mas pernas ocidentais não cabem muito bem lá dentro.

Não discutimos muito os roteiros sugeridos, pois não conhecíamos as alternativas. Em fins de abril, é muito cedo para fazer *trekking*.

Algumas estradas ainda estavam bloqueadas pela neve e fazia muito frio. Naquele momento, não poderíamos ir por terra a Ladakh, pois além dos perigos de atravessar a Caxemira, as passagens de montanha ainda não haviam sido abertas, já que a mais alta está a 5 mil metros de altitude.

Diante da impossibilidade de *trekking*, muitos de nossos passeios diários foram visitas aos incontáveis mosteiros budistas. E às *gompas*, que são um mundo à parte.

Tão interessante quanto os mosteiros é a zona rural, que permanece como era desde tempos pretéritos. Há pequenas fazendas, com uma arquitetura muito similar ao que vimos em Namche Bazaar, no caminho do Everest. Embora esteja no Nepal, é uma cidade de sherpas que vivem nas alturas. Da mesma forma que os de Ladakh são tibetanos nas montanhas da Índia, os sherpas são os tibetanos das montanhas do Nepal.

O feno para alimentar o gado no inverno é guardado no telhado das casas. Como não chove, é um local tão bom quanto qualquer outro. Assim, os montes de feno nos telhados planos fazem parte da paisagem. Como não faltam pedras, os muros e currais são todos feitos empilhando-as. Aliás, como se faz em todas as partes, sempre com bons resultados estéticos.

As montanhas e solos pelados poderiam ser muito monótonos, não fosse a variedade de tons das rochas. A preciosa e escassa vegetação estava começando a florir durante nossa passagem, criando composições fotograficamente interessantes. E em todos os horizontes, há montanhas que ultrapassam muito os 5 mil metros.

Embora o budismo não tenha se originado em Ladakh, chegou lá antes de migrar para o Tibete. Segundo consta, nasceu na Índia, em Caxemira. De lá, migrou para os tibetanos de Ladakh e, então, para o Tibete.

Por toda parte há as *gompas*, que são monumentos religiosos. São como capelas, só que não há espaço dentro, são massas compactas de pedra. No miolo, estão escondidas as escrituras sagradas. Em algumas, há cilindros pivotando em eixos verticais. Neles estão pintadas as orações budistas. Cada um que passa impulsiona os cilindros, para que girem. Pela tradição, é como se estivessem rezando as orações lá inscritas. Muito prático e econômico.

Como no Tibete e no Nepal, há os inefáveis barbantes pendurados nos templos e nas escarpas. Todos eles com bandeirinhas em que estão impressas orações budistas. São como ex-votos. Pela tradição, alguém as dependura e jamais são retirados. Somente podem ser destruídos pelo passar do tempo. Mal comparando, são como as fitinhas baianas do Bonfim.

Na seita budista predominante na região, há um mantra universal: a "*Om Mani Padme Hum*". Como seus congêneres, têm um som nasal que produz vibrações na caixa craniana. Tais vibrações contribuem para a transcendência mística.

Pela tradição, são feitas oferendas de pedras com o mantra gravado em baixo-relevo. Em geral, são seixos rolados, com alguns quilos de peso. Como esses devotos habitam Ladakh há mais de mil anos, as pedras votivas foram se acumulando. Em um local que visitamos, havia uma muralha de 500 metros de pedras, empilhadas a um metro de altura e com uns dez metros de largura.

O capítulo dos mosteiros budistas é longo e memorável. São lindos, isolados no meio do nada e pendurados em penhascos e encostas. Alguns têm um século, outros dois. Vimos também um com 900 anos. Mas não vimos um só construído em terreno plano. Possivelmente, por razões de segurança, na época em que foram construídos, buscava-se encostas que oferecessem melhores defesas. A história da região é algo turbulenta, apesar de uma longa tradição de paz e boa convivência, nos últimos muitos anos. Antes de ser ocupada pelas tribos tibetanas, outras culturas passaram por lá. Vieram também muçulmanos e hindus.

Os mosteiros são uma lindeza para a teleobjetiva, mas não para as lentes de aproximação. São imundos, quando reparávamos nos cantinhos. Ika viu as mãos nojentas do cozinheiro que picava alguma verdura. Olhou para mim e não disse nada. Não precisava. Dos banheiros, nem falar. Os melhores são como os dos castelos medievais: um buraco no chão, dando para o precipício lá embaixo.

Para chegar, há que vencer os infindáveis degraus. Em alguns casos, estávamos a mais de 4 mil metros de altitude. Chegávamos então aos seus pátios, alojamentos e templos. O guia, cujo inglês era sofrível, conversava em tibetano com os monges, para que abrissem os templos. Das muitas dezenas de monges que vimos, jamais vislumbramos um gesto ou um esgar de impaciência ou irritação com as visitas. Tampouco passam o chapéu, para esfolar os turistas, tanto quanto podem. Vestem-se todos com uma lã grossa, tingida de cor de vinho. São doces e tranquilos, nos recebem com gentileza, mas sem rapapés. Um deles tinha um *pin* com a bandeira do Brasil, dado por uma visitante.

O interior dos templos é uma mistura da mais bela arte com o *kitsch* mais rematado. Há pinturas e esculturas gigantescas de Buda. Algumas clássicas, outras primitivas e outras ainda definitivamente de mau gosto. Há lendas contadas por intermédio de desenhos, como se fossem uma história em quadrinhos. Em todos, há um gongo e os guizos usados nas rezas. Há belas bibliotecas, guardando os mantras lidos nas cerimônias.

Um dos últimos mosteiros que vimos era o mais isolado. Ali moram 500 monges. Como se vê, não há crise de vocações. As famílias querem ter, pelo menos, um monge. Em uma região de natureza tão avara, é um membro a menos a passar fome. Lembremo-nos, afora as modernidades de Leh, que a Ladakh rural vive como se vivia na Idade Média na Europa. É bosta de gente para fertilizar a terra e bosta de vaca para aquecimento das casas. Os estilos de vida são os mesmos de há muito tempo. E na Idade Média as religiões eram muito mais importantes na vida das pessoas.

Nesse último mosteiro, havia um cartaz anunciando que recebem hóspedes, para retiros espirituais. Elisa logo se entusiasmou com a perspectiva de passar uma temporada por lá.

Vale um comentário sobre o budismo. Ou melhor, sobre os budismos. Nos tempos do Buda, não era uma religião, mas uma filosofia de vida, que pregava o desprendimento dos aspectos materiais da vida e das emoções. Mas algo tão rarefeito e ascético não poderia criar um movimento com muitos seguidores. Daí que foi progressivamente adquirindo a liturgia das rezas, dos templos, dos mantras e de todo o cerimonial que hoje conhecemos. Virou uma religião secular. Deixou para trás sua existência puramente filosófica. Mas, a bem da verdade, nunca virou religião fundamentalista.

Uma ala dissidente, sem brigas, é preciso dizer, é o zen-budismo, que volta às origens filosóficas dos ensinamentos de Buda. Dispensa liturgia, dispensa atos públicos. Volta as pessoas para si próprias, com a tarefa pessoal de se libertarem do jugo das emoções. Confisca do cérebro as missões de elucubrar e governar os aspectos existenciais da vida. O intelecto pode ser usado para consertar computadores, mas está proibido de entrar nos assuntos de entender o sentido da vida. Pelo contraste com as religiões organizadas e prenhes de liturgia que nos cercam, o zen-budismo atrai grupos mais intelectualizados do Ocidente. Não há propriamente contradições entre o budismo dos mosteiros e o zen. Mas um é religião e o outro não.

Por casualidade, pudemos assistir a uma competição de arco e flecha no mosteiro. Trata-se de uma tradição bem antiga. Durante o evento, há música, tocada por instrumentistas que ocupam uma barraca atapetada, montada ao lado do local da competição. A inovação estava na eletrônica que amplificava o som — mal e porcamente. Foi-nos servida então uma cerveja caseira, bem diferente.

Depois de ler os tratados zen-budistas sobre arco e flecha, esperávamos ver a decantada e perfeita integração entre espírito e corpo. De fato, no momento de largar a flecha, os arqueiros zen estão ao mesmo tempo totalmente concentrados e totalmente relaxados. Mas nesse particular, tivemos uma decepção. O desempenho é amador. Alguns nem acertam o enorme alvo circular, e menos ainda na mosca. Falta estilo e concentração. Mas sobram risos e falta de competência nesta arte marcial.

Em que pese Ladakh estar estacionada em séculos pretéritos, há alguns aspectos de modernidade. O governo está espalhando escolas por toda a província. Vimos muitas crianças indo ou vindo das aulas. Que cena curiosa: a quase 4 mil metros de altitude encontramos meninos voltando da aula, metidos em um uniforme que inclui blazer e gravata.

Há também poços artesianos, com bombas de desenho e tecnologia indiana. Finalmente, causa certa perplexidade ver os monges, lá nas alturas de seus templos, pendurados em seus celulares. Nada a reclamar da cobertura da transmissão. Conseguimos sinal em uma estrada, a 5.200 metros de altitude.

No penúltimo dia, tentamos transpor uma das saídas do vale. Mas como fica a 5.500 metros de altitude, a estrada ainda está bloqueada pela neve. No dia seguinte, tomamos outro passe, um pouco mais baixo, a 5.200 metros. Esse conseguimos vencer, após serpentear por uma estrada estreita e com precipícios temíveis.

A uns 4 mil metros, paramos para o chá em um vilarejo. Em frente, havia um sapateiro. Sua oficina era o chão da calçada. Aproveitamos para mandar colar a sola do tênis da Elisa. Deve ser a primeira vez que um sapato de Nova Serrana é consertado àquela altitude.

Em um dado momento, encontramos uma manada de burros selvagens. Mais adiante, vimos um leopardo, enorme. Estava a uns 100 metros e, lentamente, foi se afastando.

Finalmente, chegamos ao lago gelado de Pangong. Dois terços de suas margens estão em território chinês. Daí a razão de ser necessária autorização especial e passaportes para visitar esse local. Mas é sempre difícil descobrir quanto de segurança adicional esse furor burocrático pode trazer.

Seja como for, o lago é enorme e belíssimo. Como em todas as partes, cercado de montanhas cobertas de neve. Pelo que nos conta o guia, é um lugar onde não se deve sair das estradas, pois a partir de 1962 foram enterradas minas, esperando a volta dos invasores chineses. Naquele ano, houve grandes conflitos com o exército chinês, com clara desvantagem para os indianos que não estavam preparados para a agressão. De lá para cá, houve algumas escaramuças, sobretudo em 1986. Mas não parece que seja uma região muito cobiçada pelos chineses, pois além de tudo está muito longe de suas linhas de suprimentos, tornando uma eventual operação militar muito complicada logisticamente. Na verdade, é uma das regiões mais imprestáveis do mundo. Nos últimos 30 quilômetros de estrada, não havia mais do que uma meia dúzia de pastores com suas ovelhas, aproveitando estreitas nesgas de terra mediocremente fértil.

No dia seguinte, tomamos o avião de volta para Délhi. Como descobrimos, as precauções de segurança no aeroporto de Leh são alentadas. Nem o aeroporto de Tel Aviv chega a tais extremos. Passamos pelos raios X três vezes.

Mostramos a passagem outras tantas e fomos revistados pessoalmente quatro vezes. Meu bastão telescópico de caminhada foi objeto de uma conferência entre militares. Finalmente, decidiram que não comprometia a segurança nacional. Elisa havia levado três pedras que recolheu na estrada, exemplares absolutamente vira-latas. Não houve como levá-las. A suas recordações mais tangíveis de Ladakh foram atirada na lata de lixo, para se juntar aos 35 mil quilômetros quadrados, povoados por pedras semelhantes.

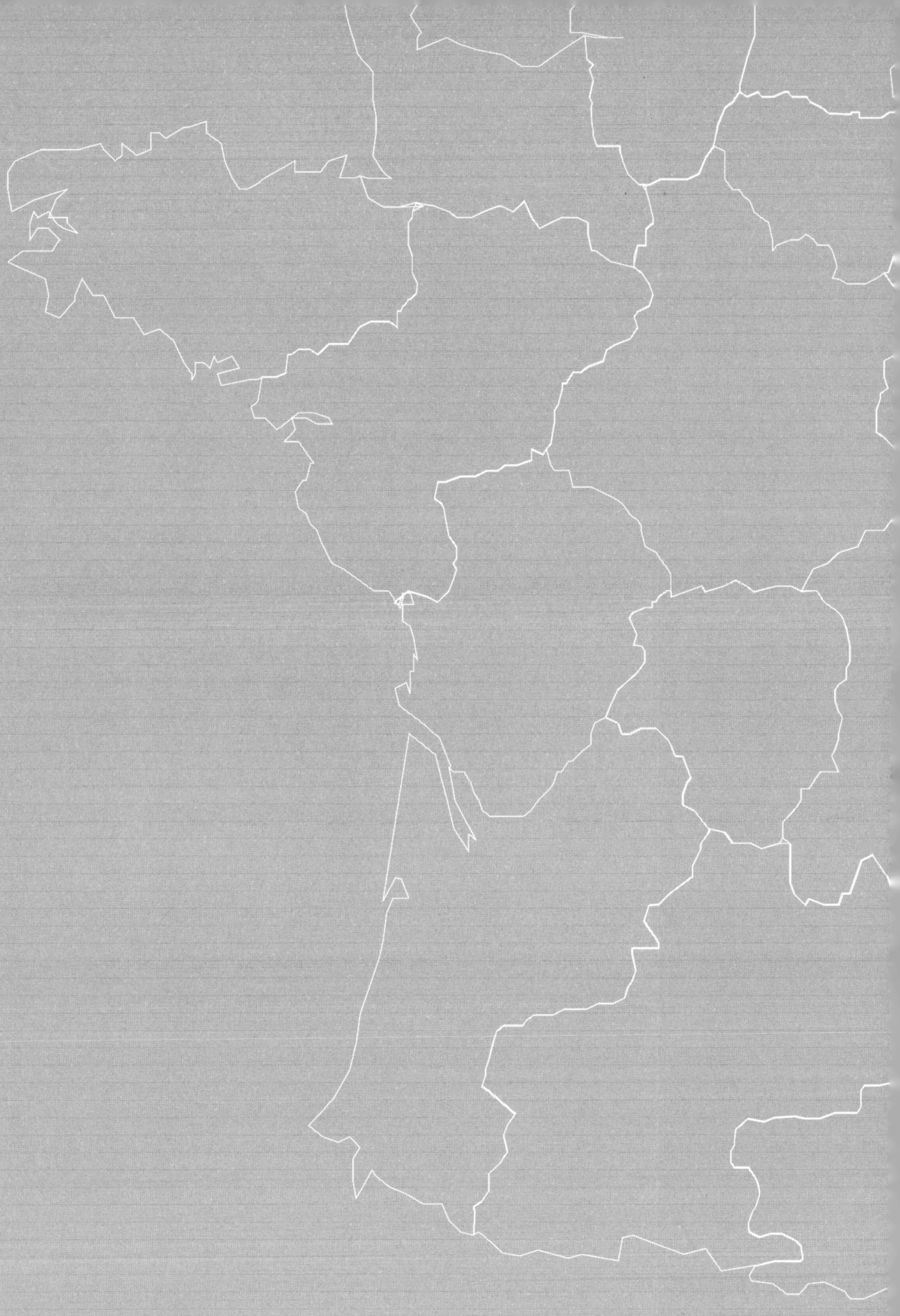

CAPÍTULO 4

Arrodeando o Mont Blanc a pé

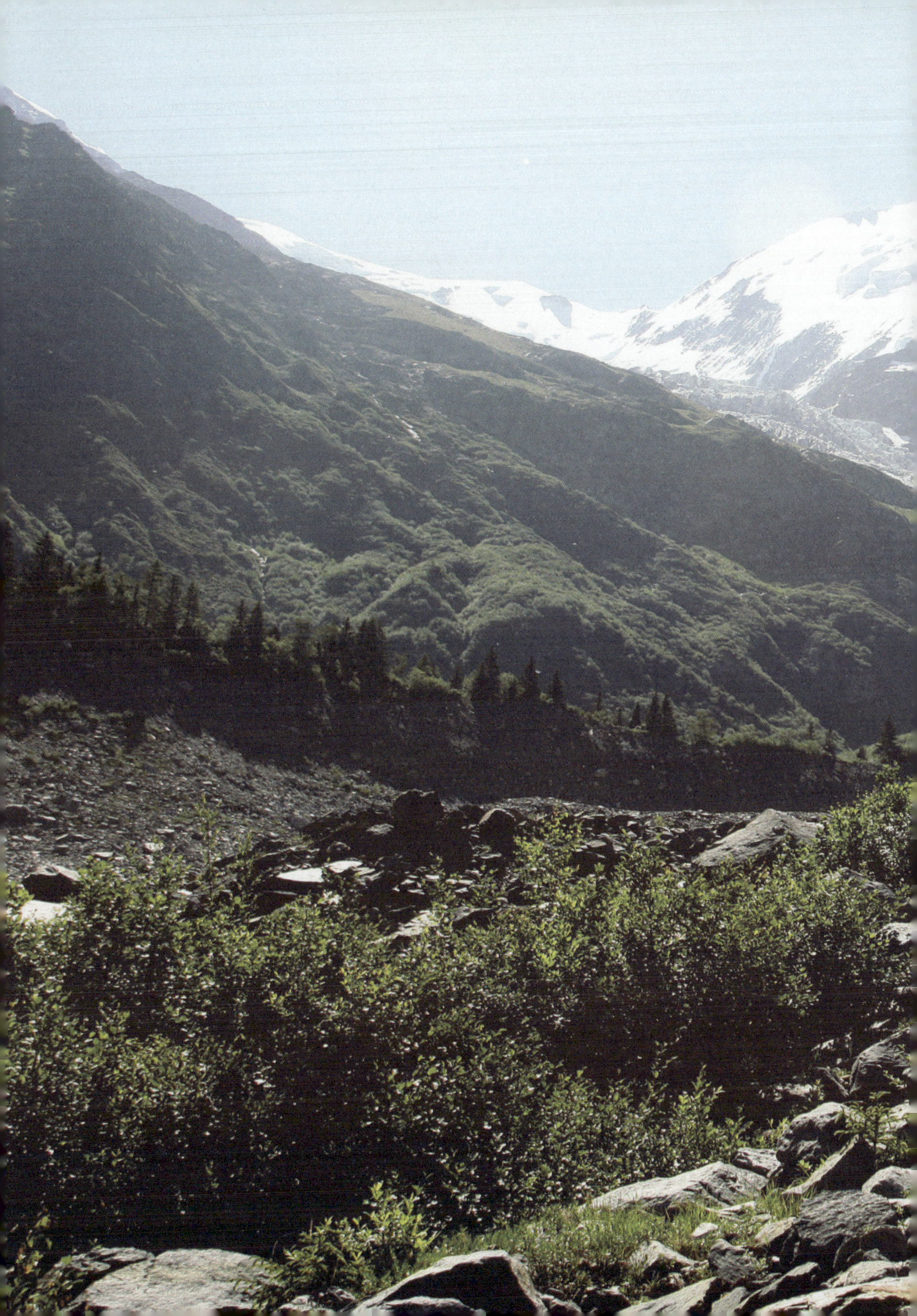

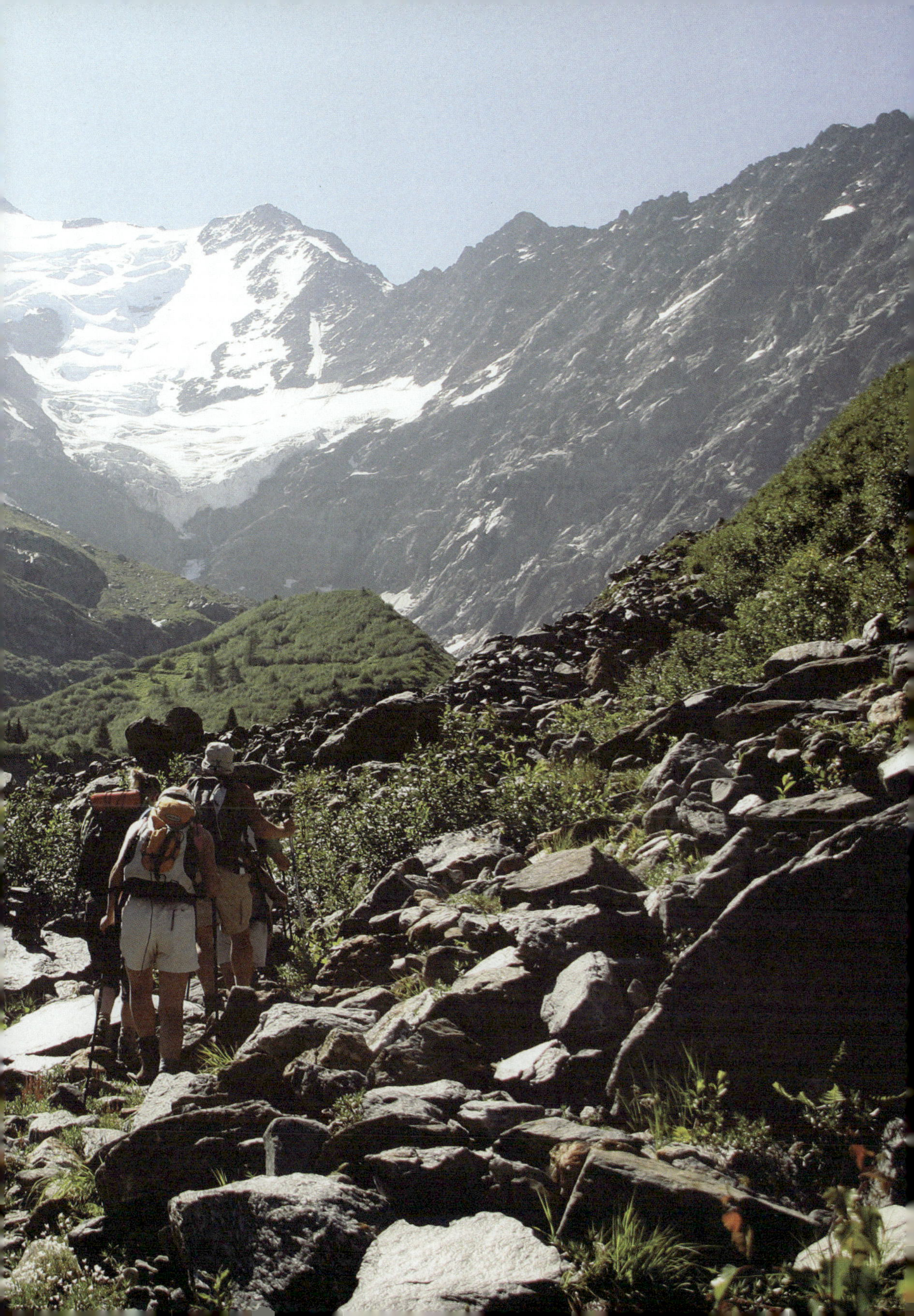

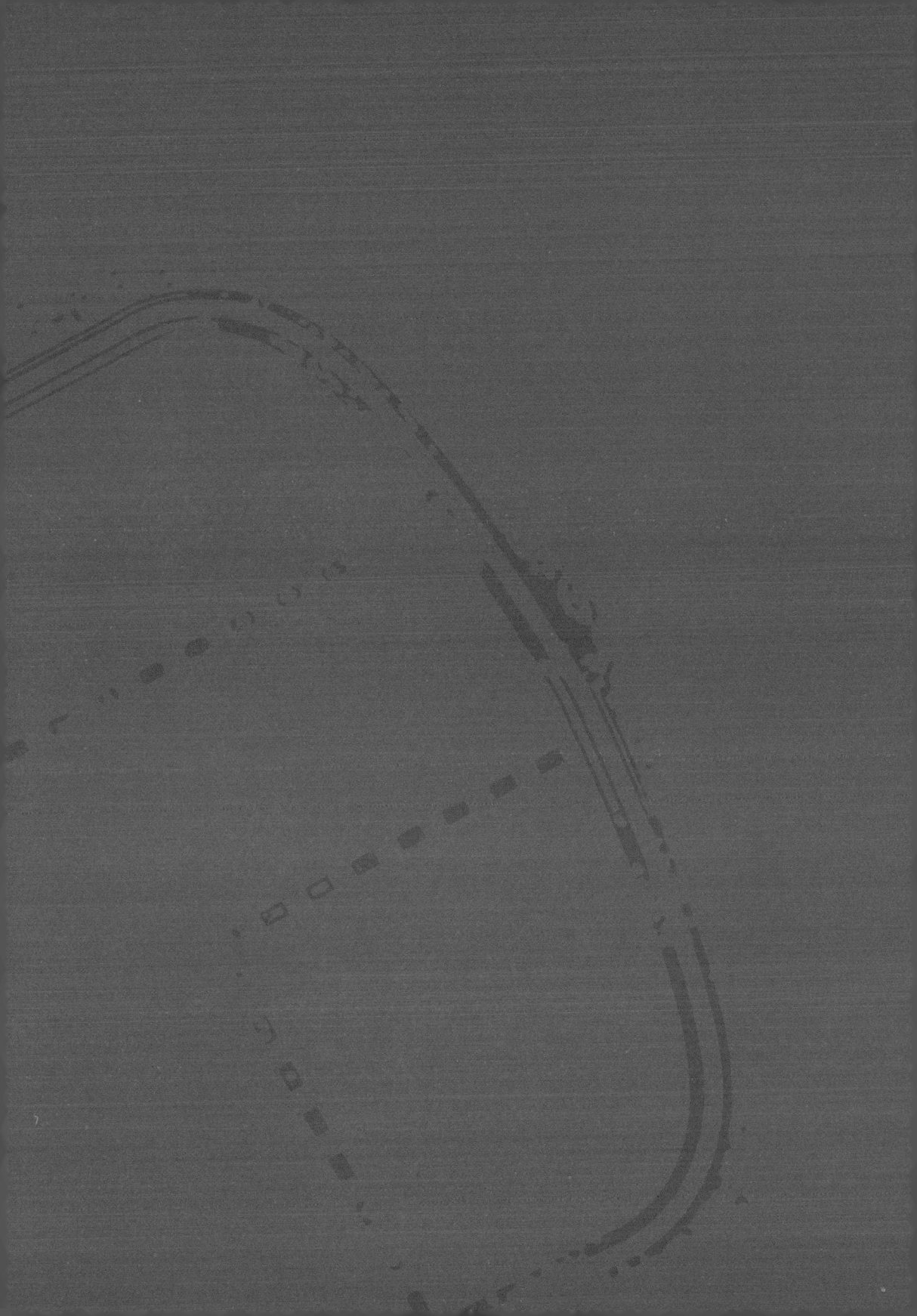

GENEBRA

Em uma viagem de sabor nostálgico, voltei a Genebra, onde morei seis anos. A razão prática da volta era um seminário na Universidade. É a barganha de sempre. Escreve-se um *paper* e ganha-se uma passagem. Nada a reclamar.

Afora alguns edifícios novos e de excelente arquitetura, é a mesma Genebra milenar, sempre impecavelmente limpa e organizada. Caminho pela Vieille Ville, visito um novo museu sobre João Calvino, ao lado da Catedral. Volto ao belo museu de instrumentos científicos antigos, à beira do lago. Vou ao Les Armures, para a clássica *raclette* com batatas fervidas e a versão suíça da carne-seca (*viande sechée des Grisons*). Para fechar o circuito da nostalgia, almoço filés de *perche du Lac, avec pommes frites*, um prato medíocre, mas identificado com a cidade.

Visitei uma loja de chocolates, parada inevitável naquele país. Ao fim da compra, a vendedora recebe uma severa descompostura da gerente. Razão? Havia virado as costas para o cliente — no caso era eu, que nem sequer notei. Pela regra inviolável, o vendedor não pode dar as costas ao cliente, em hora alguma.

Mas nem tudo é perfeito. Na pátria do relógio e da honestidade, um ladrão roubou boa parte do acervo do tradicional Museu da Relojoaria. Como resultado, o museu fechou, em meio a inflamadas discussões acerca do que fazer. Uns acham que o Cantão deve construir um prédio mais seguro, para melhor proclamar as glórias dos relojoeiros locais. Outros acham que, nadando em dinheiro, as empresas de relojoaria é que deveriam pagar a conta. Quatro anos já foram consumidos, sem sair desse impasse.

Aliás, a Suíça é um bom exemplo de como a democracia tende a ser um sistema engasgado (mas, parafraseando Churchill, pena que não inventaram outro melhor...). Quando cheguei, em meados dos anos 1980, já completava uma década a controvérsia de como eliminar os congestionamentos na estreita ponte que conecta os dois lados do rio Ródano, que atravessa a cidade. Uns queriam ponte, outros, túnel. Volto agora e descubro que ainda não decidiram a solução. Continuam brigando e sem prazo para resolver.

Voltando aos relógios, a Patek Phillippe abriu seu próprio museu. Esplêndido. Mais do que imaginava, mostra o luxo dos relógios e a espantosa virtuosidade de sua mecânica de precisão. Contudo, a primeira surpresa é que o mais famoso baluarte da relojoaria suíça foi criado por um francês, Phillippe, e por um oficial da cavalaria polonesa, Patek.

Outra pequena surpresa: essa marca abriu, ao fim do século XIX, uma fábrica no Rio de Janeiro. A dupla Laboriou e Gandolfo foi responsável pela fabricação na filial. Ademais, criou o que pode ter sido o primeiro consórcio. O cliente pagava dez dólares por semana e se candidatava a ganhar um Patek Phillippe em um sorteio, também semanal. Igualzinho aos consórcios de hoje. Ninguém no museu sabe quem eram esses dois senhores e nem por que o Rio foi brindado com uma fábrica autorizada a gravar nos mostradores dos relógios a marca mais famosa do mundo. Atenção: belo tema para uma tese de mestrado sobre tecnologia.

Pragmaticamente, respondendo aos anseios do mercado, a Patek Phillippe produzia relógios incrivelmente luxuosos, vendidos sobretudo para a Turquia e o Extremo Oriente. Mas a regra era clara: com tanta ostentação, nada de vender em Genebra, reduto calvinista ferrenhamente defendido. Para o consumo local, o estilo tinha de ser discreto e soturno.

Com a avalanche de relógios digitais baratos, a indústria suíça quase afundou. Foi salva pela habilidade de seus relojoeiros de produzir joias que também marcam hora. Nesse nicho, nem japonês, nem coreano e nem chinês podem competir. Os relógios suíços viraram joias caríssimas. Mas como são de corda, podem ser menos precisos do que os digitais de camelô.

A visita ao museu mostra que o casamento de relógio com joia na verdade é muito antigo. Pode-se ver que os primeiros relógios eram embutidos em joias cravejadas de pedras preciosas e vendidos para a nobreza. Sua precisão era pífia. Havia até alguns acoplados a um relógio de sol, por via das dúvidas. Como quase ninguém tinha relógio, os outros não saberiam como chegar à hora certa nos compromissos. Portanto, a precisão era irrelevante. Ou seja, o relógio inicia sua existência como símbolo de status.

Por lá, jantei com um amigo, ex-companheiro de parapente. Deu notícia de Marcel Lachat, um dos pioneiros do voo em Genebra, mas também conhecido por exibir uma das personalidades mais desagradáveis da cidade. Tentando comprar uma asa dele, fui muitas vezes insultado. Imaginem como tratava o resto dos mortais. Tantas fez que, recentemente, foi proibido de voar em Genebra. A mulher foi apanhada traficando drogas e está na cadeia. Recentemente, o filho (que conheci recém-nascido) assumiu o negócio de voo livre do pai. Para surpresa de todos, é honesto e extremamente bem educado. Um caso de DNA mutante.

Já que ia a Genebra no verão (do Hemisfério Norte), não poderia perder a chance de um belo *trekking* nas montanhas (*randonnée*, em francês). Nos anos anteriores, fazia esses passeios acompanhado do mesmo grupo de amigos. Mas não puderam viajar e deram as mais perfeitas desculpas. Acreditei em todas e fui sozinho.

De Genebra, tomei um ônibus para Chamonix, de onde saem todos os passeios, já que é a capital europeia da escalada e das caminhadas. Conforme o horário de saída, a empresa de ônibus é suíça ou francesa. Na ida era francesa. O chofer, empertigado, petulante, de tênis e camiseta, abria a porta do bagageiro, mas não se dignava a lidar com as malas. Logo no primeiro quarteirão, levou uma pequena "fechada" de uma *van*. Como o trânsito ia lento, por longo tempo, esbravejou contra o motorista da *van*, não poupando os ouvidos dos passageiros das obscenidades apropriadas para a ocasião. Na volta, o ônibus era suíço, o chofer engravatado e pronto para carregar as malas. Há 2 mil anos que são vizinhos. Por igual tempo, conservam ciosamente suas diferenças culturais.

CHAMONIX NO PASSADO

Quando morava em Genebra, passei por Chamonix, na companhia de um russo recém-chegado. Ficou extasiado com a beleza das montanhas e com o burburinho da cidade. Seu comentário foi curioso. Para ele, era coisa de filme de James Bond. A imagem de 007 era inesperada. Mas a admiração é universal.

Quem não se deslumbra com tais montanhas, com seus cumes escarpados e cobertos do mais puro branco? Ou com os contornos sinuosos das pastagens verdejantes em seu entorno? Lendo sobre esse mesmo assunto, a resposta foi um choque para este autor, desvairadamente apaixonado por qualquer superfície topográfica que não seja horizontal.

No século XVIII, as montanhas eram consideradas horrendas, além de temíveis. Madame de Staël, uma grande intelectual francesa, ia com frequência a Genebra, pois seu pai fora banido da França. Mas, como citei, consta que ao se aproximar fechava as cortinas da carruagem, para não ver os Alpes, com suas rochas agressivas.

E não era só ela. No imaginário popular, as grandes montanhas eram temidas, pelo risco de avalanche. Passando por um vale em Courmayeur, vi uma casa destroçada por uma delas. As fotos mostravam a avalanche chegando, arrasando tudo e subindo 600 metros nas montanhas do outro lado do vale. As geleiras não eram menos temidas, pois em anos de invernos severos invadiam os vilarejos, com consequências catastróficas.

Em linha com essa visão apocalíptica, o Mont Blanc se chamava Mont Maudit (Monte Maldito). A mudança de nome foi uma operação de *marketing* dos ingleses. Mas voltemos a meados do século XVIII.

Foi um naturalista e astrônomo de Genebra quem "descobriu" o Mont Blanc. Interessou-se pelos enormes glaciares e pelo desafio de explorar o que haveria lá em cima. Seu nome era Horace-Benedict de Saussure, provavelmente antepassado do grande linguista de mesmo sobrenome. Para ele, a montanha era o "laboratório da natureza":

"Pareceu-me interessante trabalhar... passando um tempo considerável no topo de uma montanha elevada, para determinar a evolução ao longo do dia de diferentes instrumentos de meteorologia, barômetro, termômetro, higrômetro...."

Como sua saúde era frágil e ele não era afeito às escaladas, ofereceu um prêmio a quem mapeasse o caminho do cume. Passaram-se 26 anos até que o primeiro conseguisse chegar lá.

O paupérrimo vilarejo de Chamonix era o ponto de partida óbvio, pois estava ao sopé do Mont Blanc. Após diversas tentativas mal sucedidas, um caçador pobre, corajoso e robusto, Jacques Balmat, une-se ao médico local, o doutor Michel-Gabriel Paccard. Um queria o prêmio, o outro as glórias da ciência. Em 1786, conseguem chegar ao cume do Mont Blanc.

Um ano depois, entendidos os mistérios da ascensão, o próprio Saussure se aventura na subida. Mas era gordo e pouco dado a esforços desse tipo. Para garantir o sucesso e o conforto, levou 18 guias e seu empregado doméstico. Sobem junto três barômetros, uma barraca, um fogareiro de carvão, botas de palha, uma escada, cinco pares de meias, dois casacões, três coletes e duas sobrecasacas. Além disso, subiram seus biscoitos favoritos.

É curiosa a leitura sociológica dessas expedições. Interesse por altas montanhas, só os cientistas, quase sempre de origem aristocrática. Mais adiante, são descobertas pela nobreza. Mas para galgá-las, com as técnicas primitivas de então, era necessária a experiência dos caçadores de camurça e dos catadores dos cristais encravados na rocha. Sendo assim, desbravar o Mont Blanc foi uma empreitada que mobilizou os dois extremos da sociedade, os cientistas aristocratas dos grandes centros, com sua curiosidade insaciável, e os mais humildes caçadores e catadores de cristal do vilarejo. Uns iam pela glória da ciência, outros por algumas moedas. Mas um dependia do outro.

Décadas mais tarde, havia interesse em instalar uma estação de pesquisas, no ponto mais alto possível. As controvérsias não foram poucas. Acreditava-se não ser possível respirar a mais de 4 mil metros. Outro desacordo era quanto à engenharia da estação. O astrônomo Janssen mandou construir o observatório no topo do Mont Blanc. Tratava-se de um cientista famoso, mas que também era gordo, mancava e já estava meio velhusco para a ascensão. Para compensar as pernas bambas, mandou construir uma liteira especial. No meio da dita, ficava pendurada uma cadeirinha com estribos.

Confirmando a previsão de Vallot, outro cientista, a estação afundou na neve. A próxima tentativa foi do próprio Vallot, um homem viajado e adepto das boas coisas da vida. O abrigo que construiu, além de bem-sucedido, possuía uma sala de estar decorada com *objects d'art* chineses, móveis de madrepérola e paredes recobertas de seda.

Passam-se alguns anos e a montanha vira moda. Condessas, como Henriette d'Angeville e a imperatriz Josephine de Beauharnais também resolvem subir. Já no século XX, o rei Leopoldo da Bélgica anda por Chamonix, subindo alguns morros.

Toda essa atividade fluía sob o luxo discreto da aristocracia e da ciência. Mas tudo se transforma com a entrada dos ingleses em cena. É a revolução burguesa. Em meados do século XIX, muitos ingleses começam a descobrir o Mont Blanc. Pococke escreve sobre a descoberta do enorme glaciar, Mer de Glace. Forbes também escreve. John Ruskin fotografa as montanhas. Mas o marqueteiro mais vigoroso foi um tal de Albert Smith, que inventou um sistema de projetar desenhos do Mont Blanc, durante suas conferências-espetáculo em Londres. Faziam tanto sucesso que se mantiveram em cartaz por nove anos. Patrocinado por esse *marketing*, criam-se os esportes de montanha. A cidade de Chamonix vira o primeiro e mais exaltado destino.

Se o primeiro a ver encantos no Mont Blanc foi um físico de Genebra, o que acontece mais adiante é a tomada da cidade pelos ingleses. Os primeiros hotéis tinham nomes como Hotel de Londres e Hotel d'Angleterre. As escaladas inauguram as atividades esportivas. Aparece depois o esqui — trazido da Noruega. Alguns esquiadores eram puxados por cavalos, outros desciam montanhas. Mas se há dúvidas sobre a liderança britânica, lembremo-nos de que o primeiro clube de alpinismo do mundo foi fundado e operava em Londres, distante de milhares de quilômetros da primeira montanha merecedora de respeito.

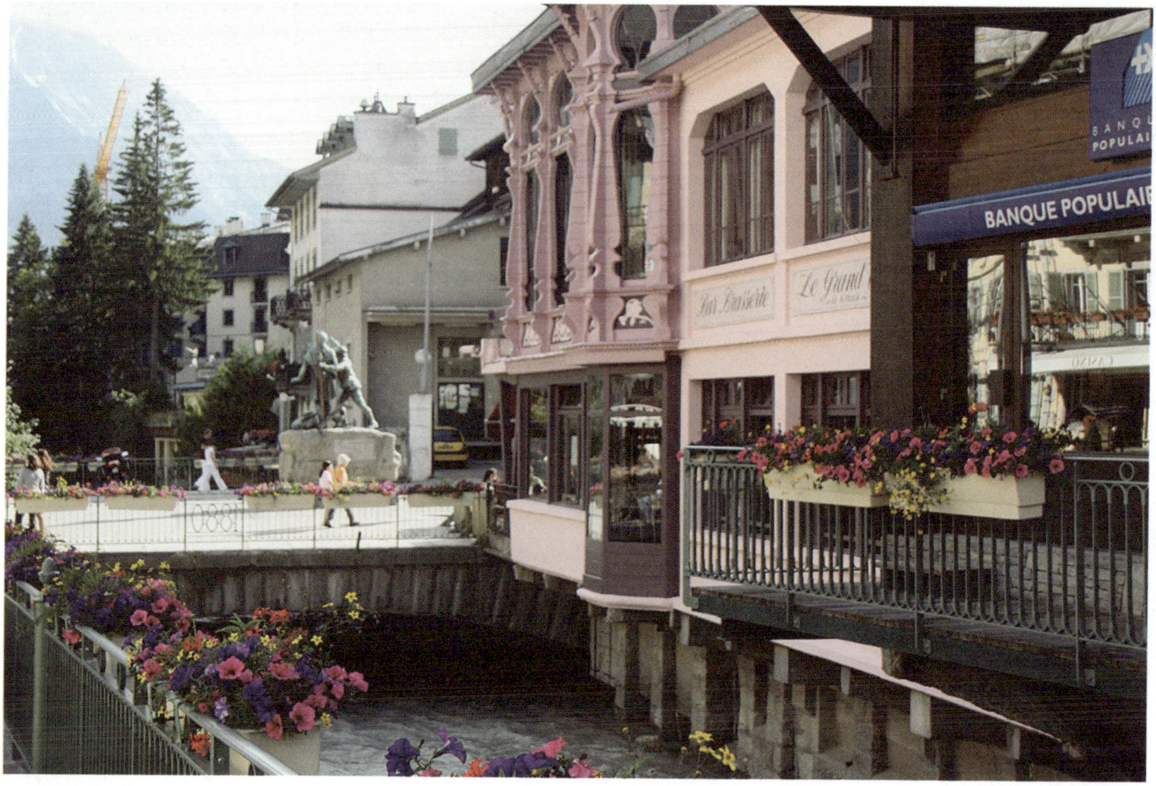
BANQUE POPULAI

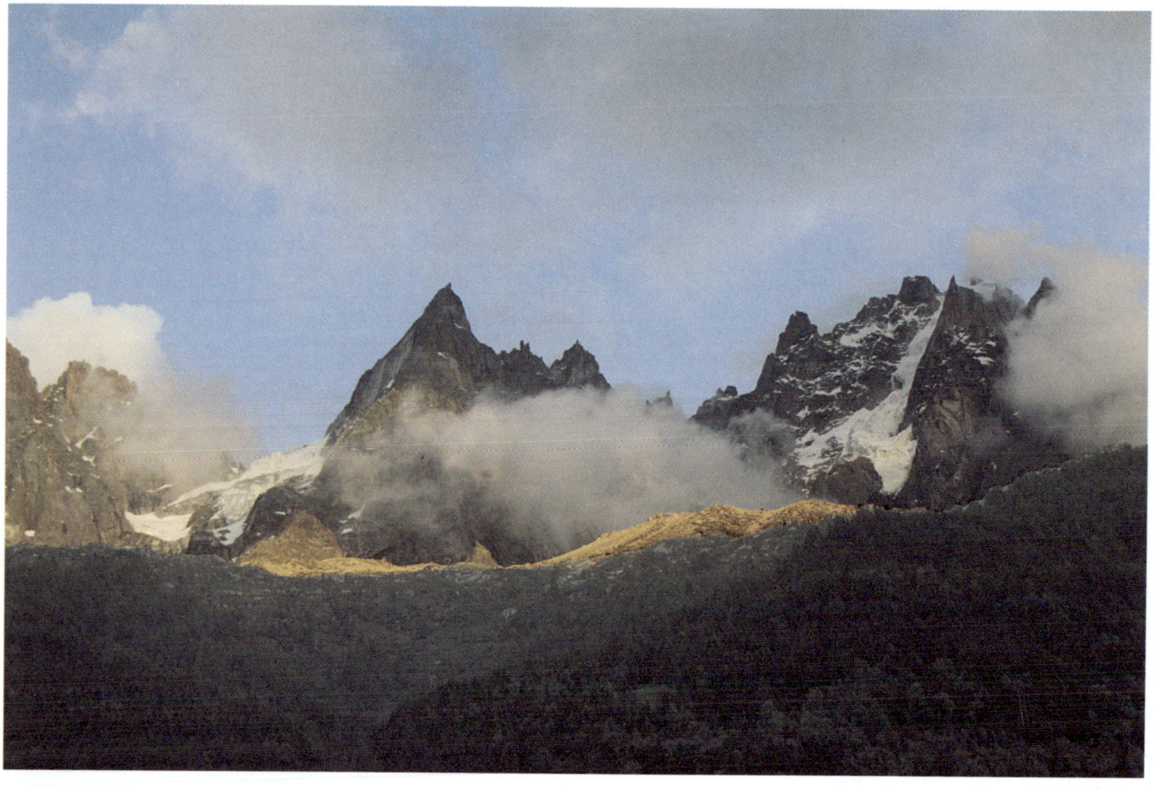

HOTEL ALPINA

CHAMONIX DE HOJE

O que começa com a curiosidade de um cientista de Genebra desemboca na Meca dos esportes de montanha. São 10 mil habitantes na meia-estação. No verão, sobem a 70 mil. Estima-se que a cidade e suas montanhas recebam 1 milhão de visitantes a cada ano.

No inverno, é o esqui, com uma enorme rede de teleféricos, incluindo o mais alto do mundo, de 3.842 metros, no topo da Aguille Du Midi. No verão, são as escaladas. As opções são muitas. Obviamente, escalar o Mont Blanc é a mais famosa. A dificuldade da trilha é modesta, não chega a ser uma escalada. Mas a altitude é o que deixa uma enorme proporção de pretendentes no meio do caminho. Para ter sucesso, basta ter tempo para ir se aclimatando (tecnicamente, aumentando a proporção de glóbulos vermelhos). Mas isso consome semanas.

Com muito mais praticantes do que as escaladas, Chamonix é igualmente famosa pelas caminhadas. A área é enorme, são três países dividindo a posse desse pedaço dos Alpes (França, Suíça e Itália). Estima-se que, em qualquer dia de verão, 10 mil pessoas estarão seguindo alguma das trilhas, cujo comprimento total soma 300 quilômetros. Dez funcionários da prefeitura, durante a metade do ano, fazem a conservação do lado francês. Mas, entenda-se, não se trata de catar lixo do chão, pois não existe.

Diante dessa avalanche de gente andando e subindo pedra, é fácil imaginar o que seja a cidade que serve de ponto de partida e chegada. Os hotéis começaram a aparecer na segunda metade do século XIX. Esbanjando classe, desembarcou na cidade a arquitetura solene e elegante dos hotéis de veraneio da época. As décadas recentes não foram felizes na arquitetura. Aliás, a arquitetura contemporânea francesa é bem fraquinha. Se os prédios antigos eram altos e estreitos, os modernosos são deitados e largos. Felizmente, cresce o número de chalés transformados em pousadas. Esses, recuperando os motivos alpinos, oferecem um charme único.

Além dos hotéis, de cada três lojas, uma é de artigos esportivos. Nunca vi tamanha densidade. É impossível não comprar algumas bugigangas de que, certamente, não precisamos.

A cada dez segundos, passa um grupo com mochila, bastões de caminhar, *piolet* para subir no gelo e tudo que se poderia esperar. A maioria tem cara de quem vai subir algum morro, custe o que custar. Há também rechonchudas donas de casa, mas suas aparências flácidas escondem grande disposição. Há um tipo especial de velhas secas e de cabelinho curto. Seus equipamentos já viram muita montanha. Acima de tudo, nada de enfrentá-las na subida.

Ao contrário do que ocorria há alguns anos, houve uma profunda globalização dos equipamentos. Todos usam os mesmos. Acabaram-se as diferenças de estilos entre americanos e europeus. As marcas americanas estão lá, em todas as lojas. Só as cores variam. Todos usam solas Vibram, Goretex, polipropileno e Coolmax nas roupas, bem como mochilas com armação interna. O Camelback invadiu as trilhas. E, rigorosamente, todos têm os dois bastões de caminhada pendurados na mochila.

No dia em que cheguei, acabava de realizar-se uma maratona de montanha. É a mesma distância da clássica, só que recheada de sobes e desces. Centenas de corredores magérrimos pululavam pelas ruas, identificados por seus crachás e pelas roupas espantadas. Esperava tudo menos o que vi: um maratonista tranquilamente fumando o seu cigarrinho. Só na França.

A COMPAGNIE DES GUIDES DE CHAMONIX

Os dois policiais param o carro de um rapaz meio desgrenhado. Um deles era bem jovem e, com certa arrogância, pede os documentos do motorista. Este começa a fingir que procura em cada bolso, pois os havia esquecido. O segundo guarda, bem mais velho, vê o escudo da Compagnie de Guides de Chamonix e admoesta o jovem: "Não vê que ele é guia? Deixe-o passar e vá parar o trânsito para que não se atrase". O caso, contado pelo próprio guia, ilustra a reputação de que desfruta a empresa.

Os movimentos no Brasil para criar cursos e certificação para guias de montanha foram motivados pelas estatísticas de acidentes que começaram a mostrar sua cara feia. Isso ocorreu no início dos anos 2000.

Curiosamente, o mesmo aconteceu em Chamonix. O precário vilarejo viu chegar um número crescente de pessoas querendo subir montanhas, mas sem as mínimas credenciais. Precisavam de guias, mas o que havia eram caçadores improvisados. Inevitavelmente, aconteceriam os acidentes. O primeiro, de consequências dramáticas, foi causado pela teimosia do Dr. Joseph Hamel, conselheiro do Imperador da Rússia. Já em boa altitude, os guias acharam prudente parar, diante de uma nevasca feroz. Mas foram forçados por Sua Excelência a prosseguir, entrando na rota de uma medonha avalanche. Um dos guias foi devolvido pela geleira, 41 anos depois.

Para lidar com essas crises e impasses de autoridade, veio a ideia de criar uma cooperativa de guias e de controlar a sua competência técnica. Era também preciso dar a eles, formalmente, a autoridade de que necessitavam para tomar as decisões impostas pelas condições do momento. Aliás, já vi um impasse parecido acontecer no Brasil, por falta de autoridade do guia.

A grande diferença é que isso ocorreu em 1821! É a data da criação da Compagnie de Guides de Chamonix. Hoje, são 200 guias associados. É o grupo mais prestigioso do gênero. E, seguramente, o mais fechado. Por mais de um século, só admitia guias nascidos e criados em Chamonix, nem dos vilarejos próximos servia. Só em 1930 se abre para o primeiro guia de outro local. A grande novidade é que há agora um inglês e uma austríaca.

Para entrar para a Compagnie, é preciso ser diplomado da Escola de Guias (criada em 1949). Mas isso é pouco, pois a concorrência é acirrada. Os candidatos aceitos viram guias de reserva, mobilizados quando há um pico de trabalho. Ao adquirirem mais experiência, viram reserva prioritária, passando na frente dos outros reservas. Se tudo for bem, viram estagiários. Só então podem se candidatar a guias plenos da cooperativa.

Visualmente, todos têm o mesmo jeito. São magros, secos e musculosos. Mas não são sarados. Nada de bíceps e tríceps saltados, apenas a musculatura forjada nos esportes de montanha.

Não sendo uma empresa, a preocupação da Compagnie não é dar lucro, apenas zerar o balanço. O objetivo principal é maximizar o emprego dos guias, ou seja, atrair o máximo de clientes. Se tudo der certo, isso beneficia o próprio cliente, pois não se fazem economias porcas. Os diretores acham preferível gastar um pouco mais nos serviços prestados e ter mais excursões contratadas.

Os quase dois séculos de experiência resultam em um conhecimento profundo das montanhas. Isso não apenas aumenta a segurança como permite variar infinitamente o percurso, de acordo com a disposição do grupo e do clima. Por exemplo, se nessa época o caminho da esquerda está mais florido, é por ele que vamos. Ou então tomaremos um desvio que nos leva a um local ótimo para o piquenique do almoço.

Ouvimos o caso de uma empresa americana que mandou como cliente anônimo um de seus guias, para fazer "espionagem industrial" dos caminhos usados pela Compagnie. O guia da Compagnie notou que o americano anotava tudo em um caderninho. Mais para o fim da viagem, surrupiou o tal caderninho e jogou-o no lixo.

PÉ NA TRILHA

Já sabia dessa Companhia, de outros tempos. Portanto, foi uma escolha óbvia. Na véspera do primeiro dia de marcha, foi marcada uma reunião com os participantes. Como a sede da cooperativa é um entra e sai de gente, era preciso achar a minha excursão. Sem muita dificuldade localizei uma mulher com o *physique du rôle*: magra, curtida de sol e musculosa. Lá estava, com os meus futuros companheiros de caminhada.

Olhei o jeitão deles. Havia uma moça loura, de seus 25 anos, muito bonita e revelando os traços dos seus ancestrais ucranianos. Outra moça era francesa, radicada na suíça, já com mais aninhos de vida e muito magra. Havia três belgas, um casal e mais uma senhora. Todos cinquentões e com frondosas barrigas, fruto da excelente cerveja de seu país. No meu primeiro diagnóstico, conclui: as duas francesas sobem o morro; os três belgas, acho que vão encalhar.

Comparada com as excursões americanas, as instruções são bem menos detalhistas e despreocupadas em relação ao equipamento. A única recomendação forte era levar abrigo para chuva. Bom conselho, pois choveu quase todos os dias, sempre no fim da tarde.

No dia seguinte, nos encontramos à frente da casa da Compagnie de Guides. A *van* então nos levou de Chamonix a Les Housses, onde começa realmente o passeio.

O maciço do Mont Blanc é enorme. Dar a volta nele, na altitude em que as trilhas ainda são possíveis, soma quase 200 quilômetros. Mas aqui houve uma simplificação. Muitas vezes, é necessário descer ao fundo do vale, para depois alcançar o próximo. Se lá em baixo a estrada é asfaltada, então o percurso é feito de *van*. Ou seja, reduz-se o tempo e elimina-se uma parte perfeitamente desinteressante do percurso, que é caminhar em estradas com carros passando. Essa decisão diminui o percurso a 90 quilômetros, a serem vencidos em seis dias. Como poucos insistem em caminhar no asfalto, essa é a duração clássica do Tour do Mont Blanc, uma das excursões a pé mais famosas da Europa.

É possível fazer o circuito levando nas costas barraca, saco de dormir e comida. Mas isso obriga a levar uma mochila de 20 quilos. É demais para quem não está muito acostumado, sobretudo diante das árduas subidas que ocupam a metade do trajeto (a outra metade é descida, pois não se anda no plano). Daí a grande popularidade dos passeios que terminam o dia em um abrigo de montanha ou em algum hotelzinho em um vale remoto. Com isso, fica em casa o saco de dormir, a barraca e a comida. Basta levar uma muda de roupa e pousar em alguns dos múltiplos abrigos, nas encostas do

Mont Blanc. De comida, basta comprar no abrigo o lanchinho para a hora do almoço. Pela conveniência, essa é a fórmula clássica das montanhas europeias.

Resta mencionar uma última opção. As excursões podem ser estilo "comfort" ou "barauder". Na segunda escolha, não há apoio de quatro rodas ao longo do caminho. Os caminhantes chegam ao abrigo, comem, dormem e no dia seguinte compram a comida do almoço. Roupa limpa fica pelo que cabe na mochila e pela iniciativa de lavar e secar, durante a noite.

A alternativa "comfort" tem a mesma caminhada, também com mochila, só que há uma *van* que leva a mala de abrigo a abrigo. Depois do banho, haverá um sapato leve, uma roupa seca e outros luxos, devidamente extraídos da mala. No dia seguinte, a *van* leva a mala para a próxima parada. No frigir dos ovos, o percurso é o mesmo e o esforço também. Só muda o conforto no fim do dia. Por questões de data, me inscrevi em uma excursão "comfort", sem mesmo saber da diferença. Tanto melhor.

Para manter os custos em níveis acessíveis, os hotéis são modestos. Aliás, os abrigos de montanha jamais ultrapassam um nível muito básico. Contudo, são sempre limpos e corretos, principalmente os dois da Suíça. O tour completo custou 740 euros (por seis dias), incluindo guias, hotéis, todas as refeições e transportes. É muito menos do que comer e dormir em qualquer cidade europeia.

Ao meter o pé na estrada, a primeira surpresa é que os gordinhos belgas não fracassaram na primeira subida. De resto, aguentaram galhardamente o ritmo da caminhada, durante os seis dias. Em alguns momentos, passei apertado para acompanhar, sobretudo porque parava para fotografar e tinha que recuperar o atraso. A francesa magrela disparava na frente. A jovem aguentava bem, mas reclamava de dores por todos os lados.

Notei que cruzamos com poucas excursões organizadas — ao estilo da nossa. A maioria vai por conta própria ou com amigos. Isso é possível, porque as trilhas estão sempre bem marcadas, há excelentes mapas cartográficos e todos os abrigos têm telefone. Mas para quem vem de longe, uma excursão com guia é o melhor investimento que se pode fazer. No mínimo, garante que se vê o mais deslumbrante. Evita comentários do tipo: "Como você não viu isso assim, assim? Era a melhor parte do passeio!"

Notei também que não há um só cartaz pedindo para não jogar lixo nas trilhas. Para os europeus que frequentam esses lugares, isso é mais do que dispensável.

Chegamos no apogeu da floração primaveril. As flores estavam em sua glória máxima. Não me dava conta da abundância de espécies, incluindo até uma orquídea de aspecto muito diferente das nossas. O guia conhecia o nome científico e popular de todas. Passou a viagem trocando ideias com a belga mais gordinha, que também conhecia as flores alpinas, apesar de não haver nem sequer vestígios de montanhas na sua terra. Logo no primeiro dia, vimos uma flor cuja abertura está voltada para baixo, a *lys marigold*. Com pormenores, o guia, François Eric, explicou que somente uma determinada borboleta tinha condições de polinizar esta flor. Admiramos os conhecimentos de botânica e entomologia do nosso líder, amplamente demonstrados ao longo do passeio.

Aliás, falando de guias e de turismo, estamos vivendo uma transformação no conceito do que é turismo de qualidade. Desencadeado pelo dinamarquês Rolf Jensen (autor do livro *The Dream Society*), o novo turismo não requer mais estrelas nos hotéis ou mais boca-livre para embebedar-se. Hoje, fala-se de turismo "com enredo". O sonho precisa fazer parte do pacote oferecido. Não basta mostrar o deslumbrante pico nevado. É preciso saber, por exemplo, que Balmat passou pela mesma trilha que nós, no ano de 1786. Temos de nos sentir como desbravadores de uma montanha que por muito tempo desafiou a todos.

E nesse particular, a empresa do nosso guia, apesar criada em 1821, está perfeitamente alinhada com as novas ideias. Ou pelo menos o guia está. Durante todo o percurso, ouvimos histórias, informações científicas e curiosidades acerca do percurso. Desde aulas sobre geologia e placas tectônicas nos Alpes até aquecimento global. Aplaudo a solidez e a boa cultura do François Eric.

Sua biografia é típica de guias desse naipe. Jovem ainda, fez o curso de guia da famosa escola de Chamonix (a primeiríssima da França). Mas formou-se também em engenharia e foi trabalhar em empresas de alta tecnologia. Trabalhou em projetos do Centre National de la Recherche Scientifique (CNRS) sobre vácuo, bem como em empresas de informática. Mas, às horas tantas, foi pressionado a terminar um projeto em um prazo irrealista. Pediu demissão, insultou o diretor e foi cuidar de atividades mais descontraídas. Sentou praça como aprendiz de guia e hoje pertence ao comitê dos 19 que mandam na Compagnie des Guides. Além disso, como permitem as regras da cooperativa, pode oferecer seus próprios pacotes. No caso, guia também no Nepal, Saara, Islândia e não sei mais onde. No tempo que sobra, fora da estação, faz conferências, é fotógrafo de montanha e conduz grupos badalados que querem reportagens fotográficas, para documentar as suas façanhas.

Nossa excursão começou perto de Chamonix, ao pé do Mont Blanc. Encontramos sempre trilhas bem demarcadas, incluindo montinhos de pedras, para as subidas de inverno, quando a neve cobre as marcas de tinta próximas ao solo. Não é preciso dizer,

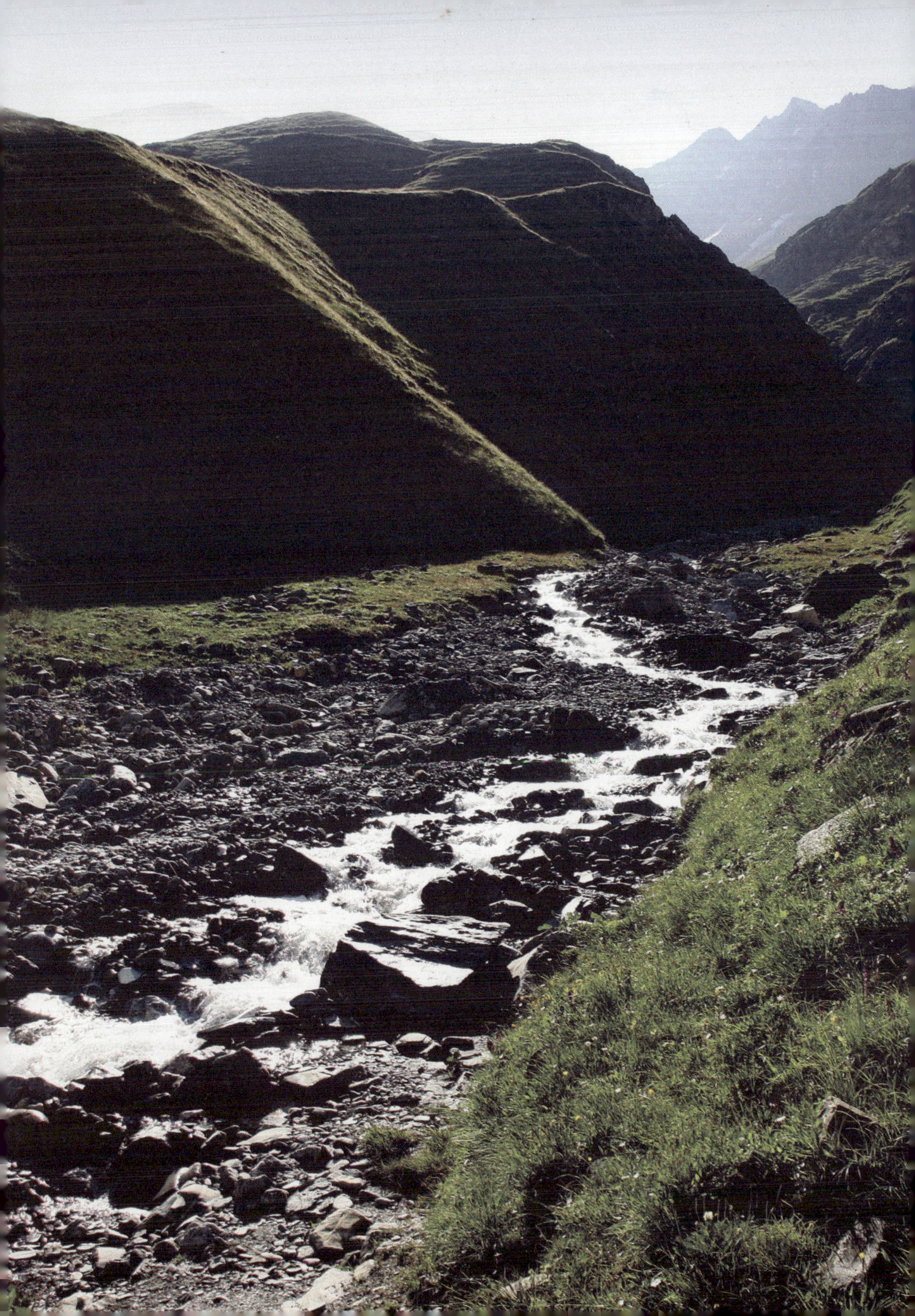

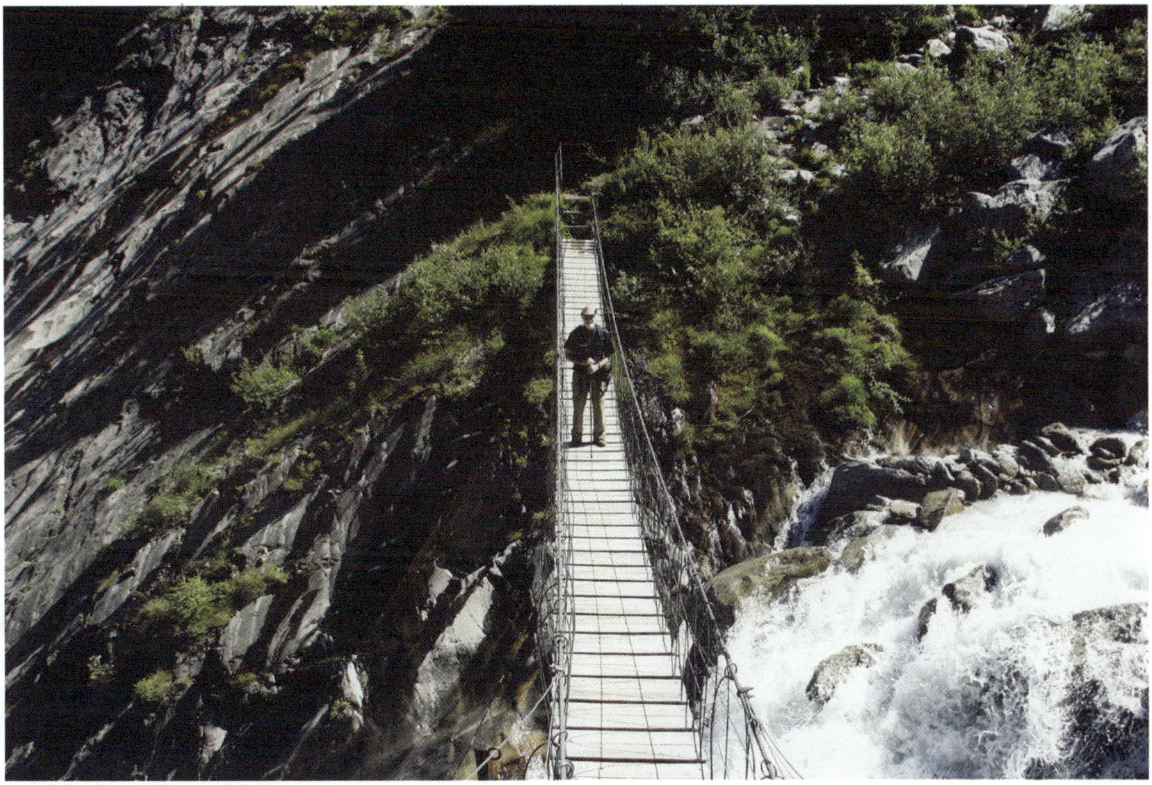

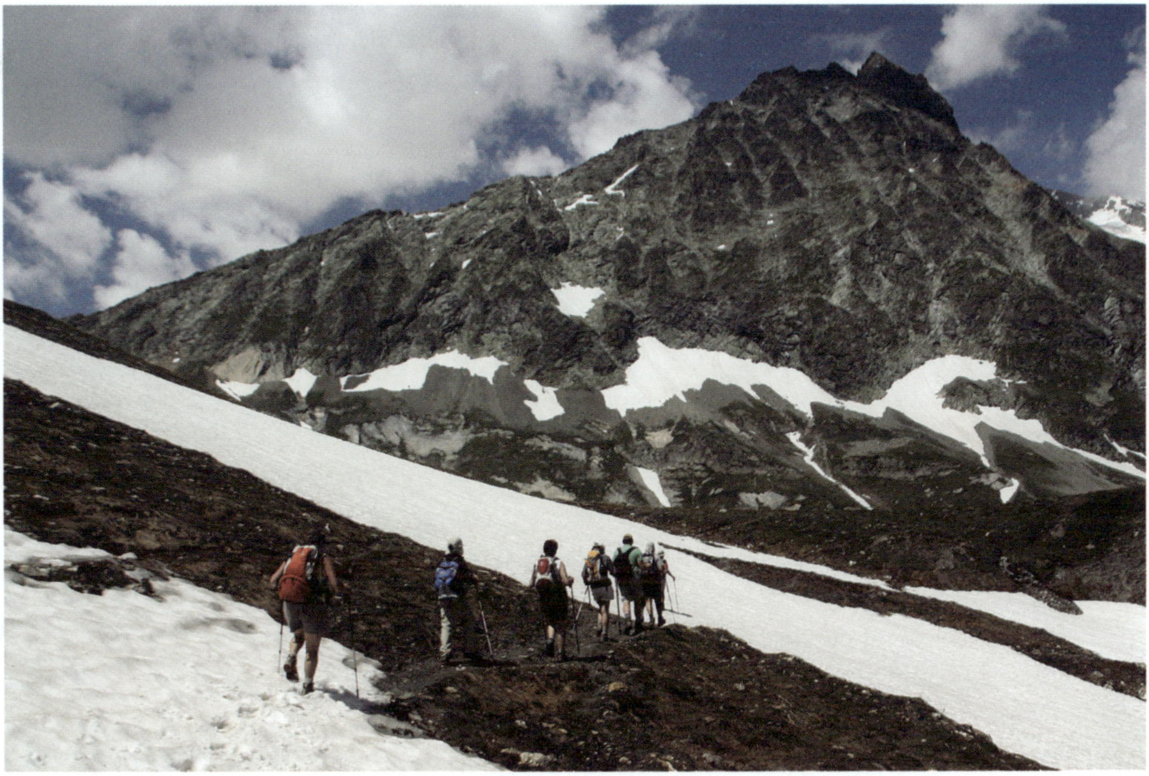

todas as encruzilhadas estão bem sinalizadas, com as distâncias em tempo de marcha para cada localidade.

Ao longo do caminho, vamos encontrando incontáveis grupos de caminhantes. Não deveria ser surpresa, pois essas montanhas oferecem algumas das paisagens mais deslumbrantes da Europa.

Brincando de sociólogo, três aspectos dos caminhantes chamam logo a atenção. O primeiro é a predominância de mulheres, fato confirmado pelo guia e pela própria composição do nosso grupo.

O segundo é a idade dos caminhantes. Ao contrário do Brasil, em que subir morros desafiantes é coisa de garotada, na Europa é coisa de velho. Do alto dos meus 70 anos e razoável forma física, cheguei com certo sentimento de superioridade. Mas durou pouco. A velharia caminhando morro acima é a norma e não a exceção. Lá pelo penúltimo dia, conversei com um homem de seus 80 anos, fazendo o tour sozinho, mas espichando sua duração por um mês inteiro. Precipício abaixo, lá se foi meu ego de aventureiro destemido.

A terceira curiosidade é que, apesar de caminhar dois dias na Itália, somente uma vez ouvimos alguém falar italiano. A razão é simples: os italianos não têm o mais remoto interesse por caminhadas desse tipo (embora sejam excelentes em esqui e escalada). Segundo nos informou o guia, sua cooperativa organiza, anualmente, 80 Tours du Mont Blanc. Em contraste, sua contraparte italiana, a Compagnie des Guides de Courmayeur, não organiza nem um sequer.

Logo no primeiro dia, começamos a ver os bichos da região. Ouvíamos uns gritos esganiçados, que pareceriam ser de algum pássaro, pensei em gaviões. Mas eram as marmotas. Logo aprendi a reconhecê-las, por seu desafinado guincho. Pouco adiante, foram avistadas, ao lado de suas tocas. No Brasil, pensaria que são buracos de tatu.

Vimos, a distância, uma enorme cabra silvestre, com seus majestosos chifres. Essa não nos deixou chegar perto.

Para nós, brasileiros, o cuco mora nas suas casinhas de madeira, nos relógios de parede. Mas durante o passeio, podíamos ouvi-los amiúde nas florestas de meia altitude. O problema é que nem cucos e nem outros pássaros nos deixam chegar perto. É impossível ver um pássaro, afora os corvos e falcões que passam voando. Como os típicos relógios de cuco são pequenos, os pássaros artificiais que emergem das portinholas, para cantar, têm de se adequar às condições imobiliárias do local. Assim sendo, nossa imagem de um cuco é a de um pássaro do tamanho de um beija-flor. Mas, como vi no museu, os cucos verdadeiros são bem maiores.

Para enfrentar a caminhada, havia levado um bastão de alumínio (telescópico). Trata-se de um híbrido, servindo para caminhada e como monopé, para firmar a câmera fotográfica. No primeiro dia, porém, logo vi que estava em desvantagem. A nova moda dos dois bastões é amplamente superior. São parecidos com os bastões de esqui, só que telescópicos, para serem levados na mochila quando deixam de ser necessários.

O primeiro dia terminou em uma loja de artigos esportivos, em Contamines. A moça jovem e eu compramos os nossos bastões. A ajuda é fenomenal. Na subida, permite que os braços deixem de malandragem e venham ajudar as pernas. Na descida, equilibram o corpo, poupando a musculatura do tornozelo, além de absorverem parte do impacto da passada morro abaixo. Um sucesso. Adotados sem restrições.

Na nossa excursão "comfort", ao chegar ao asfalto, esperava-nos a *van*, para que fôssemos à pousada ou abrigo escolhido. Lá estava Carol, também guia de carteirinha e do *clan* da Compagnie des Guides. É interessante notar o cuidado em ter também um guia profissional dirigindo a *van*, pois, em caso de necessidade ou acidente, tem completa noção de como proceder. Para aproveitar melhor o segundo guia, havia outra excursão fazendo o mesmo percurso e usando a mesma *van*. Só que o outro grupo saía e chegava em horas diferentes, pois não haveria espaço na *van* para ambos os grupos, mais as suas bagagens.

Uma das vantagens de uma excursão desse tipo é que, ao chegar ao abrigo, as malas já estão no quarto de cada um, sem burocracia e graças à nossa guia forçuda. Como eu era o único homem solteiro, pude sempre ficar em um quarto sozinho. No caso das pousadas, eram quartos com banheiro. Nos abrigos, o banheiro é no corredor. Mas os séculos de civilização garantem a limpeza de tais instalações.

O banho era longamente antecipado, pois o suador na subida é muito. Aliás, as ladeiras eram tão difíceis que até os franceses se permitiam a chuveirada diária. Banho tomado e roupa limpa, nos reuníamos para um *happy hour* no restaurante. Uma boa cerveja era o que pedia o corpo desidratado.

Os jantares eram na própria pousada ou abrigo. Muito longe da *grand cuisine*, mas decentes e sólidos. Interessante notar a centenária má vontade dos franceses contra os suíços. Faz parte do folclore. Como a excursão dura seis dias, são dois na França, dois na Itália e dois na Suíça. Os comentários desairosos sobre a culinária suíça se multiplicavam. "Sopa de pacote!", sentenciou a francesa. "Como? Ratatouille nos Alpes? Isso é prato de Marselha!" "Gamay suíço? Uma droga!" Mas para um observador neutro, como é meu caso, achei tanto as pousadas quanto a culinária suíças superiores às outras.

Seja como for, para essas civilizações francofônicas, comida é assunto que se presta a infinitas divagações. Os pratos regionais são assunto de grande interesse e especulação. O vinho tampouco deixa de ser assunto de conversa. Contudo, o vinho despretensioso que tomávamos nas pousadas não tinha grandes virtudes, embora suas características plebeias não impedissem seu consumo. O *vin du pays* não é nada melhor do que um brasileiro razoável. Quem sabe, até pior.

A fronteira com a Itália é transposta aos 2 mil metros de altitude, em uma região belíssima. Há um pequeno obelisco de pedras e alguém pendurou nele as clássicas bandeirinhas, alusivas às preces budistas do Nepal. Montanhistas do mundo, uni-vos!

Descendo, encontramos vestígios da tentativa de invasão fascista à França. Várias casamatas, em diferentes estágios de degenerescência, estavam ali, para bloquear a passagem. Mas como os piemonteses não tinham nada contra seus vizinhos da Savoia, e nem muito a favor de Mussolini, foi necessária a intervenção alemã para fazer o serviço. Só que não deu certo, a invasão se frustrou e ficou tudo como dantes. Só sobraram, de recordação, as casamatas destruídas.

O segundo dia termina na Itália. Passamos de *van* em um viaduto por cima da saída do Túnel do Mont Blanc e subimos o vale, até nossa pousada. No caminho, paramos em Courmayeur para um sorvete, especialidade italiana. Essa é uma cidade indecisa. Passou várias vezes da Savoia para a Itália e vice-versa. E a própria Savoia só se incorporou à França bem mais tarde. Courmayeur faz parte do Piemonte, uma região com dialeto próprio, que é uma mistura de francês com italiano. Não só isso, mas os edifícios públicos e escolas têm seus nomes em italiano e francês. Ou seja, sem sair de seu vilarejo, seus habitantes precisam manejar três línguas, pois em casa muitos falam o dialeto.

A topografia do maciço impõe um ciclo repetitivo à caminhada. A cada manhã, subimos até a primeira passagem que permite atingir o vale seguinte. Com frequência, encontramos belas cachoeiras, mas pouco apetitosas para o banho, considerando a temperatura da água — que não passa de gelo recém-derretido.

Há também pequenos abrigos de pedra para o gado e para os pastores, são as *alpages*. No verão, o gado sobe a montanha, para aproveitar os pastos verdejantes e a temperatura amena. No outono, desce para o vale. Aliás, a palavra "Alpes" não passa do termo que denomina pastagens em altitude. Pudemos ver que grande parte das construções está abandonada. Entre ordenhar vacas e ordenhar o bolso dos turistas, a segunda opção está ganhando a preferência dos habitantes.

Vamos cruzando pequenos glaciares e passando em paralelo a outros enormes. Porém, não tão enormes quanto eram antes, devido ao aquecimento global. Ao lado de um deles, o guia ofereceu uma longa preleção sobre mudança climática e aquecimento global.

Glaciares podem ser bichos perigosos. Isso porque, no degelo, vão sendo carcomidos por baixo, criando túneis, com tetos cada vez mais delgados. Caminhando em sua superfície, um passo em falso e lá se vai o montanhista para um buraco que pode ser profundo. Aliás, a geleira engole suas vítimas que são cuspidas décadas mais tarde, quando o trecho em que caiu o infeliz atinge o seu fim. Daí a importância do faro do guia para as travessias de geleiras.

Atravessamos alguns glaciares bem rasinhos e sem perigo, exceto por um ou outro escorregão e a consequente queda de bunda. Mesmo assim, discretamente, o guia se postava abaixo do ponto da travessia, para pescar algum caminhante que não conseguisse interromper o escorrego.

O imaginário europeu tem no lobo uma figura central. Não nos esqueçamos, Chapeuzinho Vermelho é uma história que vem daí. Em uma das últimas paradas de descanso, o guia oferece uma preleção sobre os poucos lobos remanescentes. A imprensa faz grande estardalhaço, por conta das ovelhas devoradas por eles, mantendo vivos os terrores pretéritos. Mas como nos informou o guia, a verdade anda por outros lados. Segundo as melhores estimativas, dois terços das ovelhas são mortas por cachorros domésticos que aprontam suas aventuras por iniciativa própria. Muitas outras são vítimas dos javalis, animais perigosos e vorazes. Na verdade, estima-se que apenas 5% pode ser posto na conta dos lobos. E por que então o barulho contra os lobos? É simples. Como o lobo é uma espécie protegida, os estragos que faz nos rebanhos são objeto de ressarcimento por parte do governo francês. Em contraste, nem o cachorro do vizinho e nem os javalis são protegidos. Portanto, faz mais sentido para o dono das ovelhas reportar que todas as ovelhas desaparecidas foram comidas por lobos.

Toda manhã, ao deixar o abrigo, a guia da *van* distribuía os saquinhos plásticos com o almoço do dia. No primeiro dia, apareceu uma galinha assada. Perguntaram-me por que nem cheguei a prová-la. Baguete do dia, queijos Reblochon, Tomme de Savoie e Montfort, *viande sechée des Grisons*, patê *campagnard*, chocolate suíço e as frutas da estação eram para mim um banquete estupendo. Galinha assada eu tinha no Brasil e não ia encher minha barriga com algo tão plebeu. Na verdade, o almoço ao ar livre me impressionava mais do que o jantar da pousada.

Em meio às conversas sobre queijo, o guia falou de um método tradicional da região, para assegurar que o pretendente à mão da filha é um bom partido. Entrega-se a ele uma fatia de queijo. Se, ao descascar, sobra muito queijo do lado da casca, o pretendente não serve, pois não tem sentido de economia.

O primeiro hotelzinho suíço ficava em um vilarejo maravilhosamente cuidado. Chamou atenção o escaninho das chaves dos quartos. Era igual a todos os outros, com pequena diferença: ficava do lado de fora do balcão, ao alcance de quem entrasse no hotel. Segunda diferença: jamais vimos alguém na portaria. Ou seja, conta-se com a honestidade dos hóspedes e eventuais visitantes.

O segundo vilarejo suíço que nos abrigou para a noite chama-se Trient. Não é um local particularmente turístico. Como está ao lado de uma geleira, nasce de um negócio de exportação de gelo extraído do glaciar, mediante o uso de explosões de pólvora. Era, então, deslizado por um escorrego de madeira, até o pé da geleira, para ser embarcado em vagonetes (tipo Decauville). A próxima etapa era de trem, até aos portos de mar mais próximos.

Na virada do século XX, quando se descobrem meios de produzir gelo em fábricas, a operação é abandonada e o leito do trenzinho se transforma em um canal para irrigar as pastagens de montanha. Hoje, não há mais interesse nessa irrigação e o caminho passou a ser usado para o deleite pedestre dos turistas ocasionais.

No penúltimo dia, um dos mais árduos, deveríamos ganhar mil metros de desnível e descer outros tantos. Só que, no caminho, estava uma passagem escarpada entre dois vales. Para transpô-la, havia uma trilha íngreme, de pedras soltas. A sensação de precipício deu algum calafrio nas mulheres, mas não me impressionou. Contudo, o perigo estava nas pedras soltas que os caminhantes de cima poderiam desalojar, criando um bólido mortal para os que estavam mais abaixo. Foi a única hora em que vi o guia preocupado, evitando os maiores riscos com a escolha de outra subida, mais ao lado.

A descida do outro lado não chegava a ser problemática, mas os de pernas mais curtas tinham certas dificuldades. Diante disso, o guia sentenciou: se o Bom Deus acolchoou o traseiro, é para ser usado, sempre que necessário.

No sexto dia, o passeio terminou, com a nossa chegada a Argentière, já bem perto de Chamonix. Antes da chegada, vimos no fundo do vale uma construção semelhante a uma piscina gigante. É um tanque de sedimentação, para a água que emerge das geleiras próximas. Eliminado o sedimento, a água é bombeada de volta para a geleira, para compensar as perdas recentes, resultantes do aquecimento da atmosfera.

Em um simpático chalé do vilarejo, comemoramos o sucesso do passeio com torta de framboesa e recebemos um diploma oficial. Fizemos uma foto do grupo e tomamos a *van* de volta, já no fim da tarde.

Tivemos imensa sorte na meteorologia: sol todos os dias e temperaturas amenas. O grupo da semana anterior tinha enfrentado 4ºC negativos. Poderíamos também ter tido chuvas torrenciais. Praticamente todos os dias havia pancadas de chuva. Mas, por sorte, vinham apenas no fim da tarde.

No curso dos seis dias, subimos 6 mil metros e descemos outros tantos. É uma média de mil metros por dia. Não pudemos esconder certa vaidade com a proeza.

Contudo, em uma das pousadas, encontramos pessoas com roupas esquisitas, treinando para o *ultra-trekking*. Usavam mangas de lycra, separadas da camisa, como as das aeromoças da Gol. Artefato igual vai nas canelas. O objetivo dessa modalidade esportiva é fazer o mesmo percurso que o nosso, só que correndo. Para nós, reles caminhantes, o percurso é de seis dias. Para esses alucinados, é completado em 20 a 40 horas, dia e noite, sem paradas. Mais uma desinflada no nosso ego de andarilhos. O consolo é que, correndo e bufando, não veem nada e não desfrutam as belezas indescritíveis do local.

Foi um passeio de poucos riscos. O único quase acidente foi após a caminhada. Saindo do chuveiro, no hotel de Chamonix, escorreguei e quase caí seriamente.

Outro evento momentoso foi o falecimento de minhas botas. A partir do penúltimo dia, as solas começaram a desmanchar. Tem a ver com a vida útil da borracha sintética que vira pó, após dez anos de vida. Felizmente, apesar das duas solas penduradas, deu para chegar ao fim com pouco incômodo.

Já que estava na capital mundial da escalada, no dia seguinte tomei uma aula de técnica de subida de paredão. Puro símbolo de status: já posso dizer que aprendi escalada em Chamonix, com os guias mais consagrados do mundo.

A aula foi em Gaillard, um paredão congestionado de alpinistas. Até que me saí bem. Apenas um escorregão, por conta do tênis que usava, em vez das sapatilhas de escalada (essa é a minha desculpa). Desci uns dois metros e pendulei na corda de segurança. Segundo o instrutor, fazíamos uma subida 4+ (pela numeração francesa). Ao descer da pedra, vi um alpinista de 8 anos. Com capacete e cadeirinha, subia a parede, sob a supervisão do pai.

Do alto do paredão, em um dia esplêndido, pude ver o Mont Blanc, em toda a sua glória. Pensando bem, foi a única ocasião em que pude vê-lo. Durante os seis dias de marcha, ou o ângulo não permitia vislumbrá-lo ou estava coberto de nuvens. Ou seja, o Tour do Mont Blanc tem de tudo, exceto a visão do dito.

CAPÍTULO 5

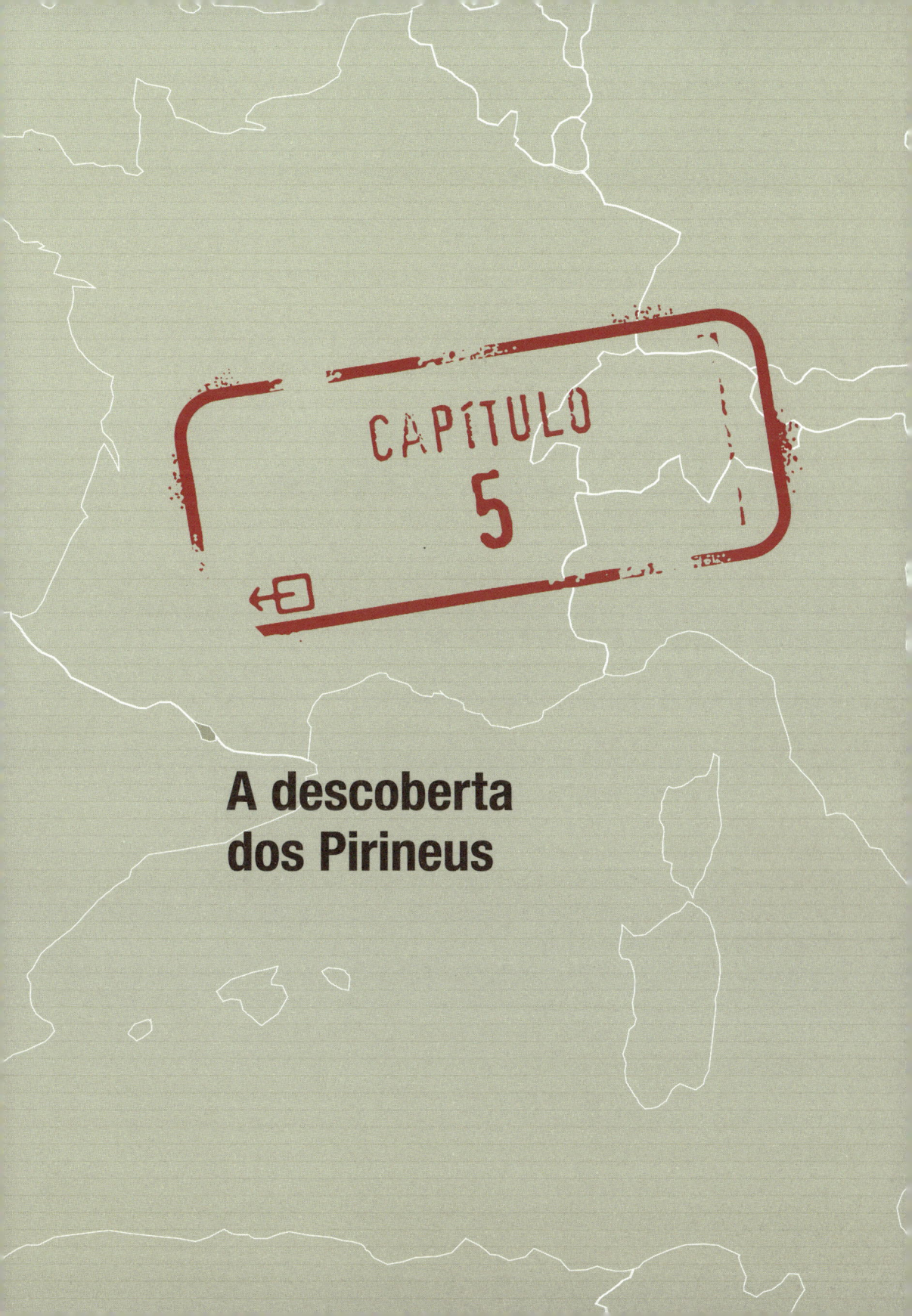

A descoberta dos Pirineus

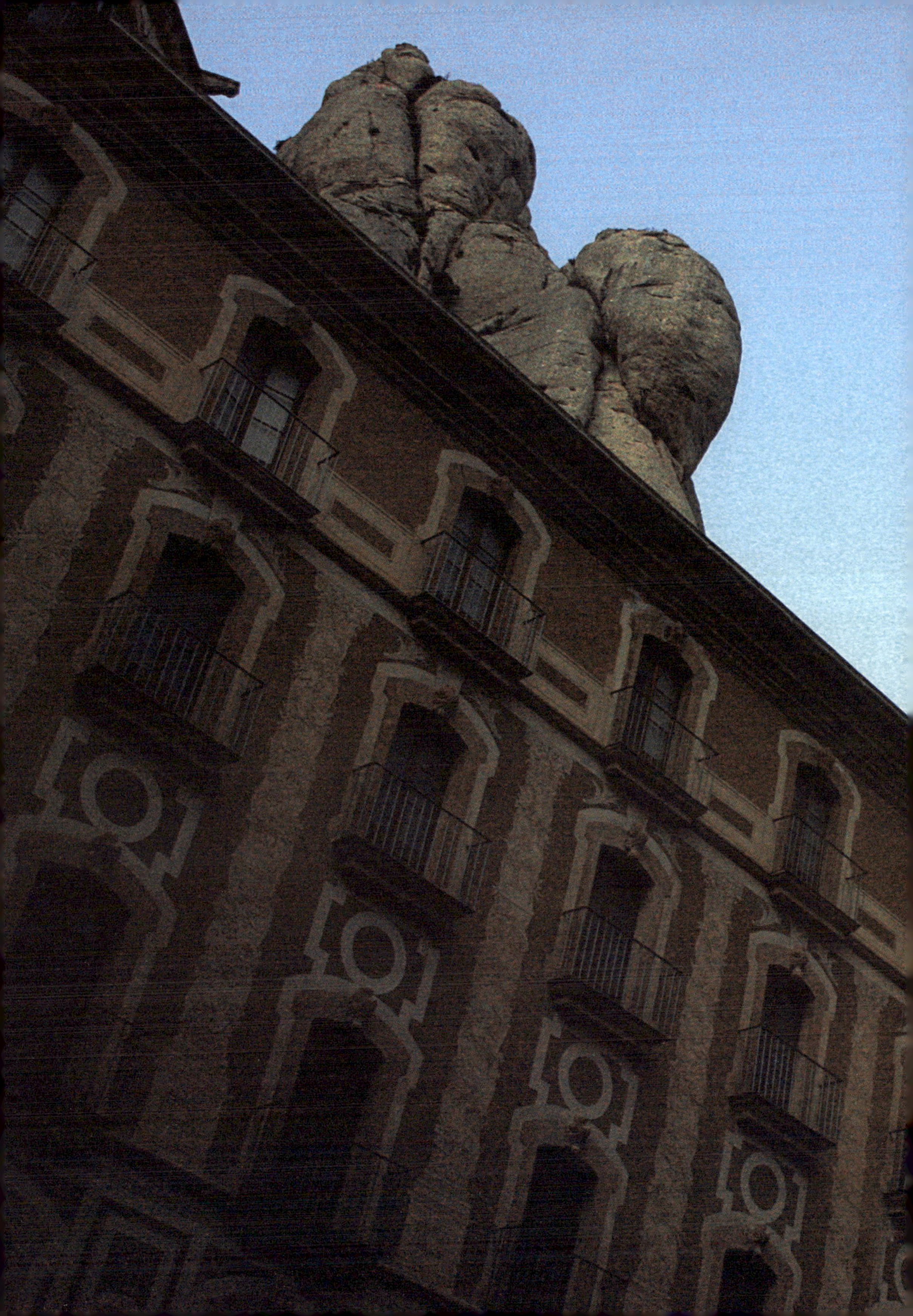

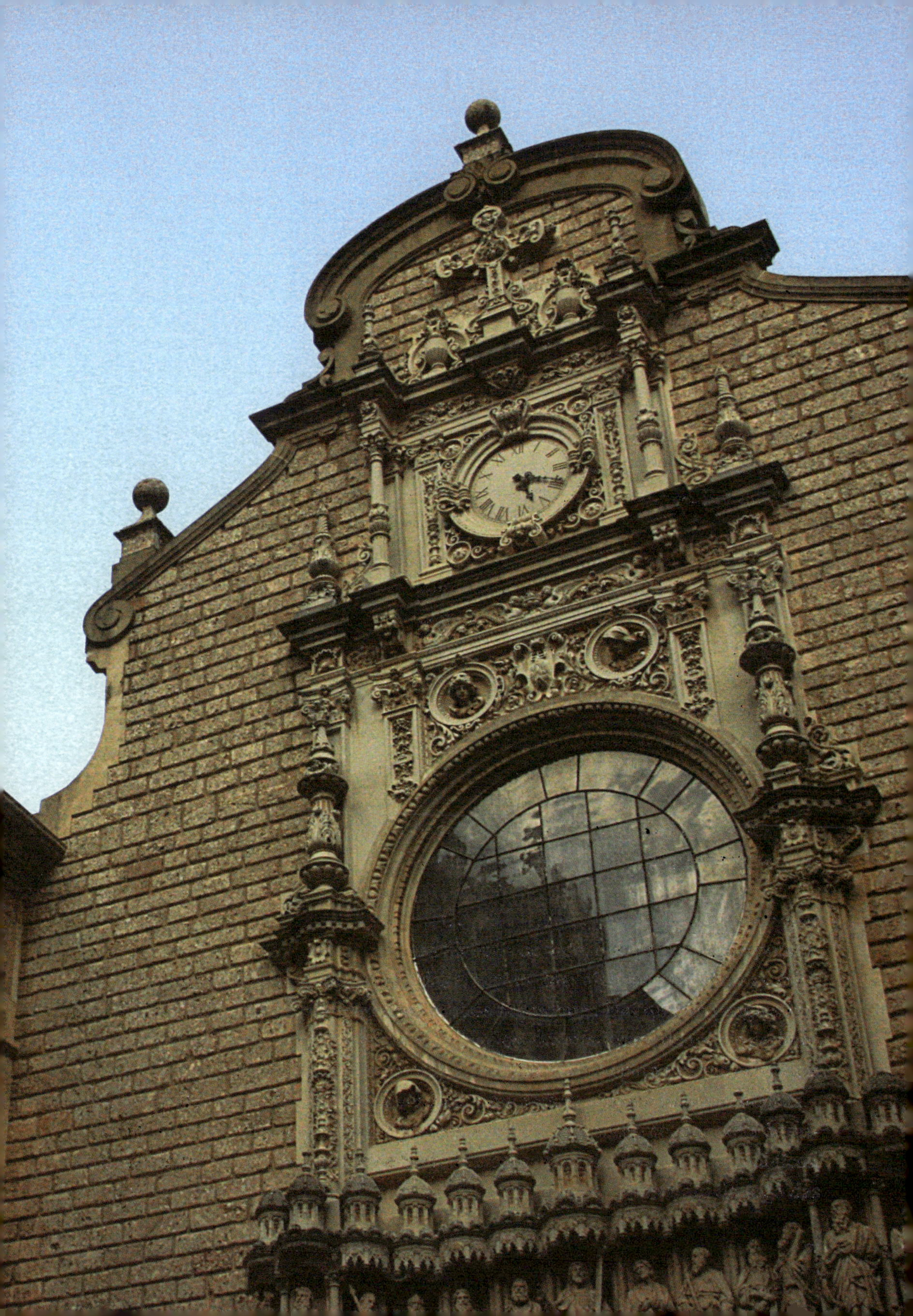

Passei bons anos da minha vida morando ao pé dos Alpes, em Genebra. Via os Pirineus no mapa, mas, na minha cabeça, não passavam de uma versão aguada dos meus Alpes queridos. Por influência de Rodolfo Koeppel, venci o meu desdém e cometi uma infidelidade: parti para duas semanas de caminhadas por aquelas bandas. Humildemente, expio os meus preconceitos.

Preciso reconhecer os méritos dos Pirineus. Os esportes de montanha nasceram nos Alpes, sobretudo, em Chamonix. Daí que as montanhas, com todas as suas religiões esportivas, ficaram muito associadas àquela região. Vantagem para os Pirineus, que atraem menos multidões. De fato, os caminhantes tendem a ser locais.

Os Alpes exibem uma adorável arquitetura alpina, com chalés, madeiras talhadas, pinturas murais e outros motivos que se repetem em cinco países. Sua colonização foi recente, pois nem era uma região fácil e nem desejada. Genebra, já nos seus contrafortes, era o fim da civilização. Há dois séculos, Chamonix era um vilarejo miserável, sempre temendo ser atropelado pela geleira que jaz morro acima.

Já nos Pirineus, os povoamentos se alastraram a partir da Idade Média. Por séculos, espanhóis e franceses subiam os morros, cada um de seu lado. É óbvio, acabavam se encontrando. Como Deus não disse quem era o dono de cada pedaço, se engalfinharam um sem-número de vezes, resultando em uma alternância de ocupação, ao longo dos séculos. Isso é comprovado pelos nomes afrancesados de muitos locais hoje espanhóis e espanholados em terra hoje francesa.

A proteção territorial, obviamente, era mais fácil nos desfiladeiros abruptos entre os dois países. Portanto, há inúmeras fortificações em tais grotões. Falamos de França e Espanha, mas é incorreto. Deveríamos falar de aragoneses, bernenses, catalães e outros povos da região, pois França e Espanha foram criações tardias, do ponto de vista da história dessas montanhas.

Dos dois lados da fronteira, encontramos fortalezas, igrejas fortificadas e cidadelas medievais, que revelam uma sucessão de sinais de presença humana. Com o passar do tempo, cada uma se encontra em diferente estado de conservação. Algumas estão perfeitamente mantidas ou recuperadas. Mas há também muitas ruínas. Portanto, as caminhadas nos Pirineus intercalam as sólidas subidas nas trilhas de montanha com vilegiaturas no muito que sobrou da Idade Média.

Quando acabaram as guerras estrepitosas e repetitivas, muitos habitantes locais passaram a se dedicar com afinco aos ofícios do contrabando, buscando passagens mais escarpadas e subidas mais íngremes, para fugir das patrulhas alfandegárias. Afirma-se que era uma manifestação do temperamento arredio e contestatório dos povos das montanhas. Seria mais para arrostar as autoridades do que para enriquecer. Portanto, as trilhas mais íngremes da região ou levam a Santiago de Compostela ou serviam para contrabandear alguma coisa.

As diferenças entre Espanha e França são marcadas. A vertente espanhola é uma continuação de seus carrascais semiáridos. O lado francês é, claramente, mais verde, como o resto do país.

Mas não diferem apenas na morfologia. Na França, há uma continuidade nos povoamentos. O medieval se funde com tudo que vem depois, em um *continuum* em que fica até difícil falar de estilo arquitetônico. Uma parede é medieval, a outra pode ser do século passado. A torre é medieval, já o puxadinho foi construído para a filha do barão, durante a Renascença. E pode haver uma ala nova, na qual a tinta mal secou. Purismo estilístico não é uma preocupação. Já do lado espanhol, há um hiato mais marcado. Do medieval, ou quase, pulamos para as construções geradas pela prosperidade pós-Franco. Bem menos foi feito nos mil anos de intervalo.

Desembarcamos em Madri, com escala imediata para Pamplona, que é a porta norte dos Pirineus, já quase nos enguiçados domínios bascos. Chegamos ao meio-dia e descobrimos que a agência de aluguel de carros estava fechada para o almoço, até as cinco horas da tarde. Vale perguntar: *siesta* é civilização?

Nas horas do dia que sobraram, caminhar pelo centro de Pamplona revelou-se um belo prefácio à viagem. A cidade é surpreendentemente bem tratada e bonita. Para o mundo do turismo, seu mote são os touros, em particular a confusão causada pela boiada que é solta pelas ruas e vai chifrando os toureiros amadores mais desajeitados — ou azarados. As fotos, em várias vitrines, indicam que nem todos são bem-sucedidos em seus encontros com bois pouco amigáveis. Hemingway é a

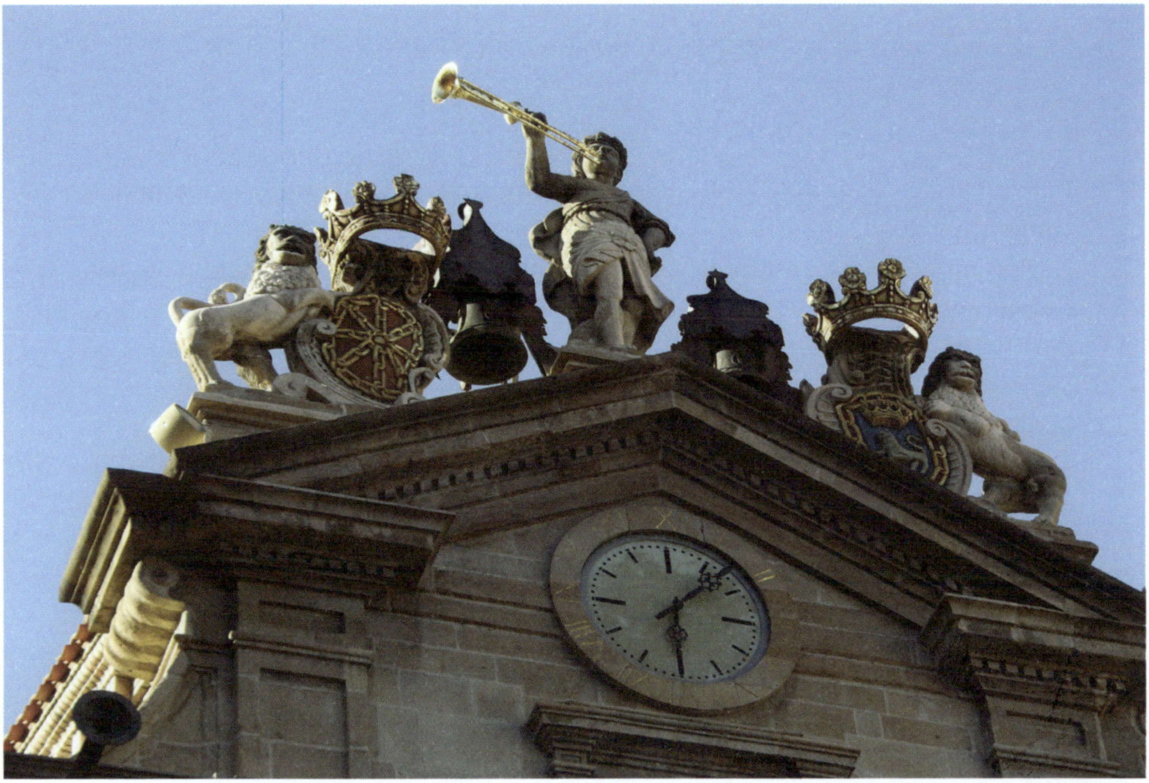

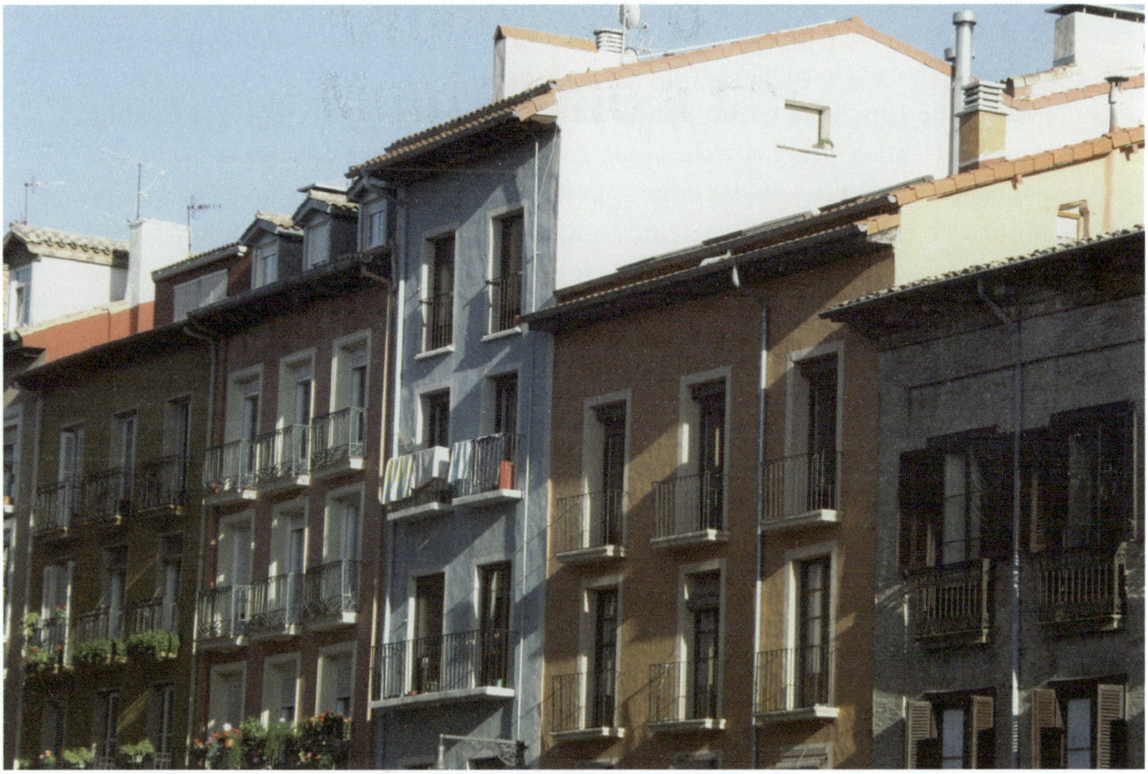

figura mais festejada na cidade, pois foi quem narrou para o mundo as estripulias com os touros.

Por um belo acaso, estava havendo um festival de alguma coisa, cujo mote não descobrimos. Na prática, eram comidas, artesanatos e músicas medievais, tudo conduzido por pessoas vestidas rigorosamente a caráter, mostrando seus produtos ou andando pelas ruas com conjuntos musicais e instrumentos da época. No capítulo dos acepipes, notava-se a tentativa de valorizar os métodos artesanais. Entendemos que seria uma manifestação do movimento do *Slow Food*. Aproveitamos para comprar um ótimo queijo de ovelha e um *saucisson* de porco (bem magro, o que é mais novidade do que tradição). Foram saboreados nos altos dos morros, nos dias subsequentes.

Atravancando uma rua, estava instalada uma forja, uma bigorna e seus pertences, tudo operado por um ferreiro que construía objetos de ferro batido. Herdeiro do lado sangrento do espírito espanhol, o tal artesão reproduzia as ferramentas de tortura usadas na Santa Inquisição. Dentre outras manifestações de criatividade, havia uma tenaz, especial para arrancar os seios das acusadas de infidelidade. Nosso ferreiro havia também construído vários modelos de cintos de castidade.

Comemoramos nossa passagem por Pamplona com uma multa. Duas horas depois de começar a viagem, o nosso furgão Citroën foi brindado com 60 euros, por estacionamento em local não permitido.

Saindo de Pamplona e com pouco tempo de estrada, começamos a vislumbrar os contrafortes dos Pirineus. Ao escurecer, pousamos em uma cidade chamada Jaca. Foi fundada, ainda no período romano, praticamente na fronteira com a França e no Caminho de Compostela. Escolhemos um hotel deliciosamente fora de moda. Sua distinção era haver abrigado Unamuno, Ortega y Gasset e outros luminares das letras espanholas, tudo atestado por fotos nas salas e corredores.

Em frente ao hotel, há uma linda fortaleza em forma de pentágono, do século XVI. Seu objetivo era defender Jaca contra as invasões francesas. Não adiantou, os franceses invadiram e tomaram a fortaleza no início do século XIX, e foi preciso muito trabalho para tirá-los de lá.

De Jaca, fomos para Torla, ao pé do Monte Perdido (3.355 metros), a mais alta montanha da região. Bem atrás do mosteiro medieval podemos ver as escarpas dos Pirineus. É a foto clássica e inevitável. No dia seguinte, tomamos a estradinha estreita que somente o ônibus do parque nacional pode subir, pois os cruzamentos são problemáticos.

O Parque Nacional do Monte Perdido ofereceu uma vista esplendorosa, tornada mais impressionante pela generosidade da meteorologia. O céu era de um azul perfeito, progressivamente salpicado de *cumulus*. Logo à entrada, tomamos uma trilha que sobe 700 metros, em ziguezague. Quase no topo, começa a seguir o contorno da montanha, mantendo-se mais ou menos no mesmo nível. Bem embaixo, o vale vai subindo, lentamente, até que se encontra com a nossa trilha, uns dez quilômetros adiante. Ao fundo do vale há uma cachoeira, Cola de Cavallo, otimamente emoldurada pelas montanhas. A volta pelo vale é mais suave, mas, tirando as paradas, caminhamos sete horas e meia nesse primeiro dia.

Notamos alguma coisa que se repetiria nos dias subsequentes. As trilhas são bem construídas e mantidas. Mas a intervenção humana é mínima. Só o necessário para suavizar e dar estabilidade à rota. Não há construções elaboradas. Não há balaustradas. Quem quiser cair, bem feito. E, acima de tudo, não há cartazes exaltando os perigos ou dizendo o que não se pode fazer. O bom-senso e a tradição se encarregam de dirimir tais dúvidas.

Acho que não encontramos nenhuma expedição guiada, exceto uma de crianças. As razões são fáceis de entender. O celular pega em qualquer lugar e há abrigos estrategicamente localizados, bons mapas e um sólido hábito de andar a pé. Para que guia? Curiosamente, os mapas são vendidos nas tabacarias e jornaleiros — as casas de materiais esportivos não dispõem.

Logo em seguida ao batismo de fogo nas ladeiras do Monte Perdido, atravessamos para a França. Na fronteira estão os edifícios da polícia, devidamente abandonados. Nessa altitude, entre França e Espanha, não há mais indicações de onde termina um país e começa o outro.

Na Europa, grande parte do turismo movido a sola de sapato é apoiado por uma sólida rede de abrigos de montanha. Graças a eles, não é necessário acampar, evitando-se assim vergar os ombros com barracas, sacos de dormir, panelas e fogareiros. Esse alívio é proporcionado por abrigos que oferecem camas por 11 euros e mais jantares bem decentes, lá nos altos da montanha. Essa solução permite caminhadas de muitos dias, sem voltar à civilização e sem quebrar nem o lombo e nem a conta de banco.

Era nossa intenção fazer isso, pelo menos algumas vezes. Previmos um motorista em nossa expedição. De fato, quando começou o planejamento da viagem, duvidávamos se os caminhantes caberiam em uma única *van*. Mas sonhar é uma coisa, outra é, realmente, embarcar. Com a abundância de joelhos bichados, alastraram-se as deserções e passamos a planejar um carro grande, depois um pequeno. Finalmente, fomos apenas Marcio, meu irmão, e eu. Sendo assim, não havia quem nos fosse buscar no outro lado da trilha, alguns dias mais tarde. Optamos pela solução de dormir no vale, estacionar a cada manhã ao pé da trilha e fazer excursões limitadas a um só dia. Aliás, vantagens da Europa: quanto vale a tranquilidade de saber que carro e bagagem estarão intactos à nossa volta?

Em um alto de morro, deparamos com um homem, vestindo um colete espalhafatoso e portando uma carabina para caça pesada. Vinha circundado por vários cachorros — pareceram — com cincerros pendurados ao pescoço. Havia também uma mulher, igualmente fantasiada. Demos tratos à bola e não chegamos a uma conclusão. Como estávamos parados por um conserto na estrada, perguntamos o que faziam. Caçavam javalis. No dia seguinte, lemos no jornal que a população de javalis atingira um ponto perigoso, pois eram muitos e estavam causando estragos desmesurados. Os caçadores são funcionários públicos, encarregados de fazer a população dos javalis voltar ao seu bom ponto de equilíbrio.

Nesse primeiro dia de França, decidimos experimentar um dos abrigos de montanha do Club Alpin Français, pois estava à beira da estrada. Não passa de uma casa simples, com jardim maltratado e alojamento para várias dúzias de pessoas. No quarto acanhado que nos coube, havia seis beliches. Só que, pelo congestionamento, não havia intervalo entre eles, estavam encostados um ao outro. Para os de baixo, havia que entrar pela cabeceira. Já os de cima, como só há uma escada, têm de subir por ela e pular sobre os outros ocupantes, até chegar ao seu próprio beliche. Por conta da casa, há um cobertor, um travesseiro e o lençol de baixo, mas não há aquele que vai entre o corpo e o cobertor. E não perguntemos com que frequência são lavados!

Os quartos estão no segundo andar, já os poucos banheiros, no porão. Portanto, o pipizinho noturno requer dois lances de escada. Como os chuveiros têm um temporizador, a cada minuto param e é preciso apertar de novo o botão. Acontece que a luz do banheiro, que fica em outro cômodo, também apaga a cada quantos minutos. E isso ocorreu quando estava no chuveiro. Por 11 euros, é o que se pode conseguir.

O grande atrativo dos abrigos é a companhia, pois ali estão os aventureiros que têm histórias para contar. Na sala de jantar espartana, contam-se casos e trocam-se experiências. Conversei fiado com alguns caminhantes.

Havia um francês, já com bons anos de quilometragem, que pedalava sozinho. Saiu de Orléans, no meio da França, e seguia para Compostela. Escolhia as estradas menores e ia sem pressa. Aliás, para atravessar da Espanha para a França, pelos caminhos de Compostela, é necessário subir a mais de 2 mil metros de altitude. Requer teimosia e força nas pernas, pois Orléans está praticamente ao nível do mar. Ele já vinha de dez dias de viagem e pensava em gastar outros quinze no que faltava, pois cruzaria a fronteira com a Espanha no dia seguinte.

Contou que há dois sistemas de passaportes para os peregrinos. Um é oficial, sendo carimbado ao longo do caminho, nas inúmeras igrejas que existem. O outro, concorrente, não depende da igreja. Ambos prestam o mesmo serviço, que é documentar para os amigos céticos que o dono do passaporte realmente passou por ali — só Deus sabe por que meio de transporte. Como todos os membros dessas tribos, esse ciclista é simpático e bonachão. Não reclamou do barulho nem das luzes que se acendiam e apagavam, depois que ele já havia se deitado.

Outro solitário era um australiano aposentado, alto, empertigado e elegante. Seus planos consistiam em caminhar um mês pelos Pirineus. Vinha seguindo pelas trilhas que andam longe das estradas e dormia sempre nos abrigos. Uma viagem dessa duração, levando tudo nas costas, requer muita racionalização do equipamento ou um lombo privilegiado. Segundo ele, deixava crescer a barba para eliminar da mochila o peso da gilete, do creme de barbear e da loção após a barba. Contou-nos que, na sua terra, joga golfe todo dia, fazendo jus à aposentadoria. Mas viaja sempre sozinho, pois os companheiros de golfe não conseguem entender que atrativos pode haver em um mês de caminhada.

Havia também duas mulheres e um homem, marido de uma delas. Os três já pertenciam ao time das velharias. Eram escaladores, oriundos de Marselha. Estavam lá para chegar ao Osseau, o mais alto pico da região, a 2.884 metros (alguns dias depois, tomamos a mesma trilha mas, sem guias e nem equipamentos, nos contentamos em subir o Pic Peygeret, a 2.487 metros). Depois do Osseau, o grupo tinha uma lista substancial de morros a serem conquistados. Conversei com uma das mulheres, queimada de sol, corpo seco, cabelinho curto e esbranquiçado. É o tipo de mulher, como observei antes, que convém nem chegar perto nas subidas, para não ficar para trás e passar vergonha.

Ao voltar à estrada, começamos a ver uma espantosa rede de usinas hidroelétricas. Uma das mais arrojadas exigiu a construção de uma mini estrada de ferro, no topo da montanha, para que os materiais pudessem ser levados à barragem, a oito quilômetros de distância.

Construída a barragem, o que fazer com a estrada e o trenzinho? O turismo deu a resposta. Vagões coloridos fazem o percurso, de Fabrege até à barragem, datada de 1920. Convidamos o australiano para nos acompanhar, pois estava a pé e tinha vontade de fazer essa excursão. Ele aceitou a carona e foi conosco no trenzinho. Antes de se aposentar, trabalhava com engenharia geológica, já havendo percorrido o mundo por sua profissão. Tivemos conversas muito interessantes sobre todos os assuntos, mas, especialmente, sobre os labirintos da rede de geração hidroelétrica da região, assunto que tentávamos decifrar, ao longo do caminho.

Essa iniciação às artes hidroelétricas, voltadas ao uso das parcas águas de degelo, preparou nossa visão para uma enorme sucessão de obras parecidas. É engenharia para pouca água e muito desnível. Vimos, por todos os lados, tubos que descem quase na vertical, por muitas centenas de metros. São colossais obras de engenharia, construídas entre as duas guerras. Em alguns casos, há túneis tão longos que, vendo seu começo, não sabemos para onde irão. Vendo sua chegada à usina, não sabemos de que vale vieram.

A fronteira entre Espanha e França passa sempre pelos cumes dos Pirineus. Os lugares mais interessantes são as trilhas na alta montanha, atravessadas pelos exércitos do passado. Depois, passaram a ser cruzadas diariamente pelos contrabandistas, em busca de um dinheirinho. Havia também o trânsito dos peregrinos, em busca da salvação. Por ali, quase todas as trilhas ou estradas são alternativas ao caminho de Compostela. Há um logotipo especial para identificar os caminhos oficiais, o que quer que isso queira dizer. Nas estradas asfaltadas está marcado no chão. Nas trilhas, há placas.

Uma das vantagens da região é a abundância de pequenos hotéis e pousadas. A vida também é relativamente barata. Pagamos sempre entre 40 e 60 euros por quarto de hotel, para duas pessoas. São limpos e com banheiro, mas o gosto da decoração varia, indo do simpático ao cafona. Os chuveiros, por sua vez, são obra de uma civilização não muito chegada ao seu uso frequente. São os "telefones", nem sempre penduráveis na parede. Em um hotel, o gancho estava quebrado, mas o Marcio conseguiu prender com elástico. Em geral, a tecnologia é ruim mesmo. A força de reação ao jato de água faz o telefone recuar ou girar, quase sempre esguichando água por todo lado.

No primeiro dia de França, perdemos a hora do trenzinho para a barragem. Como não queríamos desistir dele, ficamos na região e fomos ver outro vale, bem bonito. Descobrimos Sarrance, um vilarejo encantador e bem tratado. Lá havia um museu pequeno, mas montado com imaginação e gosto. Seu tema é a santa local, Notre Dame de La Pierre, cuja história é descrita por um audiovisual engenhoso. Segundo a versão oficial, um pastor encontrou um touro ajoelhado diante da imagem da Virgem. O que tiramos da visita é que existe a possibilidade de haver um museu interessante e imaginativo, em um vilarejo perdido nas montanhas. É a brilhante exceção a uma infindável sequência de "museus de roça", seja no Brasil, seja no exterior, presos a um círculo vicioso de mediocridade e pouca visitação.

Nota-se, na região, bem como em outros lugares, uma grande preocupação de valorizar as línguas locais moribundas. No museu, havia um quadro com um poema, escrito em bernês, a língua de antigamente, com a sua tradução ao lado. Curioso verificar é ser mais próximo do português do que do francês e do próprio espanhol. Pude entender quase tudo.

Perguntei à mocinha da portaria se falava bernês. Disse que entendia algo, mas que falar mesmo, só os velhos. Lembrei-me imediatamente de um curso de linguística que tinha acabado de fazer. Nele, aprendi que se a língua não for aprendida até os 10 ou 12 anos, vai morrer na certa, pois com mais idade faltará a dedicação para penetrar em suas complexidades. Ora, se só os velhos locais falam, isso significa que os pais não falam e, portanto, não vão ensinar aos seus filhos. A acreditar no meu curso, são esforços patéticos e de pouca valia.

Visitado o museu, fomos até o início da trilha Gorge de l'Enfer, que é um meio túnel cavado na rocha, no flanco da montanha. Como indica o mapa, vai subindo até se juntar às trilhas mais importantes da região, levando ao parque nacional Osseau. Mas o sol já nos abandonava e não havia boas razões para prosseguir. Seria arriscar uma volta noturna, em topografia perigosa.

Após cerca de meia hora de subida, pudemos vislumbrar um forte em uma garganta estreita. É o Fort du Portalet, construído em 1840. Como muitos outros, protegia a França da Espanha. Mas, coitado, depois de muitas batalhas, virou colônia de férias em 1939 e só recentemente começou ser restaurado pela comunidade. Após contemplar do alto essa impressionante obra militar, decidimos ver de perto, ao voltarmos para a estrada. Pela hora, já estava fechado para visitação. Mas do lado que dá para a Espanha, a montanha está furada, como se fosse um queijo suíço. Em cada buraco, haveria uma peça de artilharia. Checando mais tarde, vimos que teve um papel histórico, pois serviu de prisão para o marechal Pétain, em 1945, nos sobes e desces da sua trajetória.

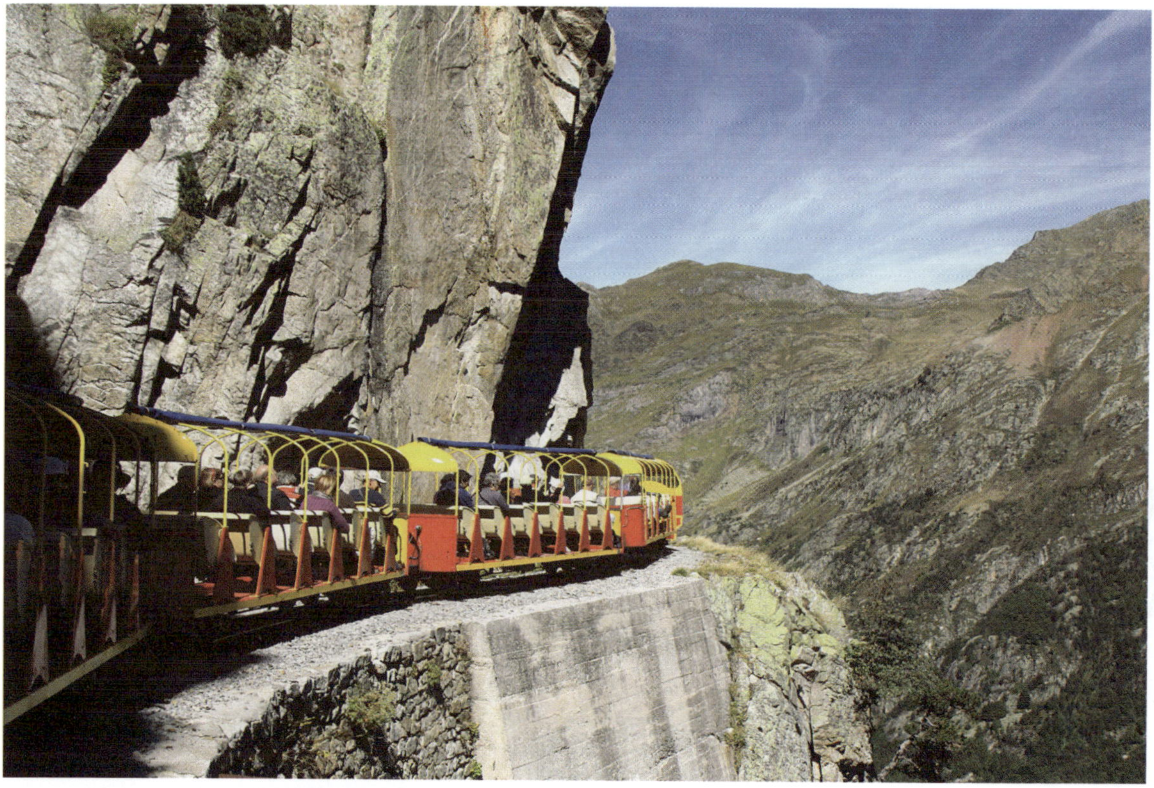

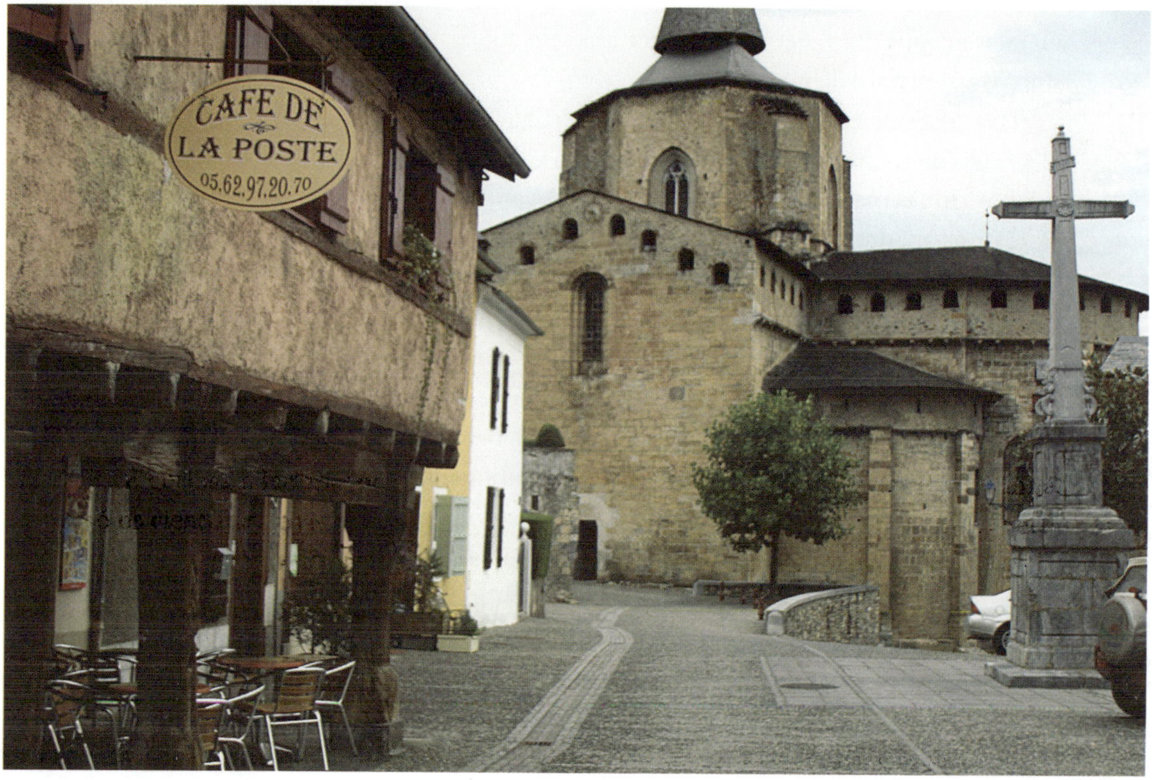
CAFE DE
LA POSTE
05.62.97.20.70

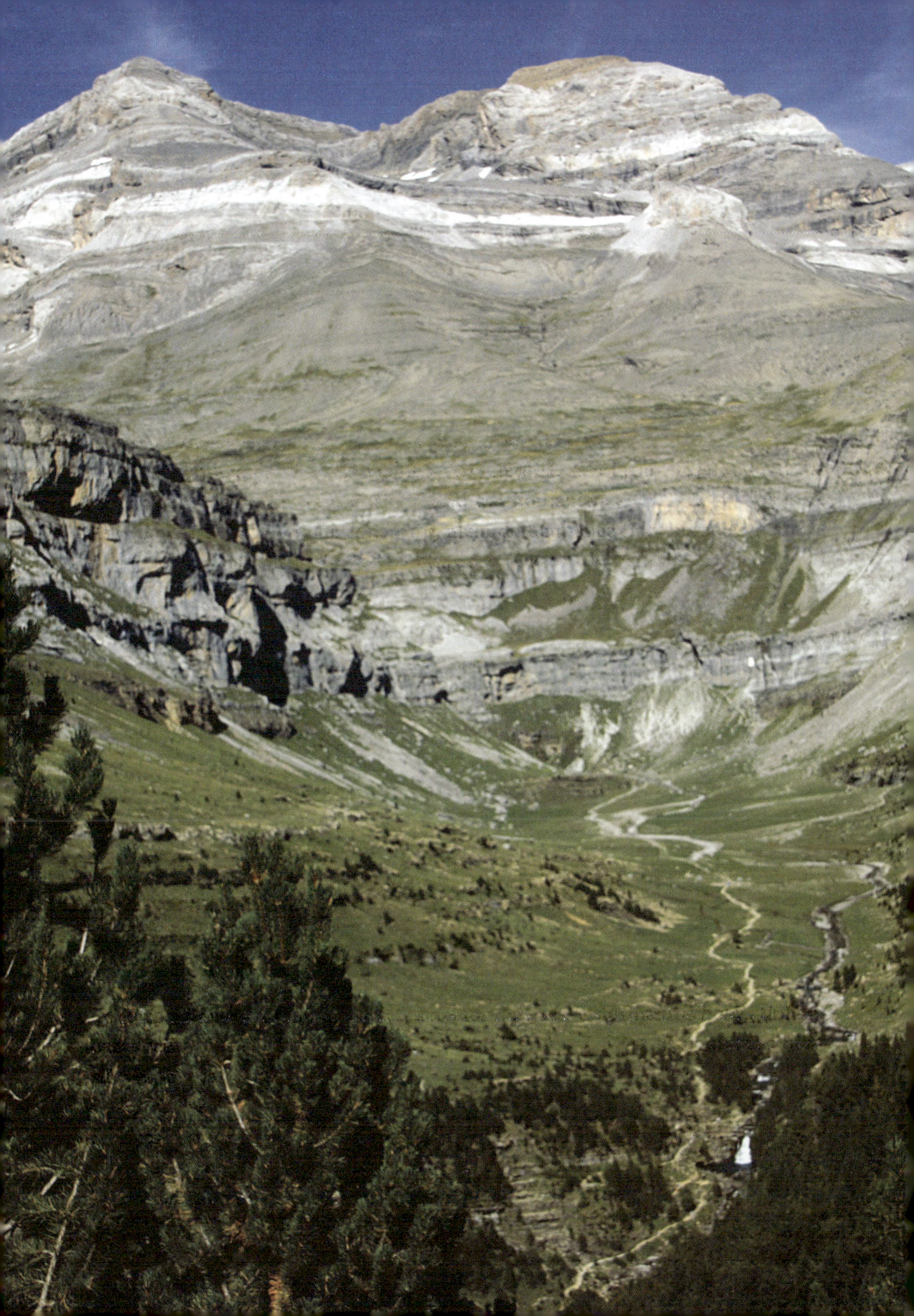

No dia seguinte, fomos a um dos passeios mais populares, pois a parte íngreme pode ser feita por teleférico. Por soberba, fizemos a pé. Trata-se do belíssimo lago de Gaube, bem impressionante, espremido entre as enormes montanhas. Há caminhos adiante, inclusive com um abrigo para quem quiser prosseguir e desembocar em outro vale. Ali também passava um caminho de Compostela, dentre os muitos.

> On rencontre un lac sombre, encaissé dans l'âbime
> Que forment quelques Pics désoles et neigeux.
> L'eau, nuit et jour, y dort dans un repôs sublime
> E n'interropt jamais son silence orageux.
>
> (Baudelaire, 1838)

Voltando ao estacionamento, descobrimos que a máquina de cobrar, operada pelo departamento francês de parques, não aceita cartões de crédito estrangeiros — e metade dos visitantes está nessa categoria. Além disso, enguiça todo o tempo, mesmo com euros. Obviamente, enguiçou conosco. Toda vez que passávamos perto, havia uma funcionária resolvendo algum problema. Por que será que tais máquinas funcionam com todos, menos com o governo? Talvez seja por isso que os nossos não usam essas modernidades.

Terminamos o dia em Cauterets (mesma etimologia de "caldas"), uma cidade que mereceu minha atenção. Pelo que entendi, é a mais importante estação de águas do lado dos Pirineus (as outras são nos Alpes). Na segunda metade do século XIX, o "termalismo" foi uma mania da Europa. Basta olhar um mapa da Alemanha para verificar quantas cidades alpinas há cujo nome começa com Bad (banho). Na França, há cidades como Evian-les-Bains, mas as estações de águas são menos identificáveis pelos nomes.

A arquitetura dessas cidades é muito peculiar, com um neoclássico pretensioso. Mas, alto lá! Em 1880 Cauterets já tinha água encanada e esgotos. O Continental Hotel, em 1909, tinha telefone.

Com um pouco de atraso e menos luxo, lugares como Caxambu dão uma imagem sugestiva, ainda que bem mais pobre, do que foi o termalismo europeu. A transição para o século XX foi uma época de grande efervescência social na Europa. Portanto, era nas estações de águas que se encontravam os elegantes da Europa. Os registros de Cauterets mostram a presença de George Sand, Chateubriand, Baudelaire, Victor Hugo, Claude Debussy, Sarah Bernard e muitas outras personalidades.

Os médicos prescreviam dietas elaboradas de quanto beber de cada fonte, considerando os males que afligiam cada um. Nessa época, somava-se à poluição atmosférica das grandes cidades aos hábitos sedentários e o fumo generalizado, fazendo com que quase todos tivessem problemas de garganta e de catarro. Assim sendo, a vida social se dava entre um gargarejo e outro, pois essa era a cura em que todos acreditavam. Segundo um observador, era um "glu-glu titânico, ... todos se submetem à sorte comum e, apesar das mais legítimas repugnâncias, aceitam a inevitável igualdade diante do espaço do gargarejo". Podemos imaginar Baudelaire fazendo futricas com George Sand, na fila do gargarejo dos banhos de La Raillere, onde 200 pessoas podiam gargarejar ao mesmo tempo.

> No centro da cidade, [há] uma espécie de fórum, uma tribuna ao ar livre onde se discutia, a todas as horas do dia, a paz, a guerra, o armistício, o fuzil com agulha, as relações internacionais, as fronteiras do Reno, tudo isso, enquanto se esperava a diligência e o correio.

A descrença atual nas mágicas obtidas por uma estação de águas leva cidades como Cauterets à beira da falência. O termalismo que resta se metamorfoseou nos banhos turcos, nas jacuzzies e nas saunas, que então nem sequer existiam. O que resta hoje é chocho e não enche as muitas dezenas de hotéis da cidade. De fato, como pudemos comprovar, a concorrência leva a uma hospedagem muito barata, considerando a sofisticação dos hotéis. Para salvar o que resta, está havendo uma conversão para os esportes de montanha. Em vez de tomar banhos de lama ou suar em uma banheira de água sulfurosa, o grande atrativo hoje é se esfalfar morro acima, talvez levando uma corda e um *piollet*.

Na época, um dos grandes méritos de Cauterets era ter um bonde elétrico que permitia chegar ao centro com todo conforto, já que o aclive era demasiado para o trem. Causou também grande comoção e orgulho cívico a inauguração de uma rua plana, permitindo aos que lá passavam passear a pé, sem os esforços ingentes de subir ladeira, considerados nocivos pela medicina da época.

No dia seguinte, fomos para a Brèche de Roland, uma falha quadrada, no alto de uma montanha que separa a França da Espanha. É como uma arcada dentária em que faltasse um dente. Por ali se transpõe a fronteira para a Espanha, sendo uma das clássicas passagens para o outro lado. A trilha começa perto das instalações aduaneiras, hoje abandonadas. De lá, subimos um bom pedaço, algo como quatro horas, até chegar a um abrigo. Mas para a Brèche, faltava outra hora e tanto de marcha íngreme. Ali a 2.800 metros, ao pé da abertura na rocha, havia um resto de geleira. A geleira, para os pouco afeitos a tais manifestações meteorológicas, é formada de neve que vai sendo derretida e socada, até virar gelo em alguns pontos. Em outros, permanece como neve dura e molhada. Os escorregos são inevitáveis.

A trilha pela geleira subia na transversal, talvez por uns 200 metros. Como provavelmente seria o último fim de semana do ano a oferecer temperatura agradável e tempo ensolarado, havia multidões de turistas. Chegando perto, nos demos conta de que havia um congestionamento de velhas, bem no meio da trilha. Com medo de cair, não transpunham um pedaço mais escorregadio. Era possível desviar delas, andando fora da trilha, só que com um risco adicional de tombo, diante de bom público. Arrisquei e só cai uma vez, na volta. Marcio resolveu tomar outra trilha na vertical e descer de bunda. Como se deu bem, a moda pegou e logo a meninada repetia o estilo.

Na passagem, bem ao topo, vemos França de um lado e Espanha de outro. Com o tempo que fazia, foi uma das vistas mais esplendorosas da viagem.

No dia seguinte, íamos caminhar no Cirque de Gavarnie, o mais espetacular e famoso atrativo natural. É uma cordilheira em forma de ferradura, com um espaço aberto no meio. Passamos pelo vilarejo de Gavarnie, ponto de parada obrigatória dos caminhantes de Compostela. Aliás, virou um vilarejo relativamente moderno e sem nenhum charme. Nessa época do ano, os hotéis começam a fechar, pois chegávamos ao fim da estação. O problema não era tanto a falta de hospedagem, mas de hotéis abertos. Descobrimos um, acentuadamente feio. Mas não tanto quanto a sua guardiã, uma velha baixinha e das mais parecidas com bruxa que tenho visto. Ficou ofendidíssima por querermos ficar no hotel, pois éramos os únicos e ela pensava em trancar a porta e flanar. Foi particularmente grosseira. Mas com aquela feiura, tinha toda razão para estar de mal com o mundo.

O dia amanheceu nublado. Mas como já estávamos perto, fomos assim mesmo. Quando chegamos nos locais em que já haveria uma vista deslumbrante, a visibilidade não passava de dez metros. Segundo a meteorologia, sem chances de melhorar. Era voltar com o rabo entre as pernas. Tentamos outro Cirque, o de Troumouse, de lindeza garantida. Mas a visibilidade havia baixado para cinco metros.

Pensamos, aliás bem pensado, que com aquela meteorologia era hora de ver cidade e não montanha. Pau tem méritos reconhecidos. Entre as cidades que poderiam nos interessar, era a mais próxima. Mas como a estrada passa por dentro de Lourdes, não havia como evitá-la. Provavelmente, Lourdes é melhor do que a nossa antipatia permitia aceitar. Pela descrição, há uma igreja em cima de um penhasco que *vaut le detour* (vale o desvio), como diz o guia Michelin. Mas ficávamos imaginando um enorme bando de carolas rezando o terço no meio da rua. Isso não vimos, mas a quantidade de lojas vendendo santinhos e outros artefatos sagrados era exatamente o que esperávamos.

Já vínhamos lutando com o GPS do carro desde o início da viagem. Quis nos parecer que tal aparelho não se contenta com que lhe ofereçamos o nome da cidade, pois insiste em um endereço nela. Marcio escolheu o primeiro museu que apareceu. Com espantosa precisão, o aparato nos levou até um museu de miniaturas no vilarejo em que apareceu a santa. Ali vimos casinhas de cimento, com alguns palmos de altura e bonequinhos de gesso passeando pelas ruas. Seria considerado patético em qualquer cidade do interior do Brasil. Tão ruim que meu aparelho para escutar a narrativa não funcionou e nem pensei em reclamar. Saímos correndo, mas tarde demais para ver qualquer das coisas que poderiam ser interessantes na cidade. Podemos dizer que conhecemos Lourdes?

A visita a Pau valeu a pena. Já escurecendo, encontramos na entrada da cidade um hotel de uma nova cadeia francesa, a Première Classe. O preço fixo é 42 euros para duas pessoas. Uma excelente relação preço/qualidade, pois é novíssimo e os quartos e banheiros são excelentes. Passamos amplo tempo estudando a engenharia do banheiro, pois parecia totalmente pré-fabricado e bastante eficiente, sobretudo considerando a falta de tradição francesa no departamento dos banhos. No corredor, em frente a ele, há uma discreta porta. Com certeza, é o acesso a todos os encanamentos e fiações. Os arquitetos se esmeraram desenhando o quarto, com todos os seus detalhes de conveniência e baixo preço de fabricação. Outra ideia interessante é a sala de café da manha que dá fundos para o *front office*. Isso permite a um único funcionário atender ao café e aos hóspedes, cada um de um lado.

Aproveitamos a noite livre para passear na gigantesca loja da cadeia Auchan. Além de tudo mais que oferece, é um templo da gastronomia. São mais de 100 metros de gôndolas de vinhos e uns 50 metros de queijos. Há também apetitosos metros de *saucissons* e outros embutidos.

Deparamos com uma notável variedade de vinhos em caixas de papelão. Não é preciso dizer que se trata de uma invenção americana, obviamente, desdenhada pelo purismo francês. Mas, por puro acaso, lemos uma notícia no jornal de Pau, comentando o sucesso que começaram a fazer essas caixas, dentro das quais há uma bolsa plástica com o vinho. Pela torneirinha, em baixo, sai o líquido. Como o ar não tem como entrar, a bolsa murcha, na mesma medida. Logo, se não tem ar, não oxida. Para o vinho que está lá dentro, é como se permanecesse sempre fechado. O produtor garante três a quatro meses de conservação, após a abertura. Nada disso adiantaria se o vinho fosse ruim. Vinho vagabundo bem conservado, três meses depois, continua vagabundo. A novidade é que, com o sucesso do invento, estão aparecendo caixas com vinhos bem melhores. Aliás, era isso que comentava o jornal.

Compramos uma caixa de três litros de Gamay, por 7 euros. É o vinho que, em suas encarnações mais nobres, recebe o nome de Beaujolais. Mesmo a nossa versão vira-lata era perfeitamente adequada para o almoço na trilha. Ao deixar o carro, passávamos a quantidade certa para o cantil. Nos dias anteriores, vínhamos pedindo uma garrafa no jantar e deixando metade para a trilha do dia seguinte. Com nossa caixa de Gamay, tínhamos vinho à vontade e até sobrou.

O edifício mais destacado de Pau é o palácio em que nasceu Henrique de Navarra, que se casou com Maria de Médicis, filha de Catarina de Médicis, e acabou virando rei da França, com o título de Henrique IV. O palácio já era rico, refletindo a fortuna da família. Contudo, depois de virar rei, mais objetos de arte de primeira linha migraram para lá. Como foi um excelente rei, trazendo orgulho aos pauenses (será assim?), mais uma razão para celebrar os méritos históricos e estéticos do palácio. Dentre as competências do rei, a jardinagem era uma das que mais se orgulhava. Alguns jardins ainda existem, tentando manter sua forma e plantas originais. Não deixa de ser curioso encontrar alguns humildes pimentões nos gloriosos jardins.

Visto o museu, nos demos conta de que havia também uma pinacoteca na cidade. Lá nos deparamos com um quadro representando o Cirque de Gavarnie. Já que não o vimos no original, a pintura foi bem-vinda.

Faltava ver a casa de Jean-Baptiste Bernadotte, que era filho de um pequeno comerciante de Pau. Sua casa, relativamente modesta, virou museu. Tinha que virar, afinal esse senhor entrou para o exército como soldado raso, virou general com 26 anos e marechal de França com pouco mais de 40. Atestando sua competência, embora ele e Napoleão rosnassem um para o outro, o Imperador jamais ousou infernizar sua vida — ou acabar com ela. Afinal, era um dos melhores militares do país. Mais adiante, Bernadotte amadureceu e virou um hábil diplomata. Faltando parentes para herdar o reino da Suécia, Bernadotte acabou sendo convidado para ser rei. Foi o que salvou o país, pois estava desabando e já havia perdido metade do território. Até hoje, a casa real sueca é descendente desse soldado raso.

Uma cidade que produz um grande rei para a França e outro grande rei para a Suécia já não precisava de mais méritos. Mas os têm. Seu centro velho é muito atraente, em alguns momentos mesclando arquitetura medieval com a contemporânea — como é o caso do edifício da prefeitura.

Passando na porta de uma igreja gótica, vimos que estava sendo preparada para um casamento (curiosamente, os noivos eram árabes). Entramos para ver. O gigantesco órgão ensaiava a marcha nupcial, reforçada com um solo de trompete. Maravilha!

No dia seguinte, confirmando as previsões da meteorologia (não falhou nem uma vez), o sol voltou aos céus. E nós voltamos ao Cirque de Troumouse, que estava antes completamente enevoado. Belíssimo passeio. Pouca gente, menos do que pensaríamos pela beleza do local. É uma enorme montanha circular. O vale interno deve ter seus dez quilômetros de diâmetro. O centro, um monte irregular, fica a cerca de 500 metros acima do local em que deixamos o carro. Portanto, é uma bela caminhada. No centro do circo, nos vimos rodeados de montanhas, erguendo-se a uns mil metros acima de onde estávamos.

Nas nossas bandas, parque nacional é uma terra intocável (pelo menos, na teoria). Não é assim na França ou na Espanha. Todos os parques que visitamos estão cheios de vacas e ovelhas. Aliás, por toda região, cavalo, vaca ou ovelha no meio da estrada são encontros mais do que comuns. O local é deles e que se passe com cuidado.

Nos primeiros dias de setembro, entra-se na estação do ano em que é preciso descer os rebanhos para os vales, pois vai ficando frio. É hora de ficarem estabulados, comendo o capim plantado e colhido nas planícies. No verão, com o clima ameno, sobem os rebanhos para os morros, para poupar essas pastagens.

Em Troumouse, diligentes funcionários tentavam convencer as vaquinhas a entrar em um caminhão. Mas lá dentro era escuro e desconhecido, as vacas não achavam graça. Gastaram horas cutucando as vacas com uns chuços compridos. Muitas vezes, elas mudam de ideia e voltam todas. Tanto tempo levava que não tivemos paciência de ver a operação se completar. Como essas, havia muitas vacas descendo a serra. O mesmo com as ovelhas, mas só que estas descem a pé, em enormes rebanhos, atrapalhando incrivelmente o trânsito.

O tempo começou a piorar de novo, tanto que decidimos avançar mais na cordilheira, indo em direção a Barcelona, nosso destino final. Passamos por uma cidade medieval de nome Arreau, também uma estação termal, mas de menos expressão. Lá vimos algumas ruas medievais, perfeitamente conservadas. Como as outras cidades desse naipe, são particularmente limpas e decoradas com flores. Na parte nova, visitamos um museu etnográfico, que descrevia as atividades econômicas da região. Aliás, muito bem montado e informativo. Registramos que, dentre as profissões descritas, está a de contrabandista.

Ao lado está o Museu da Cidra, uma bebida feita de maçã fermentada. Não sendo ali uma região vinícola e com a precariedade do fornecimento de vinho, a cidade se especializou na cidra. Hoje, passou um pouco a moda. Afinal, se o vinho chega ao Piauí, por que não chegaria agressivamente a Arreau? O cultivo atual é o esforço meio heroico de um grupo interessado em manter as tradições regionais. Ao fim da visita, o bilhete de admissão inclui uma taça de cidra, servida à maneira antiga. Sabe-se lá porque, a cidra é esguichada de longe, percorrendo um arco, antes de chegar ao copo. Mais da metade cai no chão e um tanto na mão — que fica completamente melada. É dali direto para a pia.

Mesmo com pouco esforço e pouco conhecimento, come-se bem em toda essa região. Tentamos explorar um pouco a cozinha local. Um dos pratos conhecidos é uma sopa chamada *carbure*, ao que parece feita com tudo que sobrou na cozinha. De fato, em cada restaurante há uma versão, com distintos ingredientes e sabores.

Paramos em um lugar que serve o que dizem ser uma raridade, um bolo feito diretamente na chama de uma lareira. Até que é bem apetitoso, mas suponho que seja tão raro por exigir que alguém fique tomando conta o tempo todo, sem pestanejar, pois se queima facilmente.

Em uma ocasião, na Espanha, a dona do posto de gasolina nos recomendou um restaurante em outra cidade. Chegamos às 21h, e nos demos conta de que essa é a hora em que abre. Em contraste, chegamos às 21h30 a um restaurante na França e os cozinheiros já estavam na varanda, tomando cerveja. Com muito custo, achamos um italiano ainda aberto.

Nesse da Espanha, sentamos e esperamos. Passado um bom tempo, veio a dona, que se aproximou da mesa ao lado e conversou longamente com a família ali instalada. Terminada a atualização das notícias, chegou-se a nós. Não havia menu escrito e nem preços. Ela conta o que tem e pergunta o que gostaríamos de comer. Confiamos na dona do posto de gasolina. Não nos decepcionamos, pois comemos muitíssimo bem e o preço era bem razoável.

Ali fomos tratados carinhosamente. Mas nos surpreendeu que na Espanha predomine uma atitude seca e áspera diante dos forasteiros. Profissionais com certeza são, mas sem nenhuma vontade de ser simpáticos ou calorosos. Vimos o contraste com a França, cuja capital é celebrada pela arrogância e antipatia dos seus moradores. Contudo, confirma-se a tese de que no interior é diferente. Fomos sempre tratados com simpatia por toda a parte — com exceção da bruxa de Gavarnie.

Em Gabas, fomos a um restaurante à beira da estrada. Do lado de fora, ocupando toda uma mesa, estava refestelado um cão *patous* (tradução de "pastor", no dialeto local). É um cachorrão de seus 60 quilos, muito peludo, para aguentar o frio das montanhas. Trata-se de uma raça dos Pirineus, desenvolvida para proteger as ovelhas dos lobos e ursos. Ao ser desmamado, é colocado para morar no curral das ovelhas. Como é um cão de guarda, desenvolve um sentido protetor com relação a elas. Espanta os bichos que se aproximam. Quando nada, são desencorajados por seu tamanho descomunal e latido tipo baixo-profundo.

Com o desaparecimento dos lobos e ursos, viraram não mais do que uma curiosidade, sendo criados pelas mesmas razões que se criam outros cães igualmente inúteis (aliás, além de inúteis, dado o seu tamanho, não podem deixar de ter um apetite espantoso). Recentemente, os defensores perpétuos do meio ambiente reintroduziram os lobos na Europa. Isso está levando à volta dos *patous*, como cão de trabalho, exercendo o mesmo ofício protetor de antes. Ótimo. Por precaução, os hotéis distribuem aos seus hóspedes um folheto dizendo para não se aproximarem nem do *patous* e nem de suas ovelhas. Sendo seu papel protegê-las, qualquer um que se aproxime corre o risco de uma dentada de alta potência.

O restaurante do *patous* era totalmente operado por uma família. A mulher recebia e servia os clientes. A filha ajudava. O pai cozinhava, ao mesmo tempo que recebia os amigos e conversava fiado na cozinha. E havia também o filho com deficiência mental que, no seu estilo inconfundível, punha e tirava as mesas. É tudo parte de uma sociedade do interior, bem integrada ao seu meio. Eles têm as vaquinhas para produzir o queijo e o restaurante como complemento. Todos têm o seu lugar. Todos sentem que têm o seu lugar. A vida segue, plácida. E os clientes comem seriamente, pois a culinária na França não é assunto para amadores. Os menus não são apenas de culinária local, pois há uma variedade de pratos clássicos e de preparação nem tão óbvia.

Dos vinhos locais, o Madiran é o mais conhecido. Leva uva Tannat, sendo, portanto, encorpado e robusto. Custa na loja cerca de 10 euros. Não é dos mais baratos,

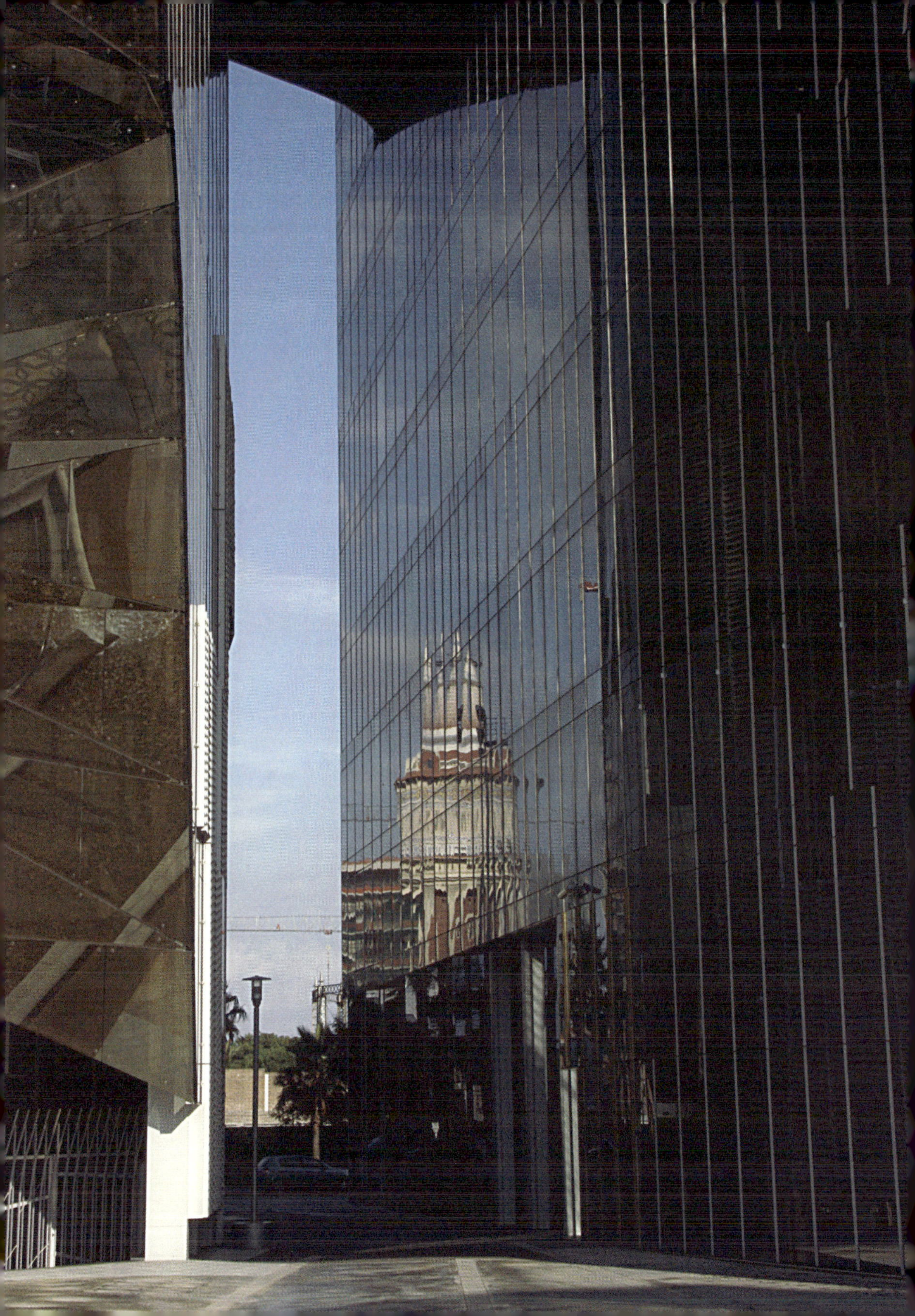

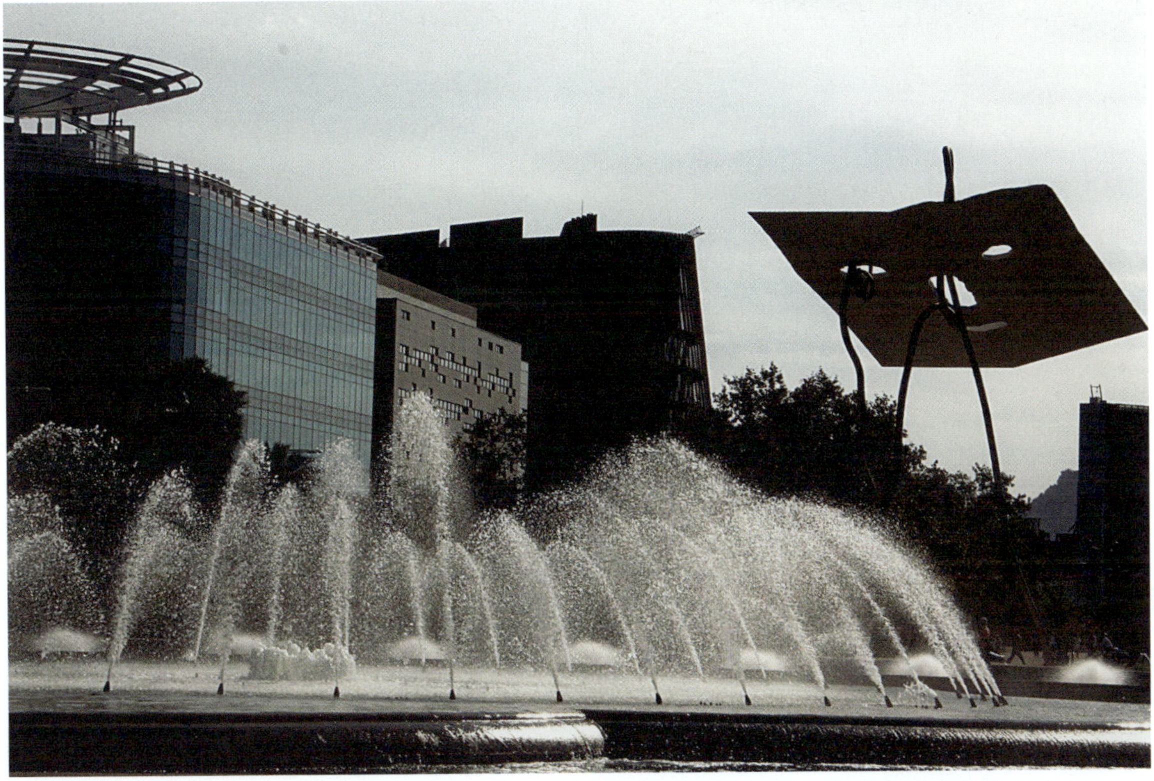

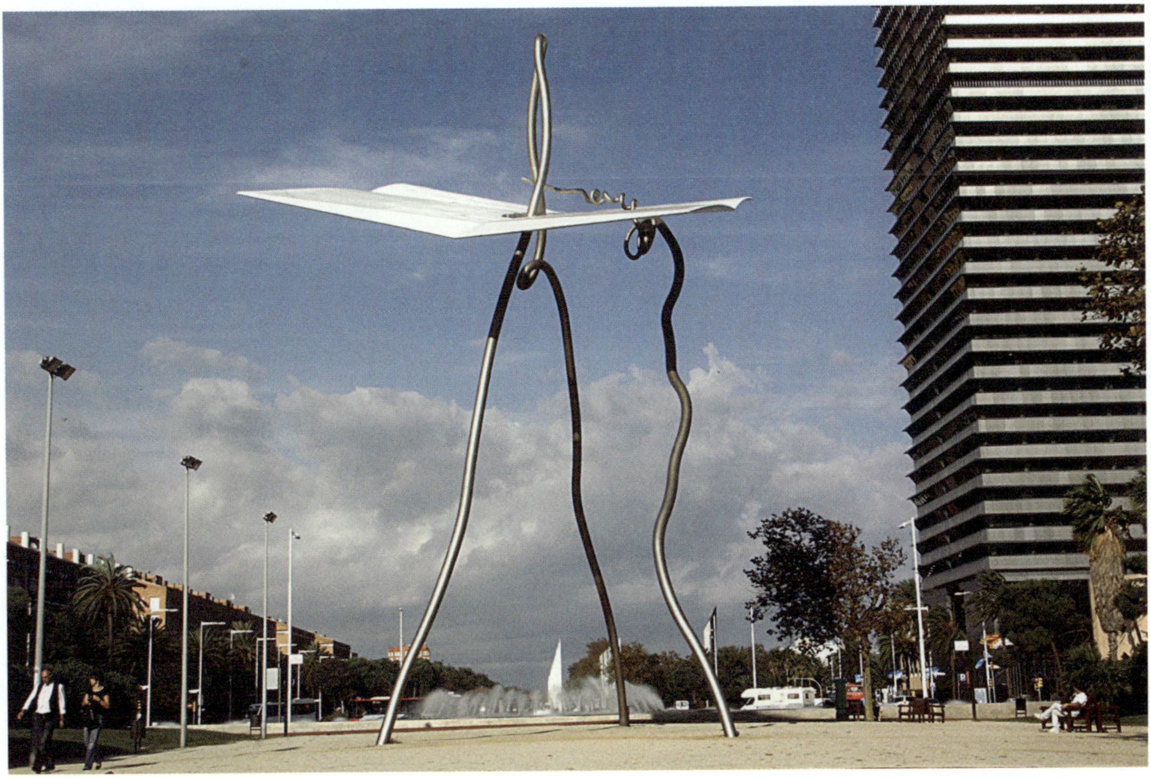

pois a maioria dos vinhos custa entre 6 e 8 euros. Aliás, por esse preço, tomam-se vinhos agradáveis e interessantes. De resto, bem melhores do que os vendidos em nossas lojas por menos de R$ 20.

Cruzamos novamente a fronteira para a Espanha, voltando a ver os carrascais, com sua vegetação mais árida. Buscávamos o Parque Aiguestortes, um local que se revelou forte contraste com o que vínhamos vendo. Do lado francês, mescla-se o medieval com o romanesco e tudo mais que se seguiu. Muita gente morou por ali, há muito tempo. Já nesse pedaço da Espanha, há ruínas medievais abandonadas, mas um hiato de mil anos na construção — exagerando um pouco. Depois de séculos de abandono, vemos o surto de construções, fruto da prosperidade recente. Com a pujança da Catalunha, não são poucas as edificações novas e novíssimas.

Trata-se de um parque menos conhecido e dá a impressão de ser de criação recente. As inúmeras construções são impulsionadas pela locomotiva catalã. Do ponto de vista arquitetônico, nada para entusiasmar, embora poucos prédios ultrapassem o limiar do mau gosto contundente. Seja como for, são perfeitamente esquecíveis. Vagamos um pouco pelas estradas do parque. Mas como já começávamos a ficar curtos de tempo, decidimos seguir viagem.

A rigor, terminava naquele momento o capítulo das andanças a pé. Até então, vínhamos caminhando quase todos os dias. Dependendo do destino, uns dias mais, outros menos. Mas em geral, de quatro a oito horas de andanças, mais todas as paradas, para explorar, fotografar, comer e fazer xixi. Passear em Barcelona se revelou mais estafante.

No dia seguinte, fizemos questão de passar por Andorra, um país que sempre desperta curiosidade. Que raio de país é esse, tão pequeno e tão perdido em uma grota nos Pirineus? Na verdade, é um país que desafia descrições simplistas.

Não passa de um vale estreitíssimo, espremido entre dois paredões gigantescos, subindo pelo menos uns mil metros. A visita revela que Andorra mais parece passagem do que país. Ao entrar, deparamos com uma sequência interminável de bombas de gasolina. Em seguida, há um bloco maciço de lojas de departamento, vendendo perfumes, bebidas e eletrônicas (são 5 mil lojas). Em seguida, vêm as dezenas de bancos, um ao lado do outro. Terminados os bancos começam os 500 hotéis. Logo em seguida, sobe-se uma estrada íngreme, passa-se por uma gigantesca estação de esqui e o país acaba.

Essa descrição permite vislumbrar como é a filosofia desse principado. Foi criado no século XI, supostamente por Carlos Magno. Encravado entre a França e a

Espanha, sempre achou que vender sem impostos seria uma boa ideia. Em meio a regiões com tradição milenar de contrabando, oferecer gasolina e uísque mais baratos não podia deixar de ser um bom negócio. Correu tudo bem, até que, com a redução nos impostos de importação da Comunidade Europeia, o país perdeu parte de sua economia e precisou buscar outras. Virar paraíso fiscal resultou ser uma boa alternativa, pois fica perto de tudo, não é uma miragem no Caribe e tem acesso à boa educação da Europa. Para complementar a nova vida bancária, construiu-se uma grande estação de esqui, bem no alto.

A população local, cuja língua oficial é o catalão, pouco ultrapassa 70 mil habitantes. Esse povo vive, em média 83 anos, recorde mundial de longevidade. Por que será? Efeitos terapêuticos do contrabando? Mas os estrangeiros predominam no país, transformando aquela grota em uma babel de línguas. Espanhol, inglês, francês e português são as mais faladas.

Espremido entre dois países grandes e poderosos, Andorra tem de agir sempre com luvas de pelica. Pelas vias labirínticas da história, não apenas tem tratados garantindo intimidade com os dois vizinhos, mas encontrou uma solução meio bizarra para assegurar sua existência. Desde 1806 virou um principado. Por razões algo misteriosas, em 1934 subiu ao trono um russo, tornando-se o rei Boris. Mas foi apenas um acidente de percurso, sendo rapidamente defenestrado pela Guarda Civil espanhola. O segredo da longevidade do país é seu sistema de governo. Nos dias que correm, Andorra tem dois príncipes. Por leis e tratados oficiais, são o bispo de Urgel, na Catalunha, e o presidente da França. Portanto, Nicolas Sarkozy é príncipe. Por via de consequência, Carla Bruni será princesa? Cada um que garanta sua governabilidade como pode.

Passamos por um cartaz, indicando um museu de automóveis antigos. Fomos ver e não nos decepcionamos. Apertadíssimo no espaço disponível, exibe veículos clássicos de primeira linha. Em particular, impressiona a coleção de carros de antes de 1910, e muitos até do século XIX.

Entre entrar pela fronteira, ver museu e sair do outro lado do país, acho que não gastamos mais de duas horas. Logo estávamos na França e, em seguida, cruzamos para a Espanha, a caminho de Barcelona.

Havíamos encontrado uma garçonete brasileira gordinha, perto do Parque Aiguestortes. Contou-nos que vivia em Málaga, mas que, com a crise, não havia mais empregos por lá. Refugiou-se em uma cidadezinha inexpressiva da Catalunha, a região mais dinâmica da Espanha, última alternativa que lhe restava. De fato, essa pujança é uma característica que, ao nos aproximarmos de Barcelona, começou a emergir a olhos nus.

Nos dois extremos dos Pirineus estão duas regiões de cultura própria, bem diferente, mas que compartilham um grande desagrado por pertencer à Espanha. Ao norte, está o País Basco, com um povo de origem meio misteriosa e uma língua que não pertence à família indo-europeia. Do lado do Mediterrâneo está a Catalunha, falando uma língua parecida com o português e igualmente infeliz por receber ordens de Madri.

Só que seus povos manifestam seu desagrado de forma diferente. Os bascos são teimosos e adoram ficar jogando bombinhas na rua. O ETA vem dando trabalho aos espanhóis há décadas. Já os catalães têm um espírito diferente. Acham-se superiores e passam o tempo todo pensando em proezas para demonstrar que têm razão. E, sem dúvida, são convincentes nesses misteres.

Visitando o maravilhoso museu de história da Catalunha, vimos um mapa que valia mais do que mil palavras. Mostrava os domínios catalães em 1800. Não apenas era um país independente, mas dominava metade da Espanha, metade da França, quase toda a Itália, toda a Áustria, e mais alguns enclaves no resto da Europa e no Norte da África. Era, na época, um dos maiores impérios do continente. Poucos anos depois, perdeu uma sequência de batalhas e desapareceu como país independente. Passou a ser não mais do que um pedacinho da Espanha, a ela submetida.

Para culminar o insulto, Franco proibiu o uso das línguas locais. O catalão passou a ser uma língua proscrita!

Morto Franco, em 1975, os catalães puderam retomar a sua língua. Mas continuam inconformados de fazer parte da Espanha. Em um restaurante no centro de Barcelona, deram-nos um menu em catalão. Pedimos que fosse trocado por outro em espanhol. Não havia, a alternativa era um em inglês. No dia seguinte, perguntamos à dona de outro restaurante se ela se considerava espanhola ou catalã. Respondeu que, em primeiro lugar, espanhola, em segundo, catalã, comentando que nem todos pensavam assim, tal como havíamos visto na véspera.

Pouco depois de entrar em território catalão, já em uma região plana, vislumbramos uma montanha de pedra, com seus mil metros de desnível. Sua beleza está nos monolitos arredondados, que lhe dão uma aparência dramática. Buscando no mapa, era Montserrat, onde está localizada a abadia que corresponde ao Vaticano dos padres beneditinos. Saímos da estrada principal e nos dirigimos para lá. Dentre as diferentes possibilidades de subir ao topo, onde estão os edifícios religiosos, tomamos um trenzinho funicular. Há também um teleférico, um caminho a pé e a estrada de rodagem.

Por que tantos acessos? A razão é simples: além do funcionamento da burocracia da ordem religiosa, aquilo é uma usina de turismo. Há igrejas, capelas, edifícios, museus, restaurantes, espaços para passear, ver a vista e muito mais. É o turismo religioso na sua expressão mais bem-sucedida. Como muitos que estudaram em colégio de padre, minha veia anticlerical reaparece nesses lugares. Os milhares de carolas que circulam por ali me irritam um pouco.

Mas, a bem da verdade, há uma fachada interna da igreja principal que expia os pecados desse comercialismo empoleirado no alto de um morro pedregoso. No frontispício, há uma bela série de imagens de santos em tamanho natural. Visitando um museu de Barcelona, ficamos sabendo que são obras de Joseph Obiols, contemporâneo de Gaudí.

Barcelona é o grande centro industrial da Espanha, local de origem da revolução industrial do país. Cinquenta quilômetros antes da cidade, começam a aparecer suas fábricas pesadas, uma após a outra. Chama atenção as enormes instalações da SEAT, o grande ícone automobilístico da Espanha.

Pelas descrições de meio século atrás, Barcelona era uma cidade de poucos atrativos. Era suja, mal ajambrada e tinha uma região portuária infame. Mas isso é passado. O problema atual é o excesso de atrativos e de fama. Mesmo já no fim do verão (setembro), estava congestionada de turistas, de todos os modelos e idades, com predomínio dos mais jovens. Aliás, nas montanhas há relativamente poucos jovens caminhando. Mas de Barcelona eles gostam.

A cidade se transformou. Ao que parece, os Jogos Olímpicos de 1992 foram o catalisador da mágica. Para que ficasse apresentável, foi preciso passá-la a limpo. Muitos prédios de boa cepa modernista foram construídos para o evento. Despontaram alguns grandes nomes da arquitetura e outras vacas sagradas foram trazidas de fora. Contudo, a maior transformação foi no porto. Além da assepsia necessária, foram aterrados grandes pedaços de mar, criando ilhas repletas de restaurantes, museus, lojas, cinemas e o que mais pudesse seduzir turistas. Para contemplar isso tudo, apareceu até um teleférico que sobrevoa o porto e suas extensões turísticas.

No processo de arrumar a casa, tudo melhorou. Barcelona virou um grande destino turístico. As construções medievais estão lá, pois é uma cidade muito antiga. A catedral e outros edifícios góticos merecem visitas cuidadosas. Os museus também. Há o da navegação, parcialmente em obras quando lá estivemos, e o da história da cidade, já mencionado, um dos mais bem apresentados que conheço. Nele, há diversas mostras interativas, bem como armaduras que podem ser experimentadas, estátuas de cavalos em que se pode montar e muita coisa mais.

Recentemente, foi reconstruída a casa de linhas despojadas projetada por Mies van der Rohe, erguida para a Exposição Universal de Barcelona, em 1929, e que mantém sua classe.

Ruínas romanas e prédios medievais existem por toda a Europa. Arquitetura arrojada tampouco é rara. O trunfo de Barcelona é o modernismo de Antonio Gaudí, com suas deliciosas maluquices arquitetônicas. No fundo, ele é o ícone da cidade. O que nem todos sabem, porém, é que, no início de século XX, Gaudí não era o único a construir nesse estilo. Seria o mais exaltado, criativo e herege, mas muitos outros fizeram coisas parecidas no centro de Barcelona. Portanto, há muito que ver e fazer.

Ao longo de 4 mil anos que ali se revezam nações, vindas de todos os lados, cada uma ocupando Barcelona por certo período. De alguma forma, a necessidade de afirmação, a veia criativa e a densidade humana fazem dela uma cidade excepcional. Ademais, está no meio do Mediterrâneo e é um centro de vocação cosmopolita. Em seu discurso ao receber o prêmio Nobel, o escritor peruano Mario Vargas Llosa fala de seus anos em Barcelona: "Nenhuma cidade aproveitou tanto e tão bem quanto Barcelona esse começo da abertura, nem viveu uma efervescência semelhante em todos os campos das ideias e da criação. [...] Como havia sido Paris antes, Barcelona foi uma Torre de Babel, uma cidade cosmopolita e universal, onde era estimulante morar e trabalhar...". A cidade se gaba de seus muitos artistas. Por exemplo, ali nasceram os pintores Juan Miró e Antoni Tàpies. Em dois dias apenas, como usar o tempo? Havia os inefáveis ônibus de dois andares, com o de cima sem cobertura. É a quintessência do turismo careta das multidões. Vencemos o preconceito e compramos o ingresso — nada barato. Inclui três circuitos interligados, permitindo descer e subir em qualquer lugar, bem como passar de um para o outro, onde se cruzam. Dou a mão à palmatória, pois nada permite ver tanta coisa em tão pouco tempo. Mas havia o problema clássico de Barcelona: os ônibus estavam sobrecarregados e havia filas em cada estação. A ideia de descer, dar uma olhada e pegar o próximo fica muito comprometida pela necessidade de entrar em uma fila para o ônibus, em cada atrativo mais importante. Com isso, descemos menos do que justificaria o interesse do que estava ali para ser visto, a poucos metros de distância.

Havíamos reservado um hotel pela internet. O anúncio proclamava sua proximidade da Rambla, uma rua com uma calçada central para pedestres e atolada em restaurantes e bares. Lugar para ver e ser visto. Predominam talvez os jovens, mas é gente demais. A cada 20 metros, há alguém em cima de um caixote, perfeitamente imóvel e vestindo alguma roupa bizarra. Pode ser estátua grega ou dançarina de flamenco. É o fundo ideal para as fotos dos turistas, resultando em uma moedinha pingada no chapéu do artista do imobilismo. Minha impressão é a de que a Rambla recebe mais turistas do que muitos países.

Era verdade que o hotel estava a 20 metros da Rambla, em uma transversal estreita, praticamente só para pedestres. Mas o anúncio não proclamava que estava também a 50 metros de um puteiro. Nada contra, tudo na paz do Senhor. O real problema era a intensidade do trânsito de pedestres, durante a noite toda. Como nosso quarto dava para a rua e o calor nos obrigava a ficar de janela aberta, tínhamos de ouvir as conversas de transeuntes. Pelo menos, era um hotel barato.

Em sendo um paraíso turístico, Barcelona é também um ímã para os gatunos, cujas atividades profissionais lá prosperam sem maiores contratempos. Tudo de que precisam está lá: muitos turistas deslumbrados, grande população flutuante e porto movimentado. Os funcionários dos hotéis repetem: fechem as portas, segurem as carteiras. A porta do hotel ficava trancada, mesmo durante o dia, pois os profissionais do furto estão em toda parte, exercendo seu ofício.

O GPS nos mostrou com segurança o caminho do aeroporto. Devolvido o carro, era hora de voltar para o Brasil. Olhando o prédio do aeroporto, começamos a ver Barcelona, mais uma vez, competindo com Madri. Era enorme, em aço e vidro. Claro, Barcelona não podia ficar atrás.

Contudo, por ser um entroncamento aeroviário, o aeroporto de Barajas, em Madri, é ainda maior e talvez mais extravagante. Belíssimo, sem dúvidas, com telhado ondulado, pendurado em cabos e erguido por vigas de aço. Mas nunca vi um aeroporto com tanto desperdício de espaço. Deve ser o paraíso dos claustrofóbicos, pois com pé direito tão monumental e os gigantescos espaços inutilizáveis, é como se estivesse declarando ao mundo: "Vejam se há alguém disposto a construir um aeroporto tão extravagante e com tanto desperdício!" O aeroporto tem dois terminais, um de cada lado da pista. Um trem subterrâneo de alta velocidade conecta os dois. Por que não fazer os terminais do mesmo lado?

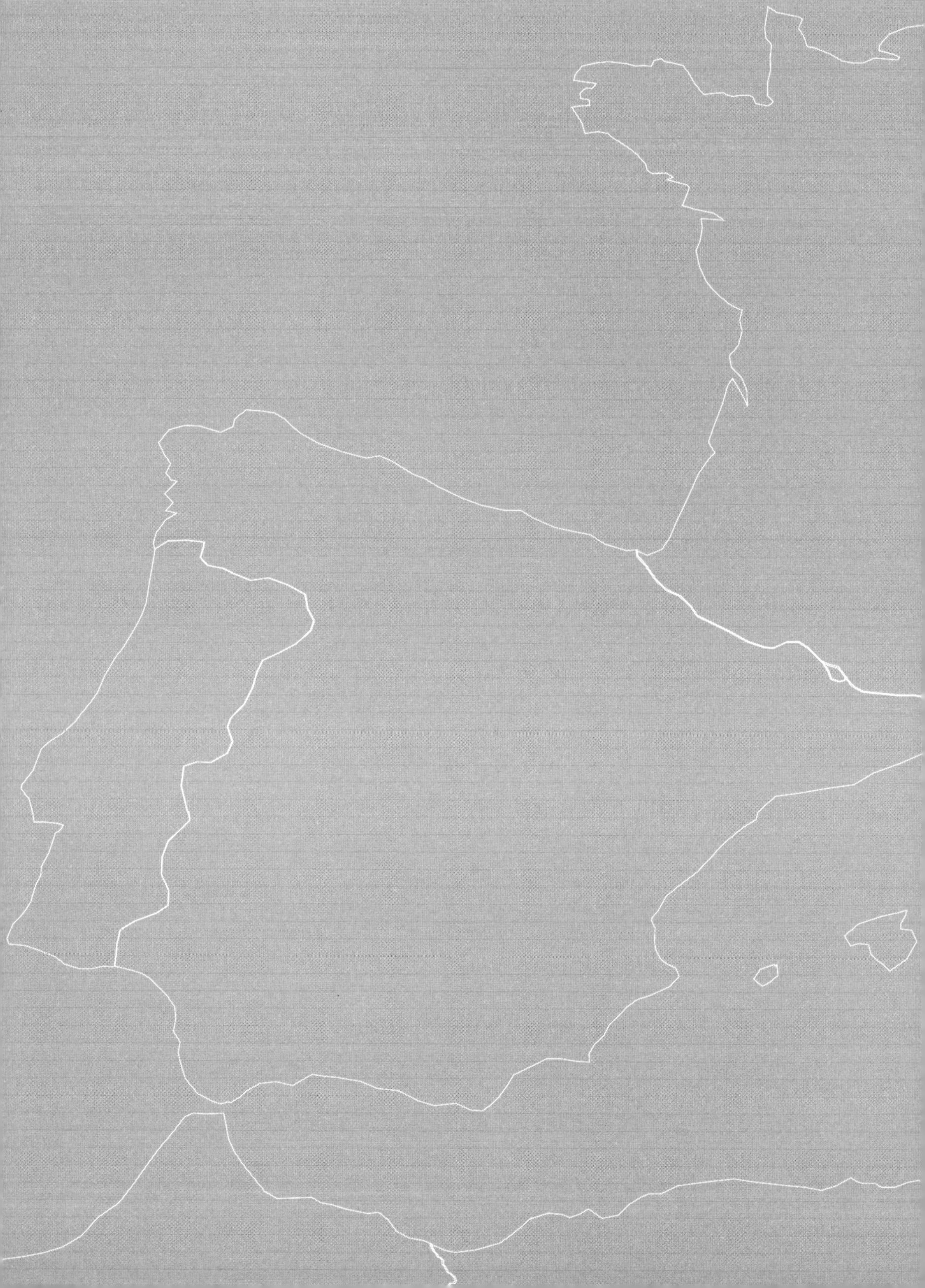

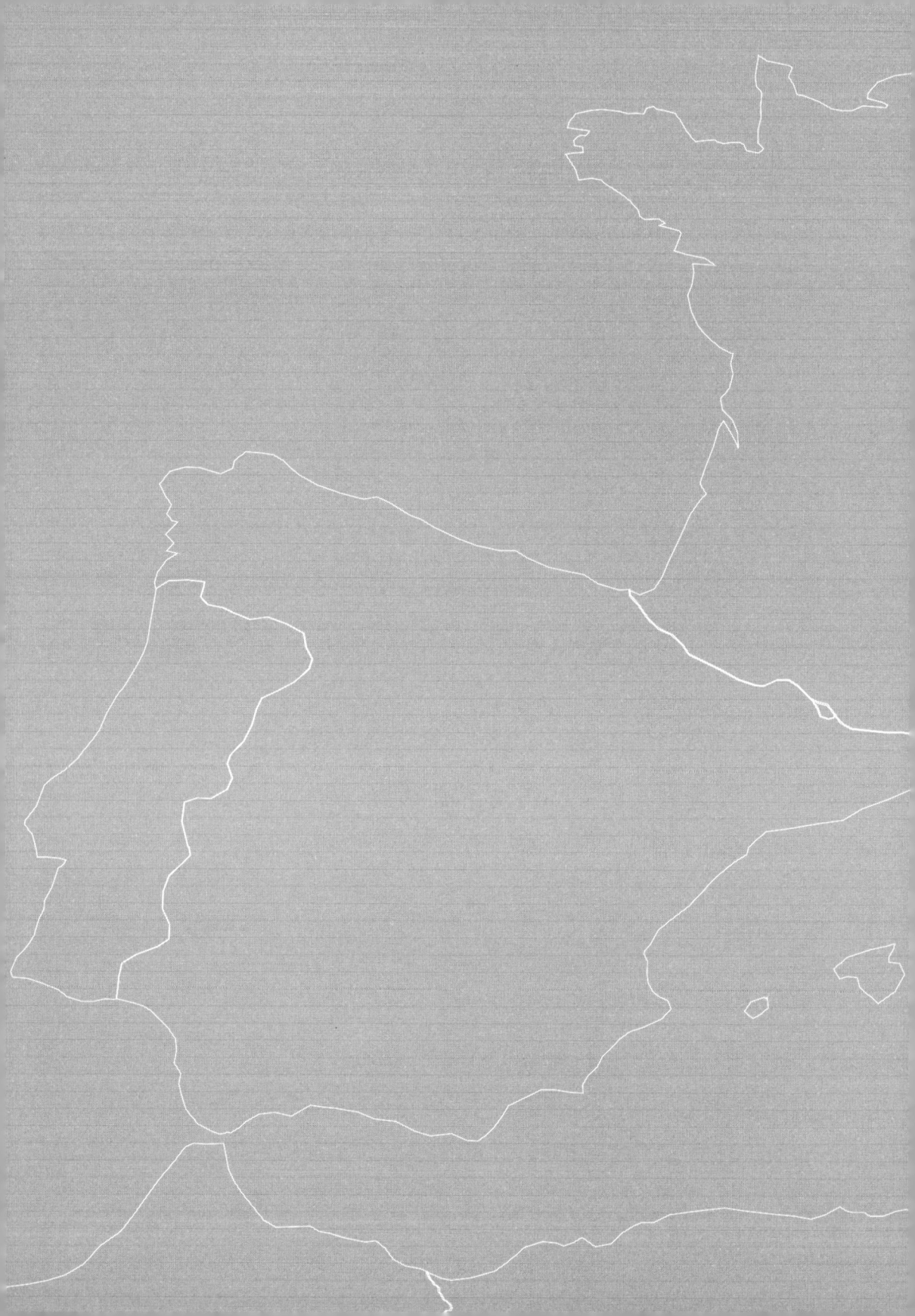

CAPÍTULO 6

Dez dias na Trilha dos Cátaros e mais um perdido nos espinhos

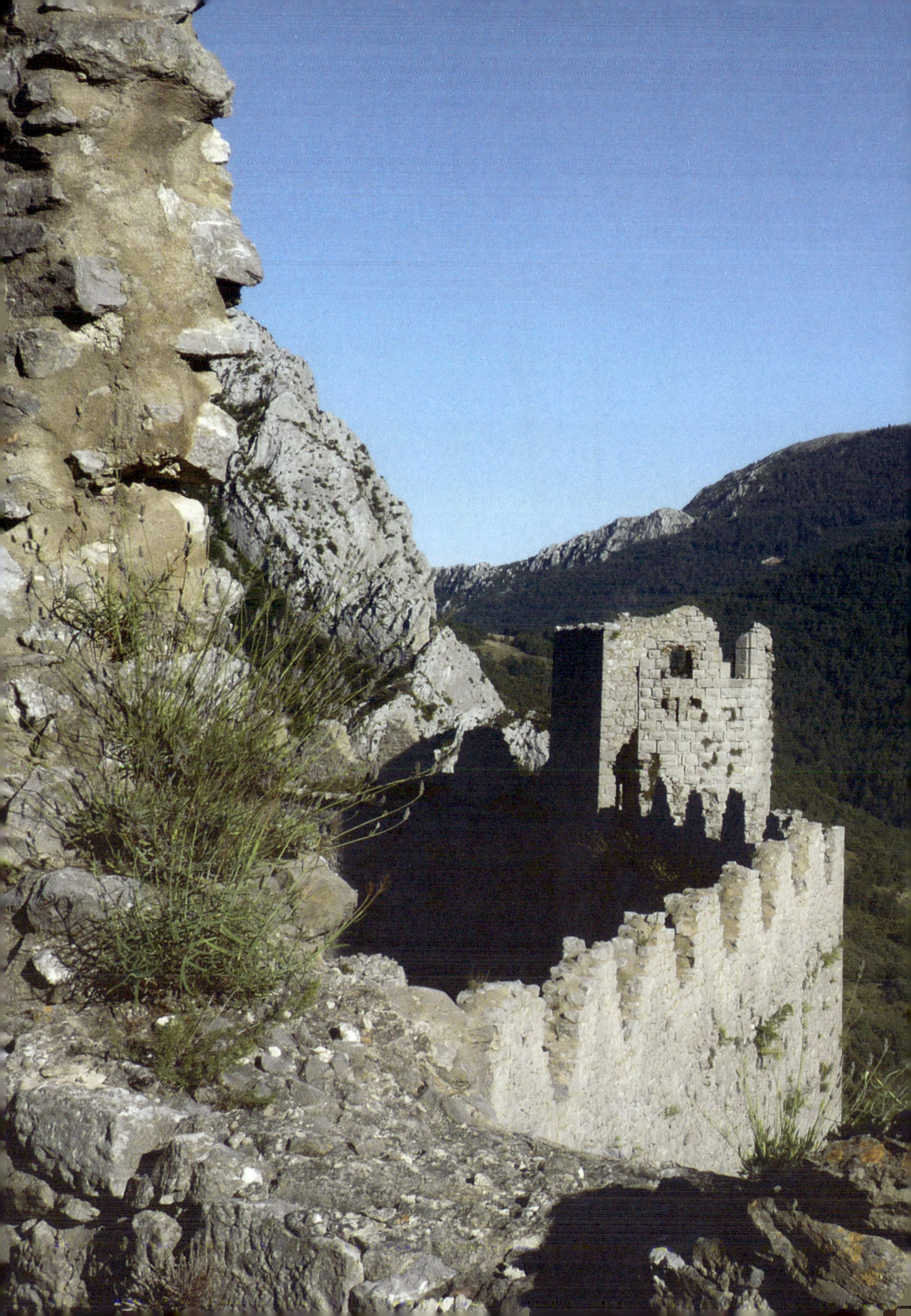

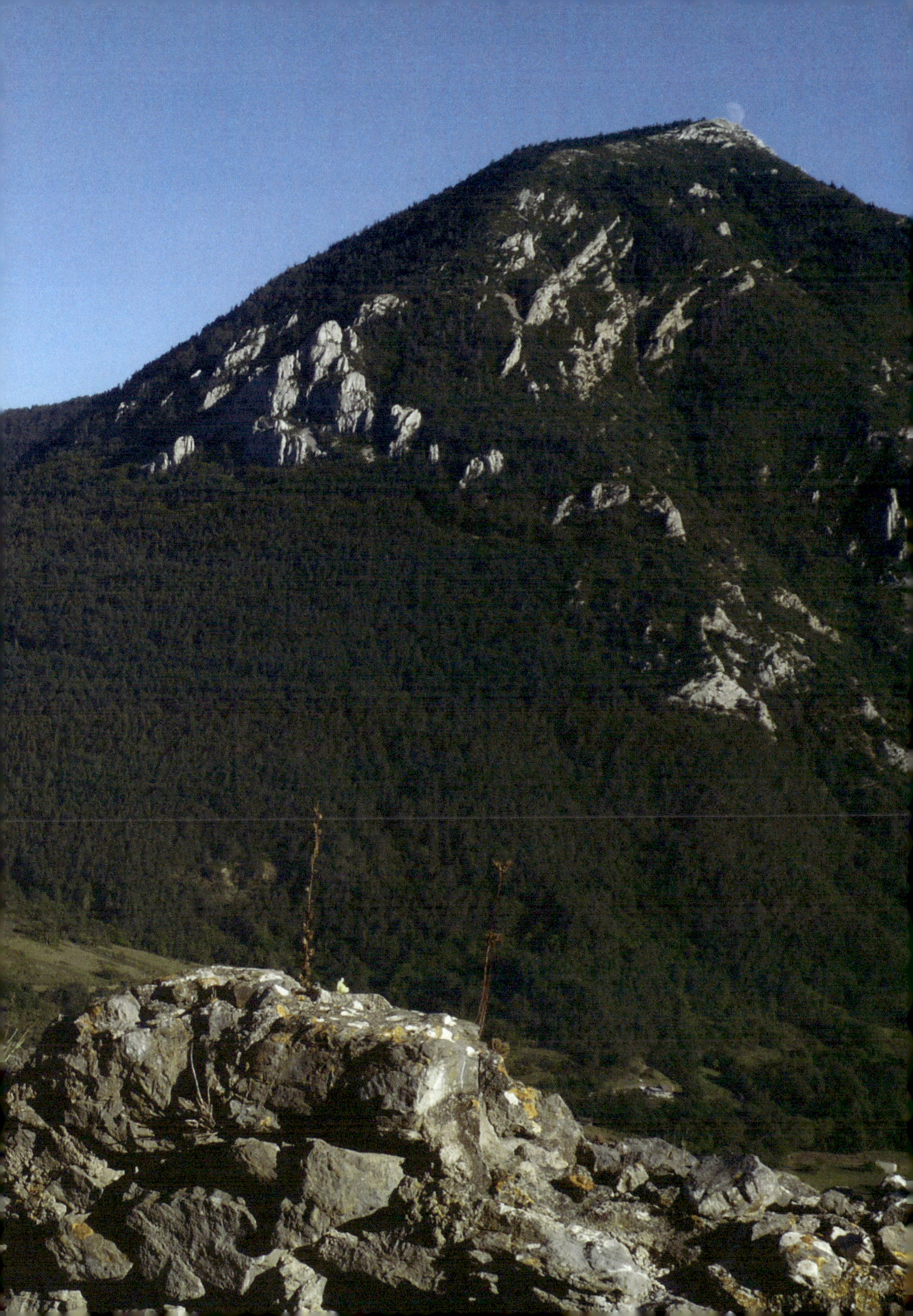

LOGO EM GENEBRA!

Tudo começou à noitinha, em uma rua escura no centro de Genebra. Buscava meu hotel e parei para ver o mapa. Fui abordado por um jovem, que perguntou onde ficava tal rua. Rapidamente, seu comparsa saiu correndo com minha pasta que estava pousada sobre a mala. Para correr atrás dele, teria de deixar a mala, arriscando-me a perdê-la também. Foi-se tudo que costuma viajar na mão.

O dia seguinte foi dedicado à inevitável peregrinação ao Consulado, para conseguir outro passaporte. De tão cheio, não havia mais senhas. Consternado, pedi a um funcionário para falar com alguém "lá dentro". "Estão esperando o senhor", disse com presteza. Sabia ser um equívoco, mas seria cretinice abrir a boca. Entrei e logo fiquei sabendo que aguardavam o escritor Paulo Coelho. Uma vez atrás do guichê, porém, tudo fica mais fácil. A chefona decidiu fazer meu passaporte, junto com o do escritor que logo chegou para renovar o dele.

Após muitos autógrafos e fotografias, sobrou tempo para conversar fiado com ele, sobretudo depois que o embaixador nos convidou para o seu gabinete. Conversa vai, conversa vem, falei das minhas andanças pelas trilhas do Pirineus — incluindo uma visita a Pau, onde ele tem uma casa.

Paulo Coelho perguntou-me se havia estado na Trilha dos Cátaros e recomendou fortemente que tentasse conhecê-la. Semanas depois, recebi dele a sugestão de dois livros sobre o caminho. Resumindo, foi um ladrão, provavelmente da Albânia, quem desencadeou o processo que me levou a conhecer a região dos cátaros.

A HERESIA GNÓSTICA

Muito antes dos cátaros, vieram os gnósticos, seus antepassados em matéria teológica. Comprei uma pilha de livros e comecei a me enfronhar nessa história fascinante e que permaneceu mal contada durante oito séculos. Ou 2 mil anos de mentirada, se incluirmos o Movimento Gnóstico. Somente nas últimas três décadas passamos a ter outra versão da história. Sendo assim, antes de meter as botinas na trilha, vale a pena meter a cabeça nessas sagas bizarras e sanguinolentas.

Nos primeiros dois séculos do cristianismo pipocavam versões do que seria o caminho certo. Uma delas, originada perto de Alexandria, ficou conhecida como Movimento Gnóstico. Mas São Pedro, o grande burocrata da Igreja, não queria saber de estripulias teológicas. A versão tinha de ser única e tinha de ser a sua, para assegurar a autoridade da Igreja. Declarou o gnosticismo uma heresia e mandou cortar a cabeça de todos os seus seguidores.

Sobraram uns poucos que fugiram, esbaforidos, para Bulgária, Turquia e Armênia. Lá ficaram quietos, durante os anos obscuros da Idade Média. Mas, no século XII a Europa começou a ver luzes e os descendentes do movimento, lentamente, começaram a migrar de volta. Esparramaram-se em muitos países, mas sua principal opção foi a região de Provence, no Sul da França. Na época, era uma espécie de Califórnia, com bom clima e progresso rápido.

Lançaram raízes e, em pouco tempo, conquistaram as almas do povo local. Eram puros, eram ascéticos, eram bondosos. Tanto assim que ficaram conhecidos como *bons hommes* e *bonnes femmes*. Segundo um camponês da época, "é mais fácil atingir a salvação pela fé desses chamados de heréticos do que por qualquer outra fé". Por estar do outro lado da cerca, ganha credibilidade, endossada pelo Bispo Fulk que admite "observar neles uma vida de perfeição".

Dentre eles, quem quisesse podia ler a Bíblia — enquanto um cristão submetido ao Vaticano se arriscava a ser condenado pela Inquisição e assado vivo se fizesse isso sem autorização. Além disso, ofereciam às mulheres uma igualdade de direitos desconhecida então. Daí o grande número de seguidoras desse grupo, cujos líderes passam a ser conhecidos como cátaros (os iluminados).

Isso tudo acontece em um dos momentos de maior desmoralização, devassidão e corrupção do catolicismo. Ilustra tal descalabro uma afirmativa do próprio Papa Inocêncio III, descrevendo os clérigos de Narbonne como "cães cegos e idiotas que não conseguem mais latir... homens que farão qualquer coisa por dinheiro... zelosos em sua avareza, amantes de presentes e recompensas". Diante do contraste entre os cátaros, que conquistavam cada vez mais almas, e a sucessão de destemperos e revoltas nas lides do catolicismo, o Papa vê a situação como perigosa demais. Tentou a diplomacia, mas não convenceu os cátaros. Pragmaticamente, achou mais fácil liquidar os "puros" do que moralizar a Igreja.

Indicou então o truculento Simon de Montfort para chefiar as tropas do Vaticano. Convocou também os senhores feudais da vizinhança, acenando com a possibilidade de se apropriarem de terras nos territórios contaminados pelos cátaros, após as confrontações militares. Com o olho gordo em tais promessas, o rei da França vislumbra também a possibilidade de expandir seu território para o Sul. A região do Languedoc (hoje Provence) estava, até então, fora de seus domínios. Ou seja, três motivos torpes para perseguir os cátaros — que eram puros demais.

É o início da Cruzada Albinense, a primeira e única dentro da Europa (Albi é uma cidade da Provence). Instrutivo notar que os incentivos oferecidos aos cruzados incluíam indulgência plenária, por antecipação, cancelamento de todas as dívidas e o direito de saquear e apropriar-se das terras conquistadas.

Como os cátaros não renegavam sua fé e as cidades onde moravam não se rendiam, foi um banho de sangue indiscriminado, pois estavam mesclados com a população local. Montfort não queria saber quem era cátaro e quem não era, assava todos. Afirma-se que matou tantos cristãos quantos cátaros. Houve reclamações, às quais ele retrucou que não tinha importância, pois chegando lá em cima, Deus saberia quem era quem.

Ao se aproximarem as tropas de Montfort — ou de quem quer que fosse — todos se refugiavam nas fortalezas, localizadas nos píncaros das montanhas. Começava então o sítio, com a lenta erosão da capacidade de resistência local. Castelo após castelo foi capturado por Simon de Montfort. Invadida a fortaleza, todos eram queimados vivos. Dezenas de milhares de pessoas foram assadas em praça pública, ao longo de um século.

Com suas vitórias, Montfort conquistou um território maior do que possuía Philip Augustus, o rei da França. Mas ao sitiar Toulouse, uma das últimas praças de guerra a resistir, acontece algo totalmente inesperado. Uma mulher e algumas crianças resolvem fazer justiça com as próprias mãos. Carregam a catapulta com um pedregulho, apontam para as tropas inimigas e, sem saber nada do assunto, dão por resolvido o extraordinariamente delicado processo de mirar o aparelho. Precisão absoluta, a cabeça de Monfort é decepada pela pedra — que costumava pesar 80 quilos.

O filho toma o seu lugar, continuando a chacina. Mas, incompetente, dilapida o latifúndio criado pelo pai.

Quando já não havia mais resistência armada, entra em cena a Santa Inquisição, queimando vivos os que sobraram, após um processo quase impossível de escapar com vida. Alguns poucos fogem para longe e se escondem. Uma família vai para as montanhas suíças do Jura. Um de seus descendentes é o arquiteto Charles-Édouard Jeanneret, que adota o apelido da sua família, quando estava ainda na Provence: Le Corbusier.

Encerra-se assim o capítulo dos cátaros, justificado na Igreja pela necessidade de extirpar uma heresia, tal como fez em outras ocasiões, inclusive com os gnósticos. Para tornar mais críveis as ameaças, acusam os cátaros de ritos satânicos. Orgias sexuais e beijos nas bundas de gatos fazem parte das lendas criadas a respeito.

OS PAPIROS DE NAG HAMMADI E A REVIRAVOLTA HISTÓRICA

A história costuma oferecer surpresas. Em 1945, dois filhos de um paupérrimo egípcio, Ali Umm-Ahmad, descobrem uma ânfora com 51 livros. Como eram escritos em cóptico, usando o alfabeto grego, poucos sabiam de que se tratava. Os papiros vagaram pelo mundo e somente em 1977 suas transcrições foram publicadas. A partir de então, puderam ser seriamente examinados por peritos em teologia da época.

Ao que tudo indica, foram enterrados pelos gnósticos, ao verem os tentáculos do Vaticano se aproximarem. Por eles, foi possível um novo entendimento do movimento gnóstico, desvencilhado das explicações opacas da Igreja. Viu-se então que se tratava de uma ramificação bem mais intelectualizada do cristianismo — mercê da proximidade com Alexandria, um grande centro cultural. Fugindo do ar rarefeito das controvérsias teológicas, interessa apenas registrar que o pensamento gnóstico corresponde muito de perto ao que a nova teologia cristã está dizendo. Ou seja, é uma teologia mais intelectualizada, mais interessada em significados do que em milagres e que descartava uma explicação literal da Bíblia. Em vez disso, buscava nela apenas os simbolismos e suas interpretações não literais. Talvez me arrisque em territórios em que a minha ignorância seja invencível, mas teólogos respeitados como Hans Kung estão mais próximos do gnosticismo do que do padre da paróquia.

Os cátaros são descendentes doutrinários dos gnósticos, adotando uma versão mais simbólica do cristianismo e aceitando o debate livre. Em alguns aspectos, antecipam o que fizeram Lutero e Calvino, poucos séculos depois.

Não vamos dizer que tais descobertas criaram alvoroço e manifestações de rua. Ainda assim, os cátaros ficaram redimidos e melhor compreendidos, através de livros e artigos cada vez mais numerosos. Renasce o interesse por sua história. De fato, um bom número de pesquisadores da Provence tenta explorar essas novas versões do que aconteceu por lá.

UMA TRILHA PARA REMEMORAR OS CÁTAROS

No entusiasmo das novas interpretações, decidiu-se criar uma Trilha dos Cátaros. Criar é a palavra, pois não havia um caminho, como era o caso de Compostela. O que havia eram múltiplas estradas, entrecortando a Provence. Criar a Trilha dos Cátaros consistiu em escolher as paisagens mais deslumbrantes, as fortalezas mais arrojadas e encontrar caminhos antigos ligando isso tudo. De propósito, o percurso desvia-se de toda e qualquer cidade, atravessando somente vilarejos.

São 250 quilômetros de trilhas, saindo do Mediterrâneo e terminando em Foix. O trajeto completo está planejado para ser feito em 12 dias, pelo menos. Em média, sobem-se 500 metros por dia. A cada intervalo de 15 a 25 quilômetros há alguma possibilidade de pousada. São pouquíssimos hotéis, predominando abrigos e quartos para alugar.

A partida é no porto marítimo de Port-La-Nouvelle, no Mediterrâneo. O caminho segue sempre paralelo à fronteira com a Espanha, distando dela uns 50 quilômetros. Nos primeiros dias, é mais ou menos plano, contornando as montanhas e seguindo os vales. Alternam-se as vinhas e uma vegetação terrivelmente espinhenta, conhecida em francês como *garrigue*. Progressivamente, o caminho ganha altura, chegando bem acima de mil metros. Mas vai sempre subindo e descendo, muito mais do que as estradas que buscam o relevo mais suave. No meio do percurso, passa-se das vinhas para a silvicultura, com infindáveis florestas de pinheiros. O gado aparece nas pastagens de altitude que se intercalam com os bosques. Uma das razões para a região ser tão desabitada é que pouco se pode fazer com montanhas pedregosas, já que os vales planos são raros. E o turismo de massa só ocorre naquelas fortalezas medievais, cujas ruínas imponentes justificam o fluxo de multidões.

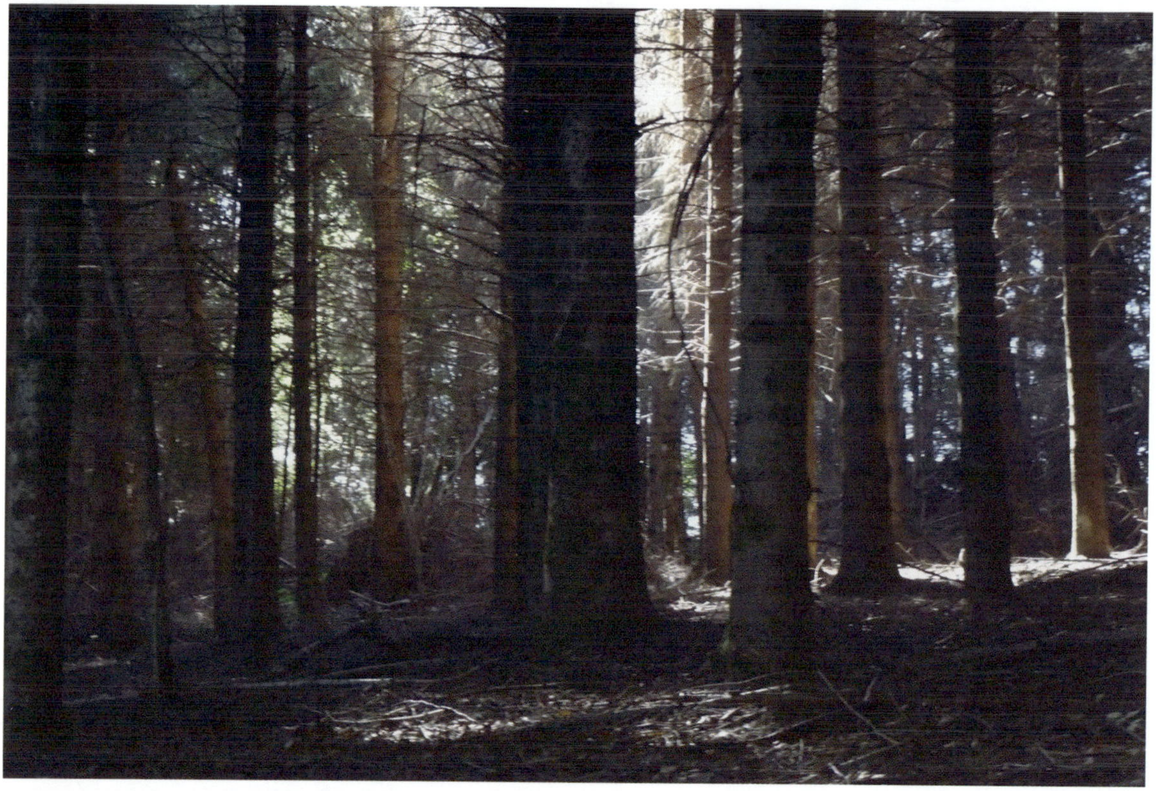

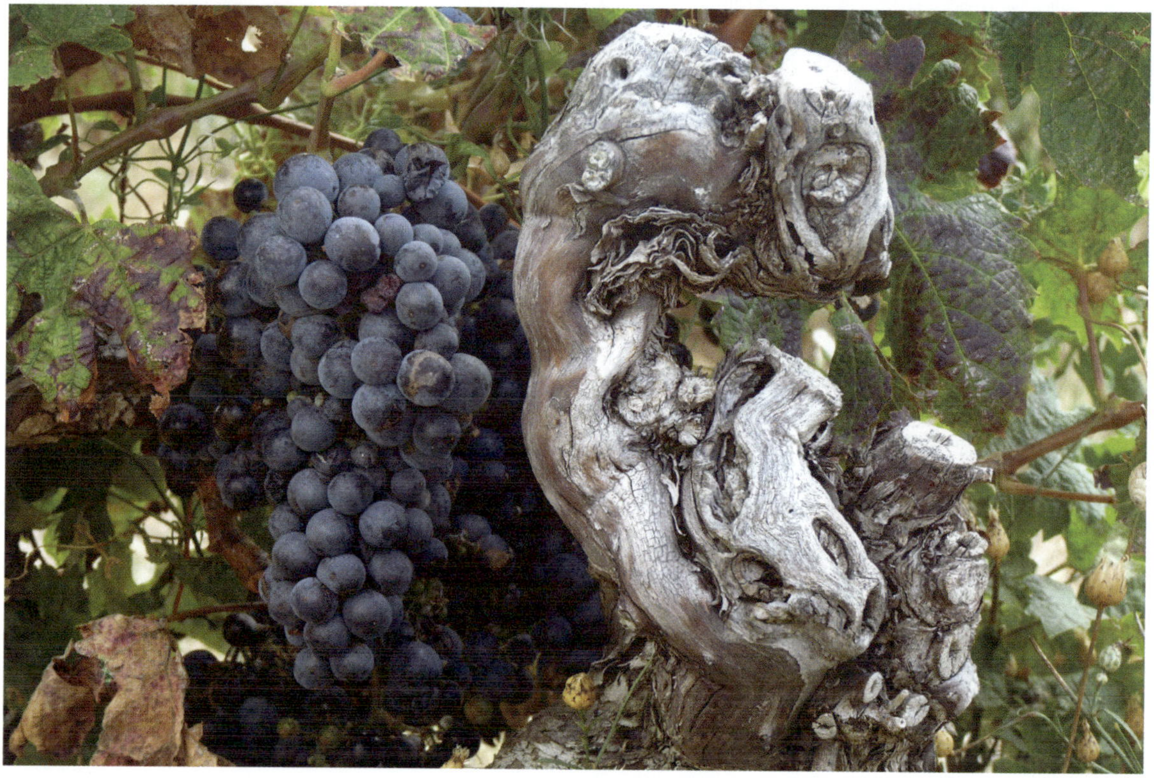

PÉ NA ESTRADA

E lá fui eu então pela Trilha dos Cátaros. Um convite para um *workshop* em Oxford coincidiu com o melhor período do ano, ou seja, depois de ralear o mundaréu de gente das férias de verão e antes de chegarem as chuvas e o frio. Como sempre, havia um bando de interessados em viajar comigo, mas por uma razão ou outra falharam até os caminhantes mais fanáticos do meu círculo de amizades. Fui sozinho.

Reservei um hotel em Toulouse e nada mais. Tinha na mão o livrinho sobre a trilha, mas não havia encontrado o mapa. Só em Perpignan pude comprá-lo, no último momento. Aliás, um mapa com a curiosa escala de 1:55 000. Com certeza, necessária para caber toda trilha.

O início do passeio foi lúgubre. Temia um repeteco do que vivi no Alasca, com chuva todos os dias. Em Toulouse, chovia copiosamente. Da janela do trem, mal se via Carcassonne. O trajeto de Narbonne a Perpignan bordeia o mar, com suas lagoas, vegetação mirrada e areais. A névoa, entremeada com a chuva, tornava tudo monocromático, variavam apenas os tons de cinza. Era um cenário pouco alvissareiro para quem vai andar 11 dias. Mas os deuses dos caminhantes interviram e o clima sofreu uma reviravolta.

A única rua de Perpignan que conheci — andando em busca do mapa — era pobre e salpicada de mendigos e mendigas, todos brancos, velhos e pedindo esmolas. Será a crise que chega?

Como recomenda o guia, quem tem pouco tempo deve pular os primeiros dois dias do percurso, pois são os menos interessantes. Portanto, queria começar em Tuchan, o início da terceira etapa. Como chegar? Não há trem ou ônibus. Optei pela solução burguesa e anticlimática de tomar um táxi.

Tuchan é um vilarejo simpático, mas com ínfimos recursos. Tampouco oferece atrações turísticas, exceto se considerarmos a enorme cooperativa de vinho, que mais parece uma usina de açúcar de Ribeirão Preto.

Mas é o suficientemente grande para ter uma praça com plátanos e um monumento aos mortos da Primeira Guerra Mundial. Acho que não há cidade na França desprovida desses monumentos — e que são sempre exaltações do mau gosto escultórico. No caso, era uma estátua de um soldado, pintada de azul, no mais puro *kitsch* — que não me ouçam os "tuchanenses".

Munido de um gigantesco sanduíche de queijo, recebo instruções do dono do bar acerca do meu destino. Eram simples: "Siga reto por essa direção e depois vá acompanhando a identidade visual da Trilha dos Cátaros". Obedeço à risca suas instruções. Adiante, encontro umas plaquinhas azuis pregadas nos postes e não tiro o olho de sua sequência. Passo adiante por um pouso de parapente e elucubro sobre o local de decolagem. Desconcentrado, custo a descobrir que acabam as plaquinhas e me vejo no meio de um carrascal espinhento, a temível *garrigue*. Vi uma trilha a meia altura da serra e decidi arrostar os espinhos para chegar a ela.

Péssima ideia. Rasguei as calças, ganhei inúmeros arranhões e meu GPS ficou pelo caminho. Provavelmente, continua dependurado em algum espinho medonho, pois por ali ninguém passa. Esbaforido, fui subindo até descobrir que não havia a tal trilha. Fiz uma análise mais calma da topografia e decidi que a trilha deveria seguir o vale e não a meia encosta, como pensava antes. Para descer, outra expedição sangrenta pelo *garrigue* hostil.

Finalmente, cheguei ao vale e ali fiz duas descobertas. A primeira é que havia seguido as marcas azuis dos postes da Eletricité de France. A segunda foi a verdadeira Trilha dos Cátaros, marcada com três traços de tinta, um amarelo, um laranja e um azul.

Nesse momento, tinha 20 quilômetros pela frente e já eram quatro da tarde. Nada a se fazer, senão voltar a Tuchan e achar um hotel (bem razoável, mas sem sabão e nem toalha no quarto). O lado glorioso foi a cerveja gelada que pedi, logo ao entrar. Próximo de Tuchan, há o castelo Aguilar, mas arranhado, cansado e com nódoas indeléveis na minha reputação de bom achador de caminho, não tive ânimo para visitá-lo.

Recomecei no dia seguinte, do marco zero. Tive então a calma de notar um erro clamoroso no planejamento da minha mochila. Depois de arrumá-la, em casa, pesei, encontrando 8 a 9 quilos. Com ela às costas, fui várias vezes a pé para o escritório, como teste. Nada errado, a mochila é realmente anatômica e confortável com aquele peso.

O erro insidioso foi que, na primeira arrumação, faltou muita coisa. Alguns badulaques, mas principalmente a provisão de comida para dois dias — dada a inexistência de provisões em alguns vilarejos. E também dois litros de água, pois a Provence é quente e seca, com poucos abastecimentos ao longo da rota. Com tudo isso, a mochila foi a 14 quilos. Demais para meus 72 anos, para as minhas pernas e para o meu pé, que protestou com algumas bolhas. Foi duro, mas não o suficiente para estragar o passeio.

Segundo Collin Fletcher, o decano dos caminhantes americanos que já ultrapassa a barreira dos 80 anos, esse negócio de caminhar só é árduo na primeira semana. Depois, o corpo se acostuma. Fiquei ansiosamente esperando a segunda semana e, de fato, o corpo aceita o regime imposto pela vontade — com bolha ou sem bolha.

Seguiu-se então uma rotina que se repetiria pelos dez dias seguintes. Partida entre oito e nove horas da manhã e caminhada até às seis da tarde. Obviamente, com as paradas para ver o muito que a região oferece, para comer e para recobrar o fôlego, depois das infindáveis subidas.

A cada dia, a trilha passava por pelo menos um castelo, encarapitado no topo de uma escarpa impossível. Estão todos em ruínas, pois só tiveram razão para existir no período medieval, enquanto espanhóis e franceses viviam às turras, um invadindo o quintal do outro. As fortalezas estavam justamente nas fronteiras entre os dois países. Na verdade, há uma inexatidão aqui. Não eram franceses, mas povos do Languedoc. E não eram espanhóis, mas aragoneses ou catalães. Espanha e França foram criados mais tarde. Conquistado o território pelo rei da França, os castelos perderam suas funções de defesa — e para mais nada servem, de tão árdua a subida para atingi-los.

Aqui e ali, ainda há resíduos das línguas locais, ainda não totalmente engolidas pelo francês, oriundo da Île de France, bem mais ao norte. Languedoc, bernês, aragonês e catalão pipocam, em placas e edifícios antigos. Sem me arvorar em linguista, é curioso notar como todas essas línguas são próximas entre si e do português e do galego, em contraste com sua maior distância do castelhano e do francês. Sem nenhuma familiaridade prévia, consegue-se entender bastante do que está escrito.

Nos primeiros quatro ou cinco dias, passei em revista as vinhas mais famosas do Sul da França. Comecei com Corbières, passei por Minervois e depois Roussillon. É um desfile permanente de pés de uva, todos bem tratados e baixinhos, com os cachos quase encostando no cascalho árido.

A alguns quilômetros de Tuchan, subi por um desfiladeiro, caminhando pela meia encosta. Dali podia ver a garganta pedregosa e o rio, ao fundo. Como teria sido uma passagem estratégica, havia inúmeras ruínas de estradas e caminhos. É a clássica paisagem dos trechos mais pedregosos da região, com suas plantas mirradas pela secura, seu solo em arenito branco e um recorte topográfico com grandes atrativos fotográficos.

Havia saído de Tuchan, uma cidade de origem medieval, mas que quase nada mostra da época, pois foi totalmente destruída pelos espanhóis. Ao chegar ao belíssimo vilarejo de Padern, volta-se à Idade Média. No flanco do muro da cidadela, em uma lojinha, um casal engarrafava o seu vinho. Chamou atenção o contraste entre as paredes medievais e a operação que estava em curso, em equipamentos de aço inoxidável de última geração. Engarrafamento, colocação da rolha e colagem do rótulo, para tudo havia uma reluzente máquina. Entabulei conversa com o casal de meia idade.

O negócio deles representa um dos dois modelos de produção de vinho. Muitos vendem suas colheitas para as cooperativas — como a de Tuchan — e dão por encerrado o assunto. Mas como esse casal, há os que preferem fazer vinhos com seu próprio rótulo e investir na criação de uma clientela fiel — isso porque a produção mínima de uma família não justifica nenhum tipo de publicidade ou lançamento. Podem ser vinhos excelentes, dependendo do cuidado artesanal e da competência técnica do fabricante. Aliás, Robert Parker — o supernariz americano que dá o veredicto sobre os vinhos de Bordeaux — pescou vinhos desconhecidos dessa estirpe e deu a eles notas elevadas, até maiores do que ganharam chateaux consagrados. Pejorativamente, foram chamados de *garagistes*, pelos ciumentos barões do vinho.

Os vinhos do casal estavam à venda por 8 euros. Estariam à altura das listas de Parker? Com sede e depois de três horas de caminhada, meu paladar estava aniquilado e incapaz de um julgamento. Só posso dizer que ruins não eram.

Em setembro, os parreirais estavam carregados, e as uvas, maduras. Como se caminha no meio das vinhas, para adoçar a boca era só abaixar e colher.

Padern tem o seu castelo, que não visitei. Não seria do primeiro time. É sempre curioso notar que um castelo e o vilarejo próximo são irmãos siameses. Nas eras medievais, a cidade e seu castelo estavam necessariamente próximos e eram complementares em suas funções. A cidade estava perto da água, da estrada e de campos cultiváveis. Em outras palavras, era o centro da vida. O castelo era colocado no ponto menos acessível, para dificultar o acesso aos inimigos. Lá morava o Barão, com sua guarnição e seu luxo — o que quer que isso significasse na época. Em caso de guerra, o povão se refugiava no castelo, já abastecido com reservas de água e provisões. Por exemplo, no acanhado castelo de Montsegur, mil pessoas se acotovelavam, durante o sítio pelas tropas do Papa. Em alguns casos, sobravam alguns, pela insuficiência do espaço. Eram abandonados pelos castelães e ficavam à mercê dos atacantes. A solução era se refugiar nas matas e atacar ferozmente quem aparecesse, inimigo ou conterrâneo.

Em poucas horas, cheguei ao Castelo Queribus, o primeiro do passeio a ser visitado. Fica no topo de um penhasco, com uma construção sólida e impressionante por sua qualidade. Era para ser inexpugnável e, de fato, foi um dos últimos a se render, diante das tropas do bispo de Narbonne e do exército de Carcassonne.

Quando a tabela do guia mostra o desnível a ser percorrido durante o dia, não inclui subir aos castelos, geralmente 100 a 250 metros acima da trilha. Portanto, a contabilidade da ascensão diária subestima o enorme esforço de rastejar até o castelo, depois de muitas horas de caminhada.

Por ser espetacular, Queribus atrai os turistas motorizados. Entre ônibus e automóveis, o estacionamento enorme estava cheio. Comecei a ver uma regularidade que se repetiria adiante. Os grandes castelos atraem turistas comuns que, além de gemer escada acima, em direção ao castelo, fazem alguns passeios a pé pela Trilha dos Cátaros — etapa supostamente essencial para o currículo de viajantes que querem se gabar ao fim das férias.

Com suas roupas domingueiras e mochilas em que mal cabe um sanduíche, passeiam alegremente pelas trilhas circunvizinhas do castelo. Passada a distância que seu fôlego curto alcança, as trilhas voltam ao seu tráfico usual, ou seja, quase nada. Ao contrário de Compostela, essa é uma trilha de pouquíssimo uso. Ao longo dos dez dias, não vi ninguém que estivesse fazendo o percurso completo e encontrei apenas um ou outro que estava fazendo um trecho. Para quem gosta de estar longe do contato humano, não posso imaginar nada melhor. Em contraste, a subida do Everest tem um tráfego intenso de *sherpas* e excursionistas ocidentais. Além disso, estima-se que, no verão, 10 mil pessoas passeiam simultaneamente nos flancos do Mont Blanc.

Antes de subir ao castelo, deixei mochila e bastões na casinha onde se vendem bilhetes de entrada — e os inefáveis souveneres. Na volta, não achei os bastões. Reclamei com o funcionário. Sua resposta é que alguém os teria levado por engano. Não passou pela sua cabeça que pudessem ter sido roubados. Na verdade, nem uma coisa nem outra, continuavam encostados na cerca, onde os deixei.

O leitor atento notará que os verbos aqui passam para o plural. Comecei o passeio solitário, sem planos e sem acompanhantes. Mas acabei conhecendo um casal inglês. Ficamos amigos e seguimos juntos pelos dias subsequentes. John Martin, nascido no Rio de Janeiro, porque seu pai trabalhava na Light, voltou para a Inglaterra, onde estudou medicina, praticou e, há um par de anos, aposentou-se. Tem o hábito de perguntar tudo. Indaguei se a prática da anamnese dos seus pacientes era responsável pelo desembaraço nas perguntas. Parou e pensou. Carol, a mulher, riu profusamente da pergunta e ambos concluíram que era isso mesmo. Ela é artista plástica, mas tinha um atributo que, nestas circunstâncias, não me agradava em absoluto: era maratonista.

Em topografia plana, mantínhamos velocidades aproximadamente iguais. Mas nas subidonas, a mulher disparava na frente e o marido mal alcançava. Tentei acompanhar uma primeira vez, redescobrindo ser péssima ideia forçar a marcha — como manda o manual, cada um deve andar no seu próprio ritmo. Daí para frente, a mulher

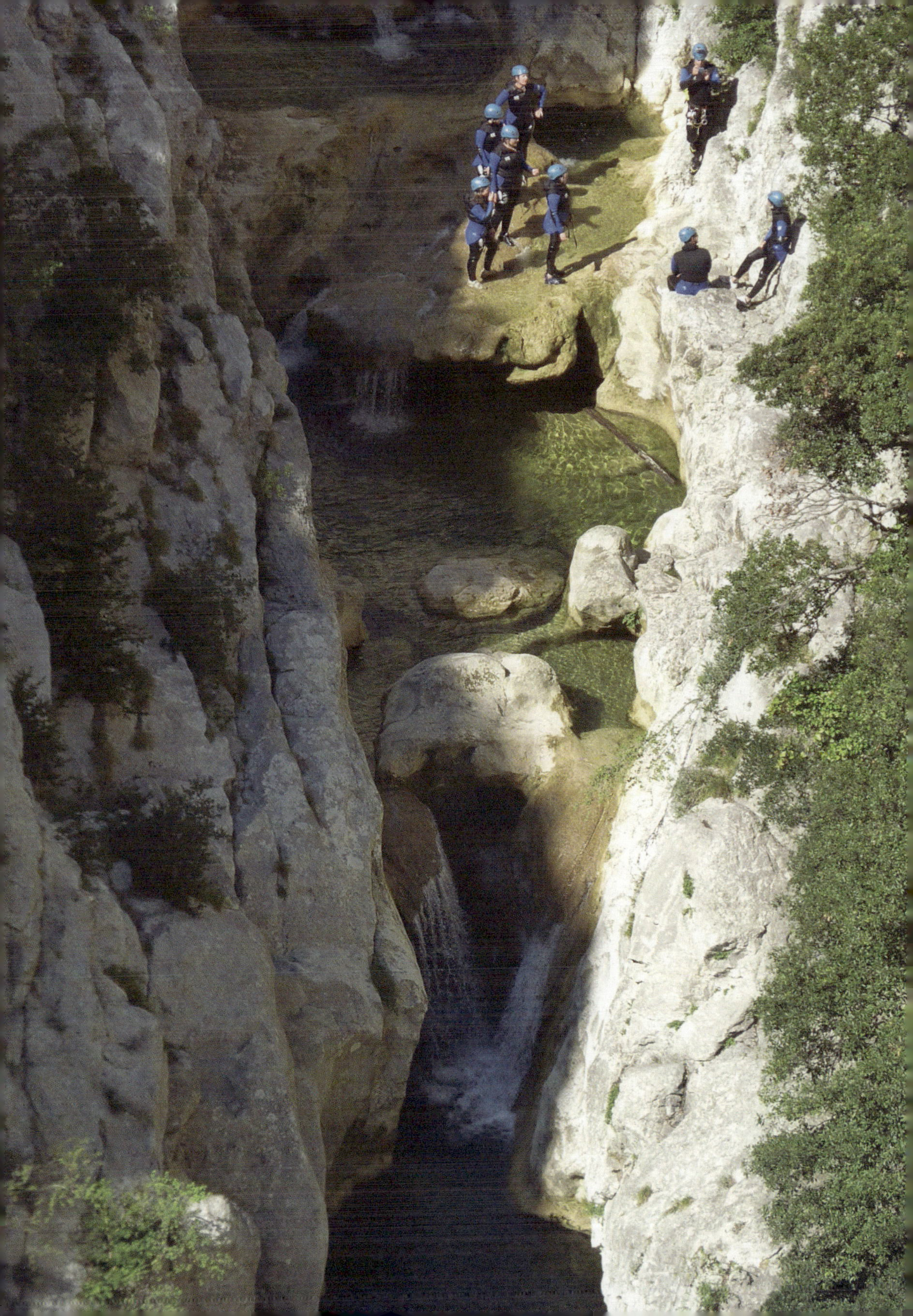

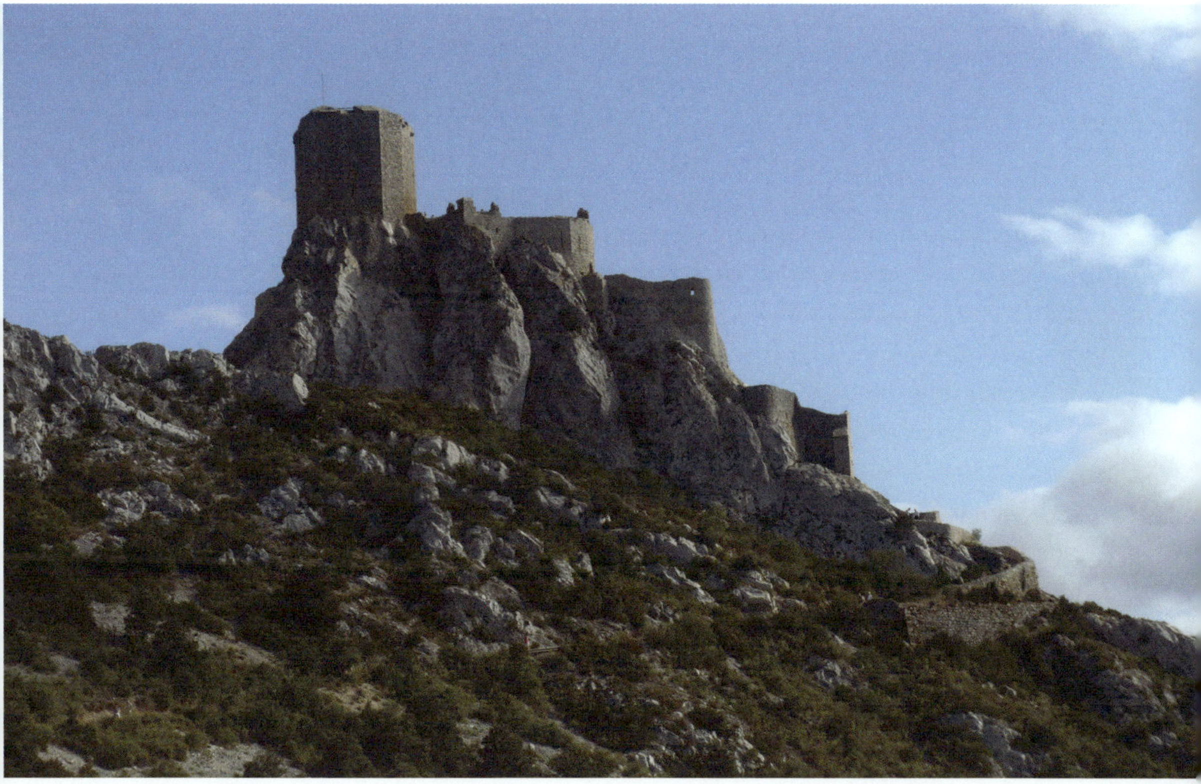

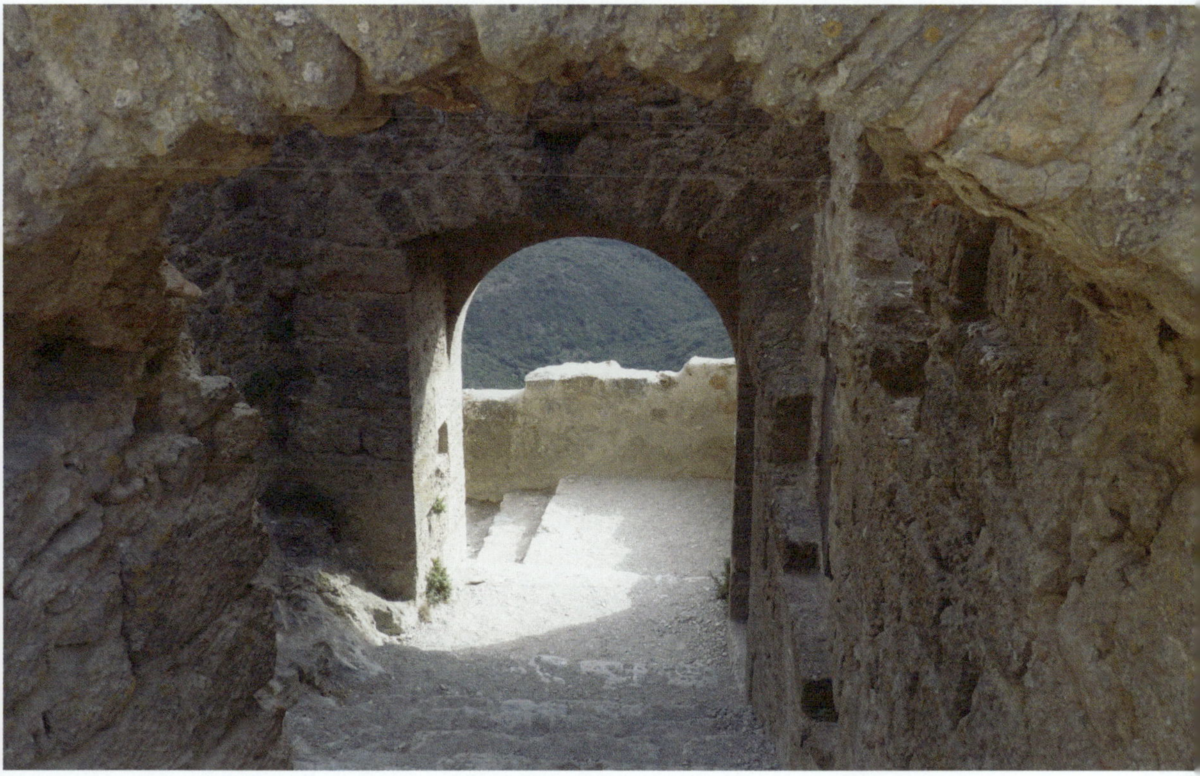

desembestava morro acima e eu mantinha meu passinho tranquilo. No alto do morro, estavam lá, começando a abrir os sanduíches. Descansávamos e seguíamos viagem.

Foram companheiros excepcionais. John, muito culto, discorria sobre vários assuntos e trocava ideias sobre livros. E ademais eram caminhantes calejados, com um invejável *savoir faire* de trilhas. Minha expectativa de curtir a solidão não se materializou, mas foi trocada por ótima companhia.

Em outra viagem à Provence, havia notado uma característica muito interessante das trilhas. Na sua margem, plantam-se amoras. Não as nossas, almoço de bicho-da-seda, mas amoras silvestres, produzidas por uma trepadeira baixa e com espinhos medonhos. Como amadurecem no início do outono, estavam ali, ubíquas, oferecendo seus frutos negros e doces. Como sou siderado por essa fruta, foi um dos pontos altos do passeio.

Encontramos também ótimos figos e alguns poucos *blueberries* (mirtilos). Maçãs havia, mas estavam péssimas, talvez fora de estação.

Caminhando e olhando, podemos ver a alternância de lugares mais prósperos com outros bem mais modestos, embora miséria não exista. Em um vilarejo, fomos tomar café em um bar que só tinha café e cerveja — além de uma velha sentada em um sofá arrebentado e com uma colcha imunda no colo. Como dizia meu amigo Daniel, francês da Normandia, na Provence começa a África.

Pousamos em Cucugnan, um belo vilarejo medieval, com um moinho de vento cuidadosamente restaurado, no alto da colina. A pousada era bem interessante e a culinária notável. Mas às 21h20, a luz da cozinha já estava apagada.

Seguimos viagem até Duilhac-sous-Peyrepertuse, outra combinação de vilarejo e fortaleza. Nesse local, a fortaleza está a 500 metros acima da trilha, confundindo-se seu perfil com as arestas de uma falésia imponente. Olhando o mapa, o relógio e consultando as pernas, concluímos que não era boa ideia subir.

Seguimos então para as Gorges de Galamus, um desfiladeiro dramático, com paredes de pedra dos dois lados e um riacho correndo no fundo, com poços de água verde-esmeralda. Como é passagem obrigatória, foi escavada uma estrada na rocha de um dos flancos.

Ao fundo do abrupto cânion, podia-se ver um grupo de *cannioning*, descendo o rio encachoeirado. Deu inveja, queria estar lá. Chegando ao enorme estacionamento, havia na porta do banheiro um édito do prefeito proibindo entrar nas águas dos rios. Ou seja, eu podia, ao mesmo tempo, ler o édito e ver os membros da expedição de *cannioning* chafurdados nas águas frias do rio. A conclusão inevitável é que discrepâncias entre leis e mundo real não existem só no Brasil.

Nosso destino para dormir era Prugnanes, mas, por um equívoco de navegação, acabamos em St. Paul de Fenouillet, uma cidade maiorzinha e fora do caminho oficial. Por ser uma cidade real, mostra uma sociedade misturada, com poucos carrões de luxo, em meio aos velhos automóveis de interior. Do ponto de vista arquitetônico, é a cidade mais embaralhada que vimos, pois além dos prédios medievais, há o medieval reinterpretado e, em alguns casos, atinge um paroxismo *kitsch*. Na França, como no Brasil, um pouco de dinheiro é o grande inimigo da pureza arquitetônica. Quando sobram uns trocados, podemos esperar a barbárie. Quando falta, fica o prédio como estava. Só quando há realmente muito é que se restaura o velho edifício, respeitando sua arquitetura.

Ali estávamos por haver errado o caminho. Aliás, tirante minha errada vergonhosa no primeiro dia, não há boas razões para errar. Todas as encruzilhadas são duplamente marcadas. A entrada certa tem as três pinceladas, a alternativa errada tem as ditas, e mais uma cruz por cima. Mais ou menos a cada 100 metros, há uma pedra ou uma árvore confirmando a orientação certa.

Mas, na prática, a perna entra em piloto automático e a cabeça vai para espaços siderais. As três pinceladas lá estão, mas os olhos não registram. Nesse transe hipnótico, erramos várias vezes. Mas, ao aterrissar e constatar o desaparecimento das tranquilizadoras pinceladas, era hora de voltar atrás.

Em St. Paul, encontramos uma pousada, Chez Mère Michel, no centro antigo e meio decaído da cidade. Pertencia a uma velha curiosa e decidida. Os quartos estavam em uma casa mal cuidada, onde o banheiro e o quarto eram marginalmente aceitáveis. Na hora do jantar, fomos para a casa da velha, quase em frente. Como se trata de uma operação agrícola, o andar de baixo está entulhado de ferramentas, espigas de milho, carrinhos de mão e uma abundância de objetos esparramados. Não é mais uma sala de visitas, mas um paiol de fazenda — e dos mais bagunçados. No andar de cima fica a sala de jantar. A abundância de apetrechos de fazenda, embaixo, faz par com os montes de objetos, supostamente de decoração, empilhados no chão ou pendurados por pregos: bonecas encardidas, ferramentas antigas, brinquedos de plástico desbotados, fotos de antepassados e desconhecidos. Quase não dá para andar em volta da mesa sem tropeçar. Inesquecível.

Tínhamos a companhia de uns 15 convivas em férias, todos hospedados nos múltiplos imóveis da velha. Eram da região de Beaujolais. Todos mais velhos, se conheciam e trocavam gracejos sobre a região de proveniência de cada um.

O que comeríamos? A França é a França, então logo apareceram travessas gigantescas de carnes e verduras assadas na brasa, obra do marido bigodudo. Tudo regado ao vinho local, muito decente e oferecido sem limites. Mas eis que na hora de escolher o vinho, paira a dúvida existencial da Gália: tinto, branco ou *rosé*? Com a sobremesa, aparece um vinho tipo Porto. Um banquete! E também uma bela amostra da vida de turistas do interior, meio caipiras. Um dos comensais era um "alternativo" catalão. Vivia em uma comuna e vinha à França para biscates esparsos, como participar da colheita dos parreirais. Falou de netos nas Canárias e concluímos não haver entendido nada da vida dele.

Existe na França uma multiplicidade de formas de hospedagem, além dos hotéis convencionais das cidades maiores. Há os abrigos de montanha, operados pelos clubes de alpinismo e similares. São baratos (entre 10 e 12 euros a noite, em quartos coletivos). Mas o conforto é mínimo e os banheiros ficam longe dos quartos. Há colchões, travesseiros e cobertores, mas não há lençóis, fronhas ou toalhas. Na primeira noite que passamos em um assim, compramos, baratinho, um conjunto de lençóis e fronha de papel. Com um pouquinho de cuidado, deu para reusar em todos os quartos desse tipo em que dormimos.

Amplamente mais agradável é o sistema de Chambres D'Hôtes, que são quartos alugados em casas de família, muitas vezes conjugados com Table D'Hôtes, que oferecem o jantar. E há também sua contrapartida no campo que são as Gites Rurales, consistindo em quartos de fazendolas, com a correspondente refeição. Esses são os mais divertidos e inesperados, pois há de tudo.

Em cada um, uma surpresa. O quarto da velha de St. Paul era o mínimo aceitável. Em Montsegur, o dono era um escultor em metal e a decoração era peculiar e criativa.

Previsivelmente sem pecados era a comida, todas as noites. Vinho sempre à vontade, valorizando a boa culinária francesa. Nada de *cuisine minceuse*, pois as manteigas e cremes compareciam. Nada de pratos imensos com uma bolotinha de comida no meio, não, era comida para quem andou oito horas. Nas *chambres d'hôtes* servia-se o repertório clássico do país. Nas *gites*, a ideia é apresentar os produtos da horta e a culinária local.

Pelas regras dessas hospedagens, pelo menos um anfitrião deve sentar-se a mesa com seus hóspedes. Dessa forma, podíamos indagar sobre a região, sobre a vida local, sobre as escolas, e o que mais viesse à cabeça. E como na França comer é assunto de pelo menos duas horas, dá para conversar muito.

Na pousada urbana de Espezel não serviam comida e mandaram-nos para outro local em que havia comida, mas não pousada. A dona era da região dos Alpes e veio de mudança, com o marido, técnico de telefonia transferido. Comprou uma casa velha e reformou como restaurante — segundo seu relato, custou uma fração do que custaria nos Alpes. Sozinha, cuida das panelas e dos comensais.

Conversamos muito, sobretudo sobre os seus negócios. Um dos assuntos acabou sendo as novas legislações, paridas nas burocracias da Comunidade Europeia, paranoicas com segurança alimentar. Vejam só: agora é proibido servir ovo, quebrado na beira do fogão, pois pode ser contaminado pela titica da galinha na casca. A lei manda comprar o ovo já sem casca e acondicionado em plástico. Quem já viu cozinheiro francês metendo a mão suja em tudo pode imaginar a consternação trazida por esse purismo fitossanitário. A dona do restaurante afirmou categoricamente que se recusa a usar o tal ovo moderninho e que continua com o método velho. Se vier o fiscal, ela preferirá fechar o restaurante a se submeter a tamanha idiotice. Mais enfática, citou os grandes chefes franceses, teatralmente quebrando seus ovos diante das câmaras de televisão.

Contou também da *charcuterie* do seu vizinho, que prepara embutidos deliciosos. A lei permite que ela — ou qualquer um — compre e deguste aqueles *saucissons*, preparados segundo receitas seculares. Mas ela não pode servi-los em seu restaurante. Coisas de burocrata de Bruxelas.

Para terminar esse parêntese sobre hospedagem, vale mencionar os custos. Em geral, a dormida varia entre 25 e 50 euros pelo quarto, pouco mais para um casal (com café da manhã). Já o jantar é sempre 15 euros, com vinho, *eau de vie* e aperitivo. Nada de assustar, mais barato do que férias no Brasil.

Em uns quantos dias, saímos da região dos vinhos e subimos as serras, chegando a uns 1.500 metros de altitude. Lá estão as atividades de silvicultura e o gado solto nas pastagens de montanha — no inverno serão trazidos para as planícies e estabulados. Caminhamos vários dias no meio das casuarinas, pinheirais e do zumbido ocasional das motosserras. São regiões ainda mais desertas. Nas vinhas, não há ninguém, mas sabemos que os donos não podem estar longe. Nas montanhas, sabemos que ninguém mora por ali. Melhor não quebrar a perna nesses ermos.

Subi na fortaleza de Puilaurens, a duras penas, depois de uma longa caminhada. De tão cansado, quase não valeu o esforço.

Na volta, não havia lugar no vilarejo e terminamos em Lapradelle, em uma pensão operada por um casal de holandeses muito calorosos. Ele era barbudinho, *marchand* de antiguidades, e a casa refletia seu bom gosto, com uma abundância de peças ótimas. A mulher era feia, enorme — o dobro do marido — e de cabelo curtinho, mas também simpática. Parece que os estrangeiros tendem a ser gente mais educada, fugitivos das grandes capitais e de empregos de escritório. Os estalajadeiros locais são mais rústicos.

Segundo o holandês, está havendo uma metamorfose no turismo. As pequenas pousadas e hotéis estão decadentes, dando lugar ao turismo de massa, com hotéis enormes. São os ingleses e holandeses que insistem nas pequenas pousadas, pois é a sua maneira de escapar das chuvas persistentes de suas terras.

Uma de nossas preocupações era o abastecimento para o almoço de campanha. Isso porque houve uma mudança curiosa na vida dessas cidades modorrentas e quase abandonadas. Sendo vilarejos de poucas centenas de pessoas, se tanto, manter lojas abertas está se tornando inviável. Com a riqueza do país, todos têm carro para ir às compras grandes, uma vez por semana. Então, o pão diário vem em uma *van* que para no centro da cidade. O mesmo vale para o queijo, a carne e o peixe. É o vilarejo pós-moderno, sem lojas e com comércio motorizado.

Em Axat, vimos a *van* do queijo parada na praça principal, cercada de senhoras se abastecendo. Vimos também partir o trenzinho local, outrora meio de transporte e hoje apenas atração turística.

Assim sendo, em alguns trechos, é preciso comprar comida para dois dias. A dieta do almoço era mais ou menos a mesma, mas nem por isso sem interesse. Uma baguete, algum queijo da região, umas fatias de *saucisson*, frutas e chocolate. Nos intervalos, talvez uma barra de cereais. Como o vinho era servido à vontade nos jantares, levava uma bolsa plástica pequena e enchia de vinho, para acompanhar o piquenique do dia seguinte.

Quirbajou é um dos castelos que resistiu bastante às investidas dos cruzados. Nos dias seguintes, continuamos a vislumbrar sua silhueta, no topo de um morro aparentemente inexpugnável. Se há uma lembrança visual dos Cátaros é a desse perfil.

Um dos trechos mais longos nos leva à fortaleza de Puivert, uma ampla construção, pousada em uma elevação modesta e com um larguíssimo espaço central. Hoje é um gramado, mas deve haver sido um amontoado de cabanas e tendas, em meio a atoleiros e imundice. Na verdade, na época dos cátaros, a fortaleza era apenas o que hoje parece um puxadinho acanhado. O resto veio da ocupação francesa, mais rica e dada às ostentações estudadas nos livros de história.

No gramado, estava estacionada a reprodução fiel de uma catapulta. Vale notar que era uma das duas armas mais valiosas diante de uma fortaleza construída para ser inexpugnável. Era uma questão de paciência. Por meses a fio, os artilheiros da catapulta lançavam pedras sobre a muralha, mirando sempre no mesmo lugar. A esperança era enfraquecer a sua estrutura, até que começasse a ruir. Entravam então os soldados pelo buraco. A outra arma era um telhado de madeira espessa, penosamente transportado no lombo dos soldados, até encostar na muralha do castelo. Ali, protegidos pela couraça de madeira, os soldados sapadores começavam a cavar, para retirar as pedras do muro, até abrir um buraco ou provocar um desabamento. Outro entrave às invasões eram os fossos cheios de água. Segundo pesquisadores atuais, o perigo não era o afogamento, mas o fato de que as latrinas eram buracos na muralha que desembocavam diretamente no fosso. Chafurdar naquelas águas era septicemia na certa. Mas a Provence é muito árida para tais fossos.

Dessa fortaleza, caminharíamos para uma Gite Rural, que pela placa estava a 4 quilômetros dali. Isso completaria os 25 quilômetros daquele dia. Propaganda enganosa! Para não perder clientes, a placa subestimava a distância em vários quilômetros. Ou seja, a caminhada aproximou-se de 30 quilômetros. Com o cansaço, os sistemas de alerta entram em hibernação e perdi meu suéter vermelho, mal atado que estava na mochila.

Mas a *gite* valeu a pena, pois era uma fazendola simpática, bem tratada e o papo do dono foi muito instrutivo. O nosso anfitrião tocava violão profissionalmente, criava cavalos e operava a pousadinha. Somando as receitas, dava para viver.

Como todas as casas rurais da França, há mesa e cadeiras do lado de fora (no verão), para tomar uma cerveja ou para um vastíssimo rega-bofes.

Comecei perguntando por escolas. Para o pré-primário, as crianças têm uma escola local. Para o primário, o ônibus leva a uma cidade próxima. Para o secundário, outro ônibus leva para outra cidade. Para o superior, é preciso ir a Toulouse.

Havia visto alguns pés de *reine Claude*, uma variedade amarelinha de ameixas, e devorei as poucas frutas que restavam. Como muitas árvores estão na beira da estrada, são mais do que convidativas. Ao fim do jantar, provamos sua *eau de vie*, feita dessa mesma fruta.

Aí, a conversa derivou para a logística de produzir esse destilado, pois a produção de frutas de cada propriedade não justifica possuir um alambique no fundo do quintal. Explicou então que, nas vizinhanças, existe um senhor com um alambique em seu caminhão. Ele vai às cidades circunvizinhas e destila a produção de cada um

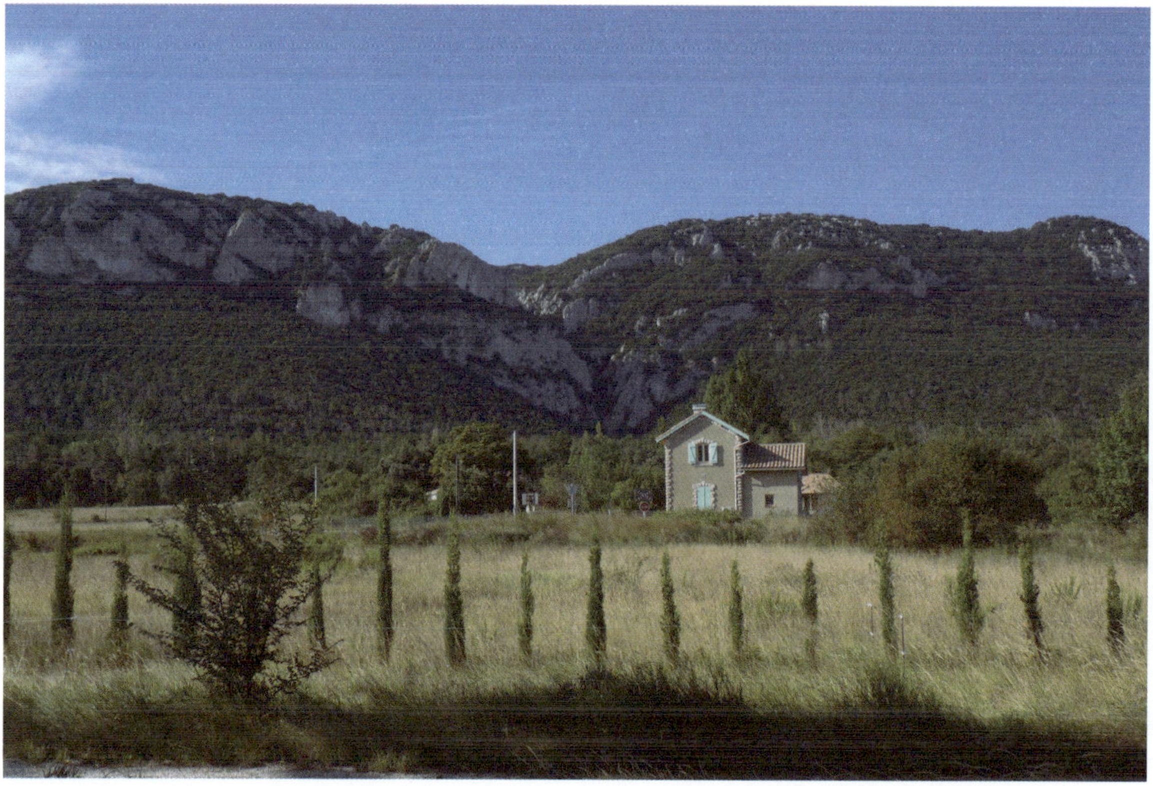

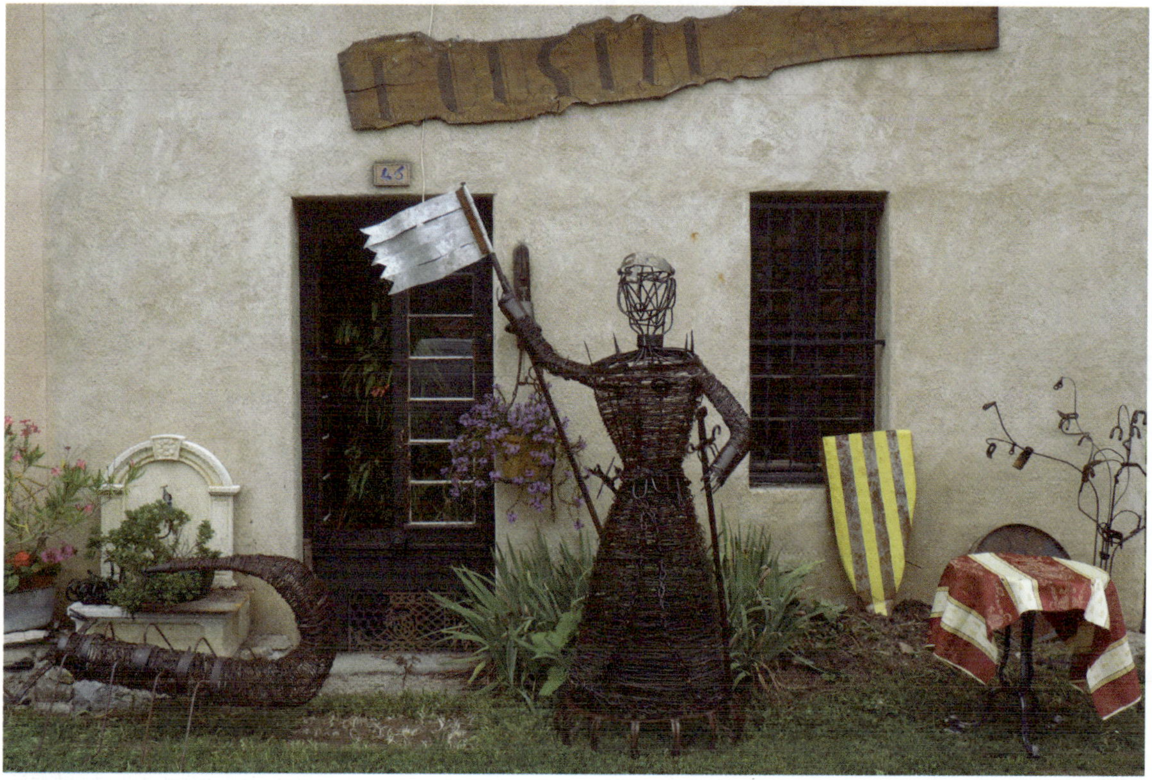

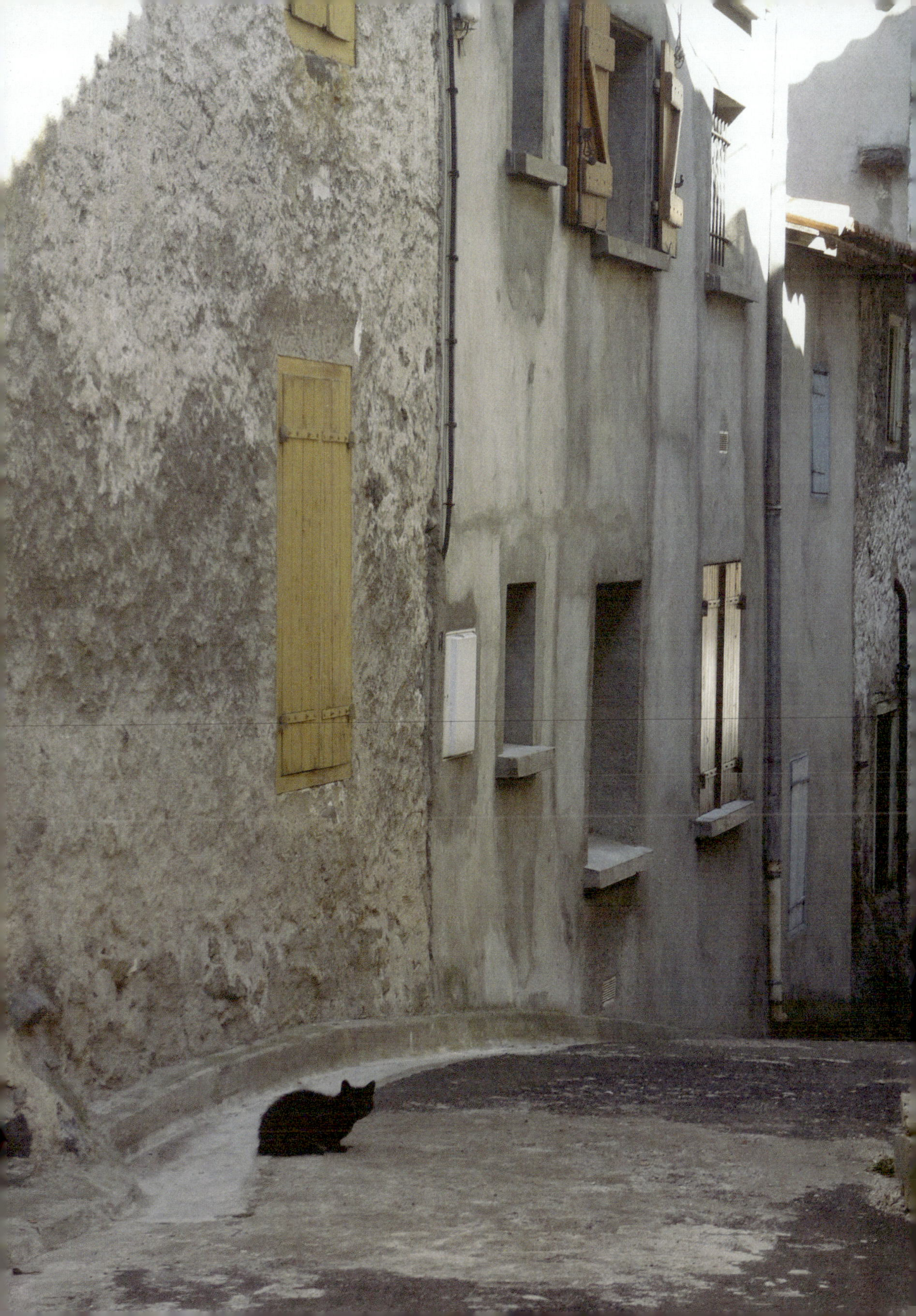

que traga os tonéis com a fruta acumulada. Atendidos todos os interessados, passa para a cidade seguinte.

Pela lei, isso é permitido, desde que seja para consumo doméstico. Nada de vender ou servir nas pousadas, pois o aguardente nem pagou imposto e nem foi abençoado pelo burocrata de Bruxelas. Perguntamos se essa regra era cumprida, já que acabávamos de tomar várias talagadas da sua *reine Claude*, metamorfoseada em *eau de vie*. E a polícia, não faz nada? Segundo nos explicou, para processar alguém, a polícia tem de preencher uma papelada tão farta que dá preguiça. Tomando outro gole pensei: país latino é país latino.

Para quem quer evitar as multidões de Compostela, essa é a rota certa. Belíssima do primeiro ao último dia. E sem vivalma no caminho — e nem é preciso dizer, nem um lixinho aqui ou acolá. Quando nos deparamos com alguém, é quase certo ser bem velho. São os velhos locais ou os velhos ingleses e holandeses. Moço, só um ocasional pedreiro e o consertador do telefone. E como quase não há casas, quase não há telefones para consertar. Pensando bem, nesse nosso Brasilzão talvez seja quase impossível andar dez dias e ver tão pouca gente. Exceto, talvez, no Centro Oeste ou na Amazônia.

Em um dos jantares de pousada, compartilhamos a mesa com um casal belga. Na conversa, ficamos sabendo de uma modalidade muito interessante do mesmo passeio. Gemendo com minha mochila pesadíssima, mesmo depois de jogar fora um tênis (o que adiantou pouco, pois havia levado o mais leve que possuía), ouvi com sumo interesse a descrição do sistema.

Empresas de turismo de aventura oferecem um pacote ao cliente, no qual reservam pousadas ao fim de cada dia. Já fica tudo pré-pago e pré-escolhido, o que é outra vantagem, pois a escolha é de quem conhece bem a região. Após o café da manhã, o caminhante deixa sua mala na pousada e se lança na trilha. Em algum momento, alguém passa nessa pousada, pega a mala do cliente e a leva para a pousada seguinte, onde estará esperando o caminhante, não tão esfalfado, pois quase nada carregou. E o transportador da mala é um táxi local, o que exime a empresa de ter veículos e funcionários andantes.

No meu sistema mais primitivo, o único consolo é que a cerveja geladinha, ao chegar à pousada, tem mais sabor, após um dia inteiro carregando 14 quilos no lombo! Aliás, minhas pernas não doeram em momento algum, só os pés reclamaram da mochila. O que doeu um pouco foram os ombros, pelo uso dos bastões de esqui, hoje quase universalizados entre os caminhantes de longo curso. É que a perna fez isso a vida toda e os ombros estranham a nova função de participar da caminhada — segundo consta, absorvendo até 20% do peso do caminhante.

É curioso, praticamente não se veem bichos, exceto passarinhos. Mas existem e não são poucos. As raposas comem as uvas — a fábula já nos havia ensinado! Os javalis são mais temíveis e destroem as plantações. Só que nenhum deles dá o ar da graça. Mas, em compensação, não fomos visitados por pernilongos. Sabemos que existem, mas lá não estavam.

Ao longo do passeio, três cachorros nos acompanharam. O primeiro andou muitos quilômetros pela trilha. Mas, chegando ao asfalto, deu meia-volta e retornou à casa. O segundo subiu a longa ladeira de Quirbajou. Como tinha coleira com número, a dona da pousada ligou para o dono. O terceiro andou ainda mais, só desistindo após longo tempo.

Quirbajou é um ínfimo povoado, do século XI e XII, pendurado no topo de uma montanha, a 900 metros de altitude, atingidos após uma subida terrível. A cena se repete, juramos que a subida ia acabar, após a próxima lombadinha. Mas não acabava. Deve ser na próxima... E de miragem em miragem, fomos galgando as ladeiras.

Por que esse vilarejo estaria lá, na beira do precipício? A resposta é simples: em uma região de pouca vocação para a agricultura, ali há bons pastos e boa terra. Mesmo assim, a agricultura definha e as muitas casas em reforma sugerem que o turismo está tomando o seu lugar. Curioso, junto à cabine do telefone público havia um desfibrilador cardíaco, para ser usado por leigos. Será por conta da idade avançada dos seus moradores?

A *gite* pertence a um casal francês, ele agricultor e ex-dono de restaurante. Além de cozinhar as carnes, cria cabras e ovelhas. Portanto, serve queijos desses dois bichos à sua mesa. A mulher cozinha os legumes e cuida do jardim. Compraram a propriedade em ruínas e estão ainda reformando. Apesar da obra, faz parte das regras da casa tirar os sapatos antes de entrar.

Outro fato a ser comemorado foi o bom comportamento do clima. Nem um dia sem sol! E em setembro, as chuvas já rondam. Uma conhecida hospedou-se em um sítio na Provence, duas semanas antes. Praticamente não pôs os pés fora de casa, pelas chuvas copiosas.

Em alguns trechos, o caminho é margeado por muros de pedra. Em outros, os milhares de caminhantes e cavalos, ao longo dos séculos, foram afundando a trilha. Ocasionalmente, cruza-se a estrada de asfalto, ou anda-se nela poucas centenas de metros, até achar a outra ponta da trilha.

Um caminhante cuidadoso pode fazer toda a trilha sem mapas e sem livros, mas é fácil deixar a atenção derivar para algum problema metafísico e perder uma entradinha mal sinalizada. Não é preciso dizer que, com mapas e guias, perdi várias vezes o caminho. Uma das vezes, a mais penosa, saindo de Puivert, segui por horas uma estrada de madeireiros, muito íngreme. Mas afora a raiva, foi só voltar e procurar as três pinceladas. Só complica um pouco nos trechos em que a trilha coincide com outra, oficial e mais antiga. Aí, é preciso seguir a marcação dessa segunda, pois os riscos amarelos, azuis e laranja são interrompidos, pela preferência hierárquica da outra trilha.

Em geral, aproveitando a pausa do almoço, telefonávamos para uma pousada, escolhida por sua descrição sumária nos guias. Nessa época do ano, só uma vez a chamada revelou uma pousada sem disponibilidade de quartos. No mês anterior, devem estar bem mais cheias. Mas, entrando o outono, muitas até fecham.

Passamos a noite em Espezel, em um hotel de uma inglesa casada com um cozinheiro francês e ex-jogador de *rugby* — o que ensejou uma decoração de fotos de jogos e jogadores. Felizmente, a culinária ficava por conta do marido.

Passeando pela cidade, deparamo-nos com a Mairie (prefeitura). Bisbilhotando os cartazes pregados à porta, vimos o relatório de um laboratório de Montpellier, atestando que a água encanada da cidade é pura e adequada para o consumo humano. Que inveja para os municípios brasileiros!

No penúltimo dia, pousamos em Roquefixade, um dos vilarejos mais pitorescos e bem conservados. A fortaleza, esplendorosa, estava logo acima. Na verdade, é um dos poucos vilarejos frequentados por turistas. O passeio, ao nascer do sol, foi uma festa fotográfica. Passando à frente da igreja local ouvimos com mais decibéis algo que já nos havia chamado a atenção em outros vilarejos. Os sinos tocam duas vezes a mesma hora, com uns dois minutos de intervalo. Por que será?

No pousada em que ficamos, havia folhetos descrevendo um museu de metalurgia, na mesma direção, mas fora da trilha oficial. Achei no mapa um caminho e me separei dos ingleses. Contava chamar um táxi ao chegar ao asfalto, em vez de seguir pelo topo da serra, como faz a trilha.

Tive o desprazer de descobrir que os dois únicos táxis da cidade de Foix não estavam disponíveis. Tive de seguir a pé pelo asfalto. Peguei uma caroninha com uma mulher bem jovem acompanhada de seu filho de colo. Fiquei imaginando que mulher brasileira recolheria um desconhecido em uma estrada deserta. Essa é uma das muitas diferenças entre civilização e atraso.

No vilarejo de Montgaillard, uma velha usina, Forges Pirene, foi fechada, lá pela década de 1970. A Eletricité de France queria aproveitar o local para outra coisa. Graças a um movimento da comunidade, virou museu. Mas o museu acabou sendo muito mais do que a velha forjaria do século XIX. Foi criada uma enorme exposição de ferramentas antigas, a mais completa e bem apresentada que já vi. Além disso, foi recriada uma padaria ao estilo medieval, uma fábrica de pentes de osso e uma oficina de tamancos de madeira. Cada uma dessas oficinas é tripulada por alguém que conhece intimamente o ofício, opera as forjas e bigornas e produz coisas de verdade, sejam facas de aço ou pães medievais. O mais interessante é a forja original, com um enorme martelete, movido por uma roda-dágua e ainda funcionando. Com minha paixão por ferramentas, saí encantado.

Faltavam cinco quilômetros para chegar a Foix, uma cidade bem maior, onde termina a Trilha dos Cátaros. Havia um ônibus circular gratuito, levando ao centro de Foix. Mas por caturrice, pensei: não vou abandonar minha caminhada de 200 quilômetros faltando cinco. E lá fui, pela rua afora. Era fim de expediente e o trânsito horrível marcou de forma simbólica a volta às agruras da civilização. Tive uma pequena vingança: o ônibus que me levaria a Foix andava mais lento do que eu, travado no engarrafamento.

No penúltimo dia, paramos para descansar, em uma fazendola em ruínas, diante de uma fonte de pedra com imenso charme. Prudentemente, o inglês advertiu: veja lá, não tem placa de *eau potable*, pode ser perigoso. Desdenhei o conselho e bebi da fonte, mais pela sua graça, com suas plantas, do que por convicção. Infelizmente, o inglês tinha razão. No último dia, tive um piriri que persistiu bem depois de acabar o passeio.

Mas para tudo há um consolo. Louis, rei da França, ao sitiar Avignon, em 1226, também pegou uma disenteria e dela morreu, antes mesmo de seu exército vencer a cidadela cátara. Pelo menos, consegui vencer os 200 quilômetros da Trilha dos Cátaros. Com disenteria, mas sem morrer.

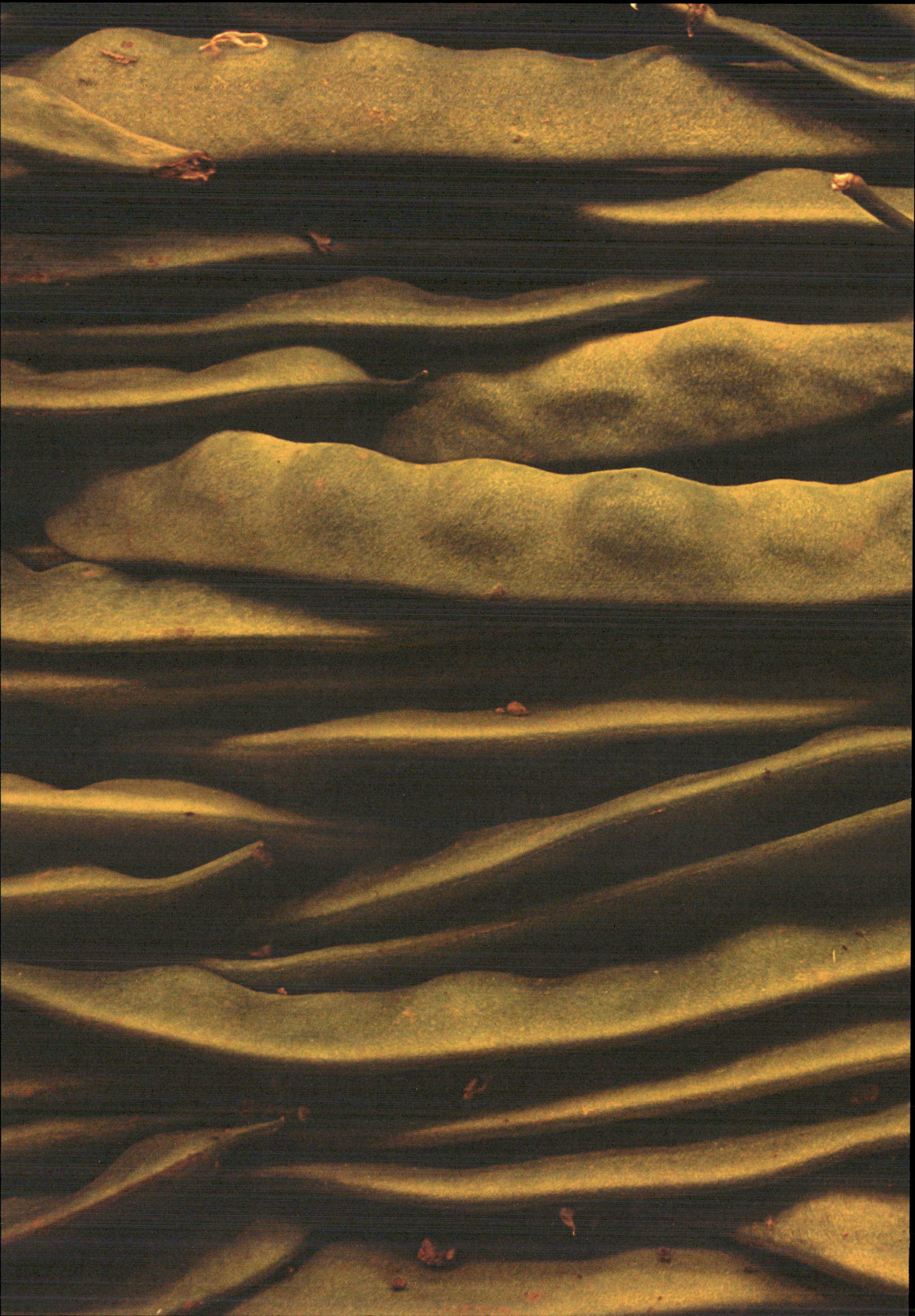

Parte III

Turismo de aventura no Brasil: a longa trilha do aprendizado

CAPÍTULO 7

O presente capítulo muda completamente de assunto e de tom. No anterior, exploro as semelhanças entre aventura e pesquisa, um tópico algo fora dos eixos convencionais. Aqui, falo do turismo como uma atividade econômica — e em particular do turismo de aventura. De resto, atividade com muito mais vantagens do que desvantagens.

Portanto, faz todo o sentido para um determinado local decidir se vale a pena investir no turismo, considerando o que tem a oferecer, os benefícios a serem auferidos e os sacrifícios necessários para que tudo dê certo.

Quem quer abrir uma fábrica chama os engenheiros, para que decidam e instalem os equipamentos apropriados para fazer o produto escolhido. Não há muito espaço para discussões filosóficas ou caprichos. Se a máquina é essa, é preciso comprá-la, seja na Suíça ou na China.

Deveria ser exatamente assim no turismo — o engenheiro dá as especificações técnicas, e o dono da fábrica as executa. Mas, por muitas razões, tende a ser diferente — e claramente pior. Governo e a sociedade não fazem a pergunta crítica: se quero turistas, o que preciso fazer para que venham, permaneçam e voltem? Na fábrica, quando duas máquinas diferentes são necessárias, não adianta comprar uma só. E, pela mesma razão, no turismo, não adianta fazer a metade do trabalho. Paga-se parte da conta e os resultados não vêm.

Em vista da experiência pessoal do autor em Minas Gerais, muitos exemplos vêm de lá. Mas os argumentos são genéricos, poderiam ser aplicados no resto do país.

O TURISMO QUE ENGATINHA

Pensemos em Bayrischzell, um vilarejo da Baviera, onde passei duas semanas. Nada tem de melhor ou diferente de centenas de outros, nos Alpes da Alemanha, Áustria ou Suíça. Como muitos outros, tem sua pequena estação de esqui.

Lá vivem 1.550 almas e a Internet mostra que há 73 hotéis ou pensões. Não há nada luxuoso, pois a cidade é frequentada por pessoas modestas. Como em toda região alpina, as casas são construídas com alguns quartos extras, para receber hóspedes. No inverno, são alugadas para esquiadores. No verão, para caminhantes. Mas ficam completamente vazios na meia-estação. Nesse período, cada um vai cuidar de suas ocupações cotidianas.

O Brasil não tem meia-estação. As pousadas poderiam ficar cheias o ano todo. Mas não é isso que acontece. É pior, temos pouquíssima capacidade de hospedagem.

Ouro Preto é o maior conjunto barroco do mundo, reconhecido pela Unesco como Patrimônio da Humanidade. Contudo, apesar de ter 56 mil habitantes, tem apenas 63 hotéis e pousadas. Ou seja, há um meio de hospedagem para cada 835 habitantes. Tiradentes tem 5,6 mil habitantes e oferece aos visitantes 53 hotéis e pousadas. É uma relação de um hotel para cada 105 habitantes.

Note-se o contraste com Bayrischzell, que ganha de Ouro Preto mesmo em termos absolutos. Lá existe um meio de hospedagem para cada 23 habitantes (ou seja, 36 vezes mais, por habitantes, do que Ouro Preto). A cidade não tem rigorosamente nada de particularmente interessante, além das montanhas. Pior, compete com muitas centenas de outras nos Alpes, semelhantes em tudo.

O que quero demonstrar é o potencial de crescimento do turismo de montanha no Brasil. No caso, a Estrada Real, que oferece tantos interesses manifestos e potenciais. E não é só em Minas que há belas montanhas.

Como as nossas cidades grandes estão ficando desagradáveis, automaticamente as pequenas e bonitas passam a ser valorizadas. O silêncio se torna uma mercadoria com valor de mercado. Paga-se só para fugir do barulho. Mas hoje, muitos que se refugiam em locais que acreditam sossegados, lá chegando descobrem que os porta-malas de alguns automóveis escondem amplificadores com uma quantidade inacreditável de decibéis.

Há um enorme potencial de crescimento do turismo, da renda e do emprego nas montanhas do Brasil colonial, tão prenhe de atrativos. Mas é preciso fazer da maneira correta.

Há o barroco, o colonial e há as montanhas, com suas cachoeiras, trilhas e muito mais. A Estrada Real pode atrair os turistas que querem conhecer a arquitetura e a arte, mas também pode atrair o turismo de aventura. Na verdade, essa minha reflexão parte da hipótese de que o turista de aventura poderá ser também encantado pela arquitetura e história que vai encontrar ao longo do caminho.

NO TURISMO, O *SHOPPING CENTER* É A CIDADE TODA

Pululam os *shopping centers*, nas cidades grandes do país. Isso porque lá não há batedores de carteira, não se vendem televisores roubados, não há lojas feias, os banheiros são limpos e a comida é atraente. O estacionamento é amplo. O serviço é gentil. É um ambiente total, inteiramente manufaturado para oferecer o que querem os clientes — e fica-se sabendo disso após incontáveis pesquisas de mercado. O cliente quer o *shopping* todo correto e não apenas um pedacinho. Como os administradores ouvem o cliente, está sempre cheio. Tornou-se uma alternativa melhor do que fazer compras no centro e enfrentar todos os problemas e inconveniências que lá existem.

No turismo, a cidade toda tem de ser manipulada, controlada e administrada de tal forma que seu conjunto seja atraente para o turista e que não haja fatores de repulsão. O *shopping center* do turismo é a cidade inteira.

O turista faz a contabilidade: cada cinco casas horrorosas cancelam o atrativo de uma igreja barroca. Flanelinha infernizando, guias chatos ou incompetentes, comida mal servida, falta de sinalização são os fatores que entram no passivo, subtraindo do ativo oferecido pela riqueza histórica e pelas montanhas. Há lugares onde, apesar de estarem as mais belas igrejas do mundo, ainda assim a contabilidade do turista fica no vermelho.

O turista da Estrada Real não está comprando apenas a igreja barroca. Ele quer o ambiente todo. Quem só oferece a metade não consegue nem a metade dos turistas. Quem vai receber o turista não é quem herdou o maior patrimônio barroco da humanidade, mas quem oferece o pacote com mais atrativos e menos surpresas desagradáveis.

Viajando pelos municípios da Estrada Real, é impressionante ver os pecados cometidos contra a arquitetura colonial. Visitei recentemente uma igreja barroca maravilhosa. Mas encostada nela foi construída uma gruta horrorosa e fora de estilo.

Em Diamantina, foi feita uma estrutura medonha de concreto para ampliar uma igreja colonial. Felizmente, a obra foi embargada. Mas, por todos os lados, proliferam restaurações que não respeitam o estilo original. Na década de 1970, demoliu-se em Recife uma bela igreja colonial, para abrir uma rua. Pois bem, os preclaros urbanistas mudaram de ideia e desistiram da rua. Tarde demais para a igreja.

Enquanto isso, o dono do *shopping* chama um arquiteto especializado, conhecedor do que as pessoas gostam e do que não gostam. O *shopping* não é construído pelo gosto do proprietário ou dos seus funcionários — de fato, as preferências deles pouco importam. O que interessa é atrair o público, com o que o público gosta.

Assim, o prefeito tem de se perguntar: "Quero turismo? A cidade quer turismo?" Se as respostas são positivas, então interessa saber o que os turistas gostam e esperam. O padeiro faz o pão de que o cliente gosta. A fábrica implanta ISO 9000, porque o cliente exige. A fábrica de tecidos consulta as feiras de moda, para saber o estilo da próxima estação. Nenhum desses operadores decide com base em seu capricho ou nas preferências de seus funcionários. Assim precisa ser com o turismo, se a cidade decide que quer receber visitantes — que lá irão gastar seus reais ou dólares. Tomada a decisão, não é mais possível que as casas tenham o visual que deseja cada um dos seus donos. Pelo contrário, a cidade toda precisa gerar a atmosfera visual que atrai o turista. É claro que isso vai desagradar a muitos. Mas é o preço a se pagar.

Obviamente, o prefeito pode deixar cada um fazer o que quiser, ignorando o gosto dos turistas. Mas na hora de contar quantos frequentarão a sua cidade, provavelmente a surpresa será desagradável.

Cada turista satisfeito é um agente de viagens para o local. Cada turista insatisfeito é um exterminador, que aniquila os planos de viagem de seus amigos e conhecidos para aquele local.

Perguntarão os populistas: por que cuidar das riquezas e dos turistas ricos, quando há gente com fome? A resposta é simples: quem mata a fome é a fábrica bem-sucedida e que cria empregos — fábrica falida soma-se aos outros problemas. E a fábrica do turismo é feita de riquezas visuais e culturais conservadas e bem mantidas. O prefeito quer as 73 pensões de Bayrischzell ou quer satisfazer as preferências arquitetônicas de cada um? Em Bayrischzell, só se permite construir em estilo alpino. E nem pensar em cartazes luminosos ou *outdoors*.

A integridade estilística do conjunto arquitetônico é fundamental, mesmo que seja só no centrinho velho da cidade. Os olhos não conseguem olhar a capela antiga e ignorar as casas horrorosas e fora de estilo que estão a sua volta.

Algumas cidades, com obras de arte de fama mundial, estão condenadas a ser uma parada apressada, por haverem destruído toda a atmosfera colonial do entorno da igreja e dos edifícios mais importantes. É o caso de Congonhas do Campo, com suas imortais esculturas do Aleijadinho. Quando vão a Tiradentes, os viajantes planejam ficar alguns dias. Em Congonhas, a permanência é de algumas horas, se tanto.

As entradas de muitas cidades históricas viraram verdadeiras favelas, com construções precárias e visualmente desagradáveis. Obviamente, os moradores de tais assentamentos são pobres. Daí a relutância e o sentimento de culpa dos administradores, diante de tal antiespetáculo visual. Mas não podemos nos esquecer de que, ainda que sejam pobres, ninguém permite que durmam dentro das fábricas. Nem os vereadores mais populistas insistem para que as fábricas ofereçam alojamento para os pobres. Pela mesma razão, não é bom negócio que a "fábrica" do turismo seja prejudicada por cacofonias urbanas. É como sabotar justamente a fábrica que pode melhorar a situação econômica e social de todos.

Tiradentes nasceu como vilarejo de mineração de ouro. Depois de séculos de estagnação e abandono, voltou a ser uma mina de ouro, o ouro do turismo. Mesmo sem haver resolvido todos os seus problemas, a cidade está limpa e bem pintada. E tem um tesouro de inestimável valor: sua unidade estilística.

Dar liberdade a cada um para construir casas e lojas e fazer cartazes do jeito que se quer é uma decisão da cidade. Vale a pena sacrificar tal liberdade em prol da indústria do turismo? A cada município, cabe decidir e arcar com as consequências.

A SEGURANÇA E A INSEGURANÇA

Queremos turismo. Mas o que é preciso fazer para que se materialize um fluxo de turistas compatível com o potencial do local escolhido?

Neste nosso Brasil, onde a criminalidade preocupa tanto, segurança passa a ser um critério decisivo. Hoje, o secretário de Segurança faz mais diferença no turismo do que o próprio secretário de Turismo. Provavelmente, investir em segurança traz mais turistas do que investir em turismo.

O rádio do meu carro foi roubado na Serra do Cipó. O dono da pousada onde estava hospedado, quando foi à padaria, ouviu dizer que já sabiam do roubo e também quem era o gatuno. Por que não acontece nada? Os donos de hotéis, restaurantes e o prefeito estão dando um tiro no pé ao permanecerem inertes, diante de uma criminalidade tão escancarada.

Há casos escabrosos de assaltos, em algumas cidades históricas, com a cumplicidade de falsos guias e a inação por parte da polícia. Por que nada acontece?

Tais roubos são equivalentes à sabotagem dentro de uma fábrica. Um dono de indústria não tolera uma situação na qual alguém danifica uma máquina, degradando o seu patrimônio. Vira a fábrica pelo avesso, até achar o culpado. O mesmo com um roubo em um *shopping center*.

Como é possível que se permita sabotar a fábrica do turismo e não acontecer nada? É inevitável que ocorram tais descaminhos. Mas é espantosa a passividade daqueles que perdem dinheiro por causa de tais crimes, grandes e pequenos. Some-se a isso a *via crucis* de dar parte à polícia e ser tratado como um estorvo ou alguém que faz uma reclamação inoportuna.

O DESCOBRIMENTO DAS MONTANHAS

Nas suas frequentes viagens para a Suíça, a conhecida escritora francesa Madame de Staël fechava as cortinas da sua carruagem ao atravessar os Alpes. De fato, no século XVIII, não se apreciava a beleza das montanhas. Aquelas pedras pontiagudas eram consideradas horrorosas. Melhor não vê-las.

Um fazendeirão mineiro foi à Europa no início do século XX, mas não se atreveu a ir a Paris, pois tal cidade ficava "no interior" da França. Naquela época, interior e mato em Minas Gerais ainda eram associadas a flechas de índio — muitas vezes, envenenadas.

Faz um par de anos, contemplava a magnífica vista, do alto do Pico do Pião, no Parque Estadual de Ibitipoca. Dali, podia ver, consternado, o pouco que resta da Mata Atlântica. Não admira, pois removê-la por muito tempo foi um fator de segurança. O perigo rondava por todas as partes. Um dos trabalhos do alferes Tiradentes era reduzir os riscos de viajar pela Estrada Real.

Mas os tempos mudam. Hoje, os Alpes se converteram na mina de ouro mais valiosa da Europa. O Brasil começa a descobrir que, novamente, pode sair ouro das montanhas mineiras. É o ouro do turismo de aventura.

TURISMO DE AVENTURA

Turismo de aventura é a modalidade que mais cresce dentro da indústria que mais cresce — que é o turismo. Hoje, ainda é uma sementinha no Brasil, embora já tenha criado cerca de três mil empresas e atraia quase cinco milhões de pessoas. Mas será uma árvore frondosa em poucos anos. No terreno de quem estará esta árvore? Certamente, no quintal de quem melhor cuidar dela, melhor regar e melhor adubar. No momento, está praticamente desatendida.

Vejamos o mapa do turismo de aventura. Não ocorre no plano, mas nas montanhas e no relevo irregular. Está nos Alpes, e não na Holanda e Bélgica. Está nas Montanhas Rochosas, e não no meio-oeste americano.

Da mesma forma, no Brasil a aventura está nas montanhas. Curiosamente, o ouro e os diamantes também aparecem nas montanhas. Como consequência, criaram-se as cidades do ouro, no centro do Estado, e a Estrada Real, para o seu escoamento. Há um grande potencial de aventuras em seus caminhos escarpados, muito mais do que nas planícies alhures.

Portanto, é preciso capitalizar nos atrativos feitos pelo homem, tanto quanto naquilo que a natureza oferece. Assim como o *shopping center* do turismo histórico é a cidade toda, no caso do turismo de aventura, é preciso pensar no ambiente que será encontrado ao longo de todo o roteiro.

Um turista de aventura brasileiro paga em média R$ 100 por dia. Um turista norte-americano está acostumado a pagar US$ 100 por dia. Qual aventureiro é mais vantajoso? Mas onde está o guia que fala inglês? Onde está o controle rígido de qualidade exigido pela operadora que enviaria tal turista?

Uma pousada do Jalapão levava 30 turistas para um poço fascinante, no qual somente três ou quatro podem entrar de cada vez. Quem quer viajar milhares de quilômetros para entrar na fila do banho no Fervedouro? Na verdade, clientes demais acharam que não valia a pena e, como consequência, a pousada teve que fechar.

Veja-se outro problema constrangedor. Não há mapas ou cartas de 1:50 000. Os do IBGE estão desatualizados. São dos anos 1980. Para serem reproduzidos, custam 150 reais e a entrega leva cinco dias. Qualquer local turístico decente entrega gratuitamente, na entrada da cidade, um mapa 1:50 000 para quem quiser.

Nas estradas vicinais brasileiras, quase não há placas nas encruzilhadas. Como fazer? Não há mapas, não há placas, não há nem sequer como ficar sabendo que existem as estradas. Praticamente, não há trilhas demarcadas.

Quis caminhar de Ouro Preto à fazenda das Caieiras — pouco mais de dez quilômetros. O caminho não está demarcado e não soube onde achar guias. Que turista virá? É de se louvar o esforço de demarcação da Estrada Real. Mas potencial não é realidade.

Mesmo no Brasil, há lugares em que não é assim. Em Urubici (SC) — que nem sequer tem muitas estradas asfaltadas — na entrada da cidade, o visitante recebe um mapa das estradas locais e uma funcionária explica todos os atrativos.

A CONSERVAÇÃO DO MEIO AMBIENTE

O turista convencional quer saber quantas estrelas tem o hotel. O de aventura quer saber se os rios estão limpos, se há lixo nas trilhas e se a paisagem bucólica não foi violada por construções totalmente fora de estilo ou, pior, favelas. Uma casa de sapê, no estilo clássico da região, vale mais do que uma de concreto, sem estilo ou atrativos.

A vantagem do turismo de aventura é que praticamente não requer investimentos. Mas é preciso respeitar e proteger aquilo que atrai o turista.

O pico do Itambé é maravilhoso. É uma subida árdua e inesquecível. Mas lá estive, e seu topo era quase um depósito de lixo. A casa da antiga estação repetidora foi depredada e os pedaços estavam espalhados pelo chão. Quanto custa limpar? Quanto custa perder um turista? Havia dois guias locais que tentavam ganhar a vida levando turistas ao Itambé. Quanto vale o emprego deles?

Rio Acima (MG) tem cachoeiras maravilhosas. Mas o local é como se fosse o depósito municipal de lixo. Não há nenhum controle. Não há limpeza. As cachoeiras ficam ao deus-dará. Cada pessoa que jura não voltar mais lá é um cliente a menos no comércio da cidade.

Barreirinhas, nos Lençóis Maranhenses, tem um potencial turístico extraordinário. Houve um grande esforço para criar pousadas e há mesmo associações de "toyoteiros" e de voadeiras, para levar os turistas aos principais atrativos. Os areais e as margens do rio Preguiça estão imaculadamente limpos, graças ao esforço dos operadores privados e dos parques. Mas na cidade, há lixo por todos os lados, pois não existe um serviço regular de coleta. O aeroporto é imundo. Não se pede ao prefeito que crie um aeroporto de mármore, mas que limpe os banheiros e dê uma mão de cal no que existe.

Jovens escolares bem treinados são os maiores chatos em matéria de conservação da natureza e de não jogar lixo. Quantas cidades têm patrulhas juvenis para fiscalizar o lixo nas ruas, nas trilhas e nos rios?

Note-se que o turista de aventura é um aliado e não um inimigo do meio ambiente. Em muitos lugares, são os turistas e os operadores que batalham pela preservação do meio ambiente. Assim é no caminho do Himalaia, no Nepal.

Cabe ao prefeito impedir que seja estragado o "parque produtivo" ou a "fábrica" do turismo, pois daí pode vir o sustento da cidade. Jogar lixo espanta o turista.

APRENDER COM QUEM?

Estava em Boston e saí para jantar. Foi-me indicada uma *trattoria*, fiel às tradições de origem dos imigrantes italianos na região. De fato, tinha o aspecto que imaginávamos e a comida era no mais impecável estilo italiano.

Mas havia um detalhe: o cozinheiro era baiano! Isso era possível porque ele aprendeu com o dono italiano. Ou seja, tinha com quem aprender.

A conclusão é óbvia: para aprender, é preciso que exista alguém que ensine. Lá no interior da Bahia, de onde veio o cozinheiro, ele não teria como aprender culinária italiana.

Por que há tantos alemães, italianos e outros europeus operando pousadas bem-sucedidas? Não é porque sejam entes superiores ou venham de uma civilização superior, mas porque sabem como deve funcionar uma pousada. Simplesmente, reproduzem o que viram em suas terras de origem.

Portanto, não se pode esperar que as pessoas aprendam se não há quem ensine. A cultura local é parte dos atrativos turísticos. Isso tem de ser explorado com inteligência. Há a culinária, o artesanato, os costumes curiosos, o sotaque e muito mais.

Mas no bom turismo, há muito que não pode ser copiado ou mantido da cultura local. Isso é verdade, mesmo na culinária. O que o turista quer são pratos locais feitos com padrões internacionais de higiene e nutrição. Nesse particular, Dona Lucinha inovou em seus restaurantes, criando um bom modelo, pois traduziu as receitas clássicas para os padrões de nutrição e paladar internacionais — por exemplo, reduzindo a quantidade de banha e toicinho.

Mas vejamos os contraexemplos:

- Minas tem uma tradição centenária de servir comida quase fria. Isso espanta os de fora. Portanto, é preciso mudar, para receber o turista.
- O vinho que se toma em muitos restaurantes do interior é considerado execrável por quem está acostumado a beber vinho. É preciso saber que vinho servir. Igualmente, vinho gelado é inaceitável para muitos.
- Quando estão todos contando calorias e medindo colesteróis, a comida não pode vir nadando em banha de porco, embora fosse assim nas velhas fazendas mineiras.

Mas não é só na alimentação que a tradição local precisa se separar do que se oferece aos turistas. E os banheiros? E o cartão de crédito? E os pernilongos? E o perigo de ser assaltado?

Se é preciso aprender, é preciso que alguém ensine. Daí a importância de fazer com que as pessoas façam cursos com quem sabe. Senac e Sebrae são bons exemplos, mas não são os únicos e nem são suficientes para dar conta do recado.

E se ninguém vem ensinar, é preciso sair para aprender. Não se reinventa a roda.

Aliás, quem fala inglês? Quem fala espanhol? Quantos guias por aí podem guiar decentemente em outras línguas? É ilusão achar que iremos receber turistas estrangeiros sem que haja uma boa fração da população que maneje essas línguas.

É preciso insistir no que todos os destinos turísticos bem-sucedidos já sabem: dinheiro gasto com treinamento é investimento de bom retorno.

TREINAMENTO PARA TURISMO DE AVENTURA

Infelizmente, o turismo aventura é visto como uma atividade na qual qualquer um pode entrar e tentar a sorte. Compra-se uma mochila, acompanha-se alguém que conhece os caminhos e usurpa-se o título de guia. Daí para frente, seja o que Deus quiser.

Rapel: uma historinha fictícia que poderia estar acontecendo em uma ponte próxima à sua casa:

> Como técnica, o primeiro uso foi na montanha, depois nas cavernas, cânions e outros barrancos. Aí virou técnica militar e todos que cumpriram seu serviço militar obrigatório ouviram falar, viram ou sentiram na pele o rappel! A técnica foi adotada por todas as forças, polícias e bombeiros.

Com a falta do que fazer e o aumento da procura por adrenalina nos esportes "radicais", os que dominavam a técnica começavam a levar os amigos, namoradas e familiares para a ponte mais próxima.
Após a primeira descida, subo correndo. Na próxima quero descer mais rápido. Opa, queima a mão. Subo correndo. O "mestre" desce de ponta cabeça. Já que é ele que vai fazer a segurança, vou descer sem as mãos. Irrá, maravilha, que massa, subo correndo, e agora, vou descer pulando que nem o Magaiver.
Boa! Gostei, amanhã vou numa loja e compro um "kit rapel", já vão me cobrar menos tendo meu próprio equipo. Dias depois, já estou virando sócio de amigo que conheci na ponte pra comprar uma corda. Minha namorada, que também quer fazer, vai ajudar a pagar. Assim, não precisaremos mais pagar nada pra ninguém. Prestei bastante atenção no nó, andei treinando e já consigo amarrar a corda. Eba! Deu certo, já consigo até descer de ponta cabeça, o discípulo supera o mestre. Já podemos cobrar pra ajudar a comprar mais corda. Com a grana que ganhamos na ponte, deu até pra comprar uma corda que dizem ser "corda de Bombeiro". Não vai arrebentar NUNCA. Já vamos poder descer aquela cachoeira. Quem vai levar a máquina fotográfica e a filmadora? Nossa, mas ninguém disse lá na ponte que tinha tanta água, bem, viemos até aqui só pra ficar olhando?

Nativo, da empresa Marumby de turismo aventura.

Mas onde estão os verdadeiros guias? A situação dos guias de aventura é particularmente desigual. Em alguns lugares, há guias treinados e organizados. Em outros, a situação é precária.

Em Cambará da Serra (RS), com 5.500 habitantes, quem quiser fazer um passeio nos Aparados da Serra liga para o sindicato dos guias e combina para receber um. São treinados e diplomados pelo Sebrae e têm um nível razoável.

Em Taquaruçu (TO), basta passar no posto de turismo e, em poucos minutos, virá um guia treinado. Paga-se diretamente no posto uma taxa fixa (R$ 10 por cachoeira visitada).

No Jalapão, a situação que vi era catastrófica. O guia não conhecia seu ofício e não conseguia se impor diante dos clientes.

E Minas Gerais, com tanto para ver e fazer? Onde estão os guias? É bem verdade que há alguns operadores conscienciosos e profissionais, mas como saber quais são?

Para responder a essa necessidade o Ministério do Turismo estimulou a criação de um programa de certificação de condutores, equipamentos e operadores de turismo de aventura. As normas foram aprovadas na ABNT e já começaram os treinamentos.

A certificação é como uma carteira de habilitação. O governo define e cria o exame de motorista. Todos ficam conhecendo o que é preciso saber para passar. Com isso, aparecem as autoescolas, cujo funcionamento não requer autorização nem fiscalização. Quem controla a qualidade da autoescola é o exame de habilitação dado pelo governo aos seus alunos.

As normas do turismo de aventura são do mesmo naipe. Uma empresa certificadora aplica as provas e atesta que o candidato está conforme às normas.

O GERENCIAMENTO DO RISCO

Quando o ministro Walfrido Mares Guia tomou posse no Ministério do Turismo, insisti com ele para que promovesse o turismo de aventura. Meses depois, quando comecei a ver os acidentes pipocarem, passei a insistir para que não promovesse o turismo de aventura antes de implantar procedimentos de segurança. De fato, cada pessoa que morre no turismo de aventura resulta em centenas ou milhares de potenciais clientes que deixam de gerar renda.

Esse tipo de turismo envolve riscos. É inerente à atividade. De fato, muitos são justamente atraídos por isso. Mas o risco tem de ser minimizado e gerenciado.

Esse tipo de turismo inclui atividades com todos os níveis de risco. Há os que querem visitar a Somália ou subir o K2. Mas a esmagadora maioria procura atividades que ofereçam um risco moderado. Os acidentes observados resultam menos dos perigos inerentes do que de erros resultantes de procedimentos repetitivos, mas que não podem permitir distrações. É o caso, por exemplo, do piloto de voo duplo de asa--delta que se esquece de pendurar o passageiro — ou a si próprio — na asa. É um erro bobo, mas que pode ser fatal.

É instrutivo verificar o que mostram as investigações dos acidentes: quase todos se devem a falhas evitáveis.

• Um acidente de asa-delta no Rio de Janeiro aconteceu devido a equipamento velho. Na Alemanha, só 1,5% dos acidentes se devem a falhas no equipamento.
• Em Brotas, o guia de baixo foi embora antes de a última pessoa fazer o rapel. A moça desabou, por não haver quem controlasse a corda embaixo. É um erro humano, resultante da ausência de procedimentos padronizados.
• Um acidente com bote inflável, nas cataratas de Iguaçu, se deveu à imperícia do piloto. Provavelmente, por excesso de confiança.

No gerenciamento de risco, grande parte dos procedimentos visa a evitar os acidentes. O próprio equipamento é desenhado para minimizar riscos e, se bem mantido, deixa de ser causador de acidentes. Pelo que mostram as investigações, a maioria dos acidentes se deve a erros humanos, por imperícia ou distração. A distração é combatida pela implantação de rotinas rígidas.

Mas se acontecerem acidentes, é preciso que haja procedimentos bem definidos para gerenciar a situação. Essa é a segunda parte do gerenciamento do risco.
• O que fazer se a corda arrebentar?
• E se o cliente rolar morro abaixo, com suspeita de fratura da coluna?
• E se for picado por cobra? Aplica-se torniquete? Para qual família de serpentes? Qual é o local mais próximo a oferecer soro?
• O guia sabe o telefone dos bombeiros ou do hospital?
• Quanto domina de primeiros socorros ?
• Onde estão as equipes de resgate especializadas em montanha?
• E se for preciso remover de helicóptero? Como se faz para chamá-lo?

Antes de começar o passeio, a todas essas perguntas, e a muitas outras, é preciso haver uma resposta definida e conhecida do guia e da empresa.

Boa parte das providências, após um acidente, é de responsabilidade das operadoras. Mas a prefeitura tem de fazer sua parte. Equipes de resgate, preparadas para enfrentar tais emergências, precisam ser patrocinadas pela prefeitura. O mesmo vale para meios de remoção rapidamente acionáveis. Diante de um acidente, deve haver um acompanhamento próximo das consequências.

Diante de todas essas perguntas, não se trata de buscar um culpado ou responsável, do ponto de vista legal. Trata-se, isso sim, de o prefeito decidir se quer turismo de aventura em seu município. Em caso afirmativo, pragmaticamente, é preciso elaborar um plano completo.

TURISTAS SE ATRAEM OU SE REPELEM

O cliente do *shopping center* é um, o da butique é outro. O do camelô também é diferente. Não é possível fazer uma loja que agrade, ao mesmo tempo, os três tipos de clientes.

É a mesma coisa no turismo. Exceto nas grandes cidades, não se pode ter todo tipo de turistas ao mesmo tempo. É preciso fazer opções. Quem recebe farofeiro está espantando o turista mais culto e que gasta mais. Mas o farofeiro tem o seu lugar e alguém deve atender às suas preferências e necessidades.

Quem se prepara para receber o turista classe A e B não consegue receber também os turistas classe C e D. Na verdade, é necessário criar mecanismos que sinalizem para o potencial cliente o que vão encontrar. Quem quer receber todos, acaba não recebendo nenhum. Não há desdouro em dedicar-se aos turistas mais modestos, pelo contrário. Mas é preciso saber como recebê-los e não tentar misturar clientelas diferentes, com poder de compra diferentes e interesses distintos.

Tiradentes escolheu o turista A e B. Bonito também. Parece que não se arrependeram. Ouro Preto não sabe que turista quer e acaba com os farofeiros que não trazem renda e não estão culturalmente preparados para apreciar a beleza do barroco local.

Um carro com alto-falantes no porta-malas espanta algumas dezenas de turistas pouco apreciadores dos decibéis abundantes. Diamantina não os permite. Nesse particular, está dizendo que turistas quer. Lavras Novas ainda não decidiu. Mas na lógica do sistema, faz sentido que, em alguns lugares, esses barulhentos sejam bem vindos.

Quem quiser turismo de aventura, precisa entender o perfil desse cliente. Tende a ter maior nível de escolaridade e gostos mais refinados. Contudo, não é o bicho grilo.

Alguns turistas vão a locais em que esperam encontrar muita gente ou, pelo menos, toleram as multidões. Não fora isso, quem iria a Barcelona? Outros só irão após se certificarem de que não vão encontrar vivalma.

Não se pode confundir o gosto pela volta à natureza com primitivismo ou promiscuidade. O turista de aventura é um cliente relativamente sofisticado. Não é o cliente que se assusta com cobrança de entrada em parques ou locais turísticos. Tampouco se assusta com a ausência total de banheiros. Mas não quer saber de banheiros sujos e fica revoltado com lixo nas ruas ou nos parques.

NAS MÃOS DE QUEM ESTÁ O DESENVOLVIMENTO DO TURISMO LOCAL?

Muitos prefeitos acham que, após o Iphan haver restaurado uma ou duas igrejas, os turistas vão aparecer. Engano. Como foi dito e redito anteriormente, turismo requer muito mais. É a igreja e mais a atmosfera de sua época, além da logística de restaurantes, transporte e acomodações.

E são precisos bons guias para mostrar as igrejas, com narrativas cativantes e inteligentes. O *script* decorado de meninos-guia, em Ouro Preto ou Olinda, virou objeto de escárnio e ridículo.

E obviamente não adianta ficar esperando pelas verbas do Estado, do Ministério do Turismo ou da Cultura. Esses órgãos só vão investir nos municípios que fizerem agressivamente a sua parte. Há muito que os Estados e a União podem fazer. Mas a decisão é local. Ou a cidade quer mesmo e paga o preço econômico e político de se preparar para o turismo, ou nada vai acontecer.

O que vem do centro, é quase certo, beneficiará quem está fazendo sua parte bem feita. E fazer isso significa contrariar muitos interesses locais. Não nos esqueçamos, o *shopping center* do turismo é uma loja gigante, é a cidade toda, no caso do turismo histórico.

Quantas cidades já fizeram pesquisas de campo com os turistas que passaram por lá, para ver do que gostaram e do que não gostaram?

Como me disse um motorista de táxi de Cingapura — um dos locais turísticos mais bem-sucedidos no mundo, que antes não passava de um areal —, o desafio não é trazer o turista, mas tratá-lo de tal forma que ele queira voltar.